12/84

DU MÊME AUTEUR

LES MASQUES

RÉGIS DEBRAY

LES MASQUES

nrf

GALLIMARD

I

On dirait un roman...

« Et Silvia ? L'air de Bogota lui a fait du bien, non ?
— Elle est rentrée ?
— Bien sûr. Tu ne savais pas ? »

Je raccroche en tombant des nues. Nous devions aller
ensemble en Colombie, à ce festival de cinéma. Là comme
ailleurs. D'apprendre son retour à Paris par un tiers, fût-ce
Marianne, sa plus proche amie, tenait de la farce.
Aucun message sur mon répondeur. J'appelle aussitôt
chez elle... « Bonjour, vous êtes bien au 42 47 07 09, chez
Silvia Murillo. Je suis en déplacement, mais s'il vous plaît,
après le deuxième bip sonore... » Mauvaise plaisanterie ou
malentendu ? En feuilletant mon agenda, un autre numéro
me saute aux yeux. Je me souviens. La fille au pair me
l'avait balbutié au téléphone, un jour que je la pressais de
m'aider à joindre Silvia, parmi ses dix points de chute dans
la région parisienne — bureaux de passage, appartements
d'emprunt, planques ou maisons de campagne. Personne
n'avait alors répondu.

11

J'entends un allô! d'homme, rapide et détaché. Encore une erreur. Avant de raccrocher, par acquit de conscience :
« Je suis bien au 48 04 00 50 ?
— Oui.
— Chez Silvia ?
— Ouais.
— Elle est là ?
— Non, elle dort encore. Mais je lui dirai que tu as appelé. Au revoir. »

Où ai-je entendu cette voix ?... A Pantin! quand j'appelais là-bas... Sans doute l'un des garçons qui lui avaient prêté cette grande maison communautaire où, jugeant mon nouvel appartement trop petit pour elle, elle était allée jeter l'ancre, en attendant mieux, avec toute sa tribu... Un type serviable, d'après elle... « Un photographe, il m'aide beaucoup, tu sais, avec sa voiture et son matériel-photo... » Ah oui... Paul Dewavrin, Devavre, ou quelque chose dans le genre... — Mais si Silvia vient de lever le camp à nouveau, puisque cette maison a été vendue, que fait-il encore là... ? — Il sera passé prendre un paquet, réparer un truc à la cuisine... Quand une femme vit seule dans un studio avec sa fille, sa nounou et un bébé, un bricoleur n'est jamais de trop... — Mais comment est-il rentré chez elle, puisqu'elle dort... ? — Elle lui aura laissé la clef sous le paillasson... Quand on est de visite chez quelqu'un, décroche-t-on le téléphone à sa place, et avec ce sans-gêne, ce tutoiement d'autorité... ? — Mais non, idiot, il a répondu parce qu'il ne voulait pas que la sonnerie la réveille, gentil de sa part... Ne va pas chercher midi à quatorze heures... — Etrange tout de même, ces deux lignes téléphoniques... Silvia ne m'a jamais parlé de ce détail... Mais pour quoi faire, ce n'est qu'un pied-à-terre d'attente... Le temps que se libère enfin l'appartement du boulevard Saint-Michel, tout à côté d'ici, où elle aurait dû déjà emménager depuis tant de mois, si le locataire, à la dernière minute, ne remettait son départ de trimestre en trimestre... C'est imminent maintenant... A tel point qu'elle n'a même pas cru bon de me donner sa dernière adresse... Toujours entre deux portes, Silvia... Aristo bohémienne... Le nomadisme, chacun en a sa claque... Grand temps de nous amarrer côte à côte, tendre tandem...

Ce matin — comme chaque dimanche — par un temps glacé, je suis allé chercher ma fille chez sa mère. Elle a sept ans et s'appelle Céline. Vélo dans les rues, déjeuner au restaurant, cinéma, retour à la maison. Dans la soirée, Silvia n'avait toujours pas donné signe de vie. Elle aura pris un somnifère, ces décalages horaires vous rendent patraque... ou bien le type des paquets aura oublié de lui laisser un mot pour signaler mon appel... Je n'avais pas eu le temps de dire mon nom qu'il m'avait déjà identifié... Rien d'étonnant, après tout... « Juliette, téléphone ! » Faut-il préciser : « Roméo, à l'appareil... ? »

La nuit fut longue, mais je me réveillai d'attaque, excédé et décidé à en avoir le cœur net. Silvia, enfin, était au bout du fil. Je lui signifiai ma déconvenue et que j'entendais dîner avec elle le soir même, lundi, mais cette fois pas chez moi, où nous nous retrouvions tout le temps, mais « chez elle », enfin là où elle venait de s'entreposer, « dans le nord

13

de Paris ». Prise de court, machinalement, elle me donna l'adresse où elle se trouvait « encore » : 19, rue Manin, dans le XIXᵉ. Face au parc des Buttes-Chaumont, métro Laumière.

A la fin de l'après-midi, j'appris qu'elle m'avait laissé une dizaine de messages, à mon bureau, chez moi, partout, pour m'enjoindre de ne pas venir, car une grève de métro l'empêchait de rentrer à temps pour préparer le dîner. Pourquoi tant d'insistance à se décommander ? Le métro fonctionnait normalement. J'arrivai à 20 h 30 devant l'immeuble indiqué. Sur le tableau de l'interphone, une carte de visite : « Murillo-Devavre. » Trait d'union sans équivoque. Je sonnai. Personne. Silvia avait fui, laissant la liste des locataires parler pour elle.

Les jours suivants m'apportèrent d'utiles compléments d'information : celle qui depuis dix ans et jusqu'à hier ne m'appelait que « mon amour » en avait un autre, depuis des années ; Angelo, notre beau secret — l'enfant qu'elle nous avait donné, deux ans plus tôt, qu'elle m'avait demandé, quand elle tomba à nouveau enceinte, la permission de garder, qu'elle me disait vouloir élever de son côté, en mère célibataire —, n'était pas mon fils. Elle n'avait jamais été hébergée par une bande de jeunes gens prévenants, et du reste mariés, qui ne savaient comment remplir leur pavillon de banlieue, mais un couple s'était formé au vu et au su du voisinage, à Pantin d'abord, et avait par la suite conjugalement déménagé aux Buttes-Chaumont. Et ce psychanalyste brésilien vivant à deux pas de chez moi et dont elle m'évoquait l'imminent départ tous les mois, toutes

14

les fois que je revenais à la charge, était pure invention. Bref, le seul être au monde auquel je me confiais tout entier, bien que maladivement méfiant de tous et né sous le signe de la Vierge, m'avait des années durant donné le change. Floué, dupé, manipulé au gré de ses caprices, au mieux de ses intérêts. Postiches, mes fondations ; carton-pâte, mon noyau dur ; mon passé : un long trompe-l'œil.

Absences, faux bonds, dérobades : Silvia, qui est Gémeaux, avait eu réponse à tout avec entrain et parfois une rieuse colère qui me faisait rougir de lui poser certaines questions. D'accord, j'aimais bien faire le pitre, mais jouer à l'amant jaloux, pourquoi pas au mari trompé, n'était pas une drôlerie digne de nous. Elle envoyait promener ces poncifs d'une chiquenaude. La confiance, non, la connivence, non, la consubstantialité de nos corps et âmes pouvait me rendre perplexe mais soupçonneux, jamais.

Je n'ai pas applaudi, ni accusé. J'ai coulé.

La révélation de n'être plus aimé ulcère, écorche, brûle, mais ne mutile pas. Tout autre est la révélation du faux qu'on a cru vrai. Homme de foi sans loi ni doctrine, malgré mes grands airs doctes, mes flotteurs n'ont jamais été politiques, spirituels, ni même intellectuels. Les idées qui me font vivre sont celles que j'ai pu me former de quelques êtres, et non des menaces d'holocauste nucléaire, de l'autogestion démocratique de l'avenir ou des géométries non euclidiennes. Quelques êtres... terme poétique et vain...

15

Je veux dire, quelques femmes. Enfin, une à la fois. Depuis l'âge de raison, seuls les sentiments m'ont permis de surnager, cette folie douce. Je fais le singe, mais je joue cœur, et gros. Il y a belle lurette que je n'étais plus sûr de rien, sinon de mon ange gardien. De ma petite fille Céline, aussi, que j'avais eue avec Myriam, longtemps ma compagne — mais cette certitude-là, si elle va plus profond, tire autrement à conséquence : ce n'est pas un pari. Un enfant vous engage plus et vous fait risquer moins. La nature vous l'offre muni d'un bon de garantie viager, et même posthume. Avec Silvia, j'avais choisi. Misé, et perdu. J'étais refait.

Les heures rampent ; le soir tombe à midi ; les nuits boivent les jours. Somnifères inutiles, décalés. Le goutte-à-goutte de la mémoire, qui accélère le pouls, ralentit le cerveau et la vie comme l'eau des profondeurs. J'ai acquis les gestes gourds du scaphandrier, quand on pèse une tonne et qu'on tâtonne au fond de soi comme un petit garçon dans le noir. On se découd, se délite au fil des souvenirs montés « cut », flashes fixes et grésillants. J'en avais à remonter : chaque rencontre, un guet-apens, chaque élan, une tricherie, chaque confidence, un stratagème. Et ses râles, ses lettres en cris d'amour, ses regards cajolants, et ses berceuses : j'avais cru vivre pour de bon et elle m'avait mis en scène, un loup sur le visage. Elle faisait jouer la comédie à un niais enthousiaste dans un suspense connu d'elle seule, dont elle inventait au jour le jour les gags et les rebondissements.

16

Le coup de génie de Mexico, par exemple, je suis sûr qu'elle l'a entièrement improvisé, sur le moment, ne se fiant qu'à son instinct. Sans doute la première étonnée du succès : Silvia n'en est pas encore revenue. Moi non plus.

C'était une belle matinée de printemps, deux ou trois ans plus tôt, sur les collines de Chapultepec, calme quartier d'ambassades qui fleurent bon l'eucalyptus et le lilas. Nous nous étions retrouvés ce jour-là à la résidence de l'ambassadeur de France, où je m'étais arrêté un jour ou deux en transit, avant de rentrer à Paris. Rencontre imprévue et d'autant plus charmante : elle venait de Cuba où résidait sa grande fille Maria, moi d'Amérique centrale ; le hasard nous précipitait dans les bras l'un de l'autre, tout émerveillés. J'avais du coup suspendu mon programme et faussé compagnie à l'ambassadeur sur un mauvais prétexte. Nous étions donc seuls dans l'immense jardin de la résidence. Pelouse, piscine, maîtres d'hôtel, silence caoutchouté — luxe calme et volupté diplomatique. Après les premiers moments d'effusion, je la vis, pour une fois, se rembrunir légèrement, puis prendre et serrer très fort ma main dans les siennes : « J'ai quelque chose à te dire... si nous allions nous promener dehors... avant le déjeuner... je me sentirais mieux. » Les avenues alentour étaient désertes et nous nous sommes mis à marcher, enlacés, vers les hauteurs...

« C'est bien de se retrouver ici, dans le calme, loin de

tout. Il était temps. Je te sentais un peu distante ces derniers temps, occupée, fuyante... Tu ne trouves pas ? »

Elle hochait la tête pensivement. Approuvait, un peu évasive. Parlait de choses et d'autres. De ses rencontres, de son film sur le Chili, de La Havane. Pour la première fois, je la sentais désarçonnée, hésitante.

« Ecoute, querido... Je te dois la vérité... Oui, j'étais un peu sur la réserve tous ces derniers temps... Tu vas comprendre pourquoi... Je n'osais pas te le dire... je suis enceinte, de toi. »

Tout s'éclairait d'un coup. Le bleu.

« Mais c'est formidable ! Pourquoi ne m'as-tu rien dit ?

— Je craignais que tu ne me demandes...

— Pas question ! Tu le gardes... C'est le plus beau cadeau que tu pouvais me faire.

— C'est vrai ? Je le garde ? »

Nous nous sommes embrassés au beau milieu de l'avenue, agrippés, étranglés presque. Pendant une éternité elle cacha son visage dans mon épaule. Je la sentais sangloter dans mes bras, brisée, hoquetante de bonheur. Et moi donc ! Les tempes battantes, rouge de confusion. Moi l'inconscient qui l'avais soupçonnée de tiédeur, de désamour ! Qui avais eu le front de lui reprocher à l'instant je ne sais quel éloignement... et qui découvrais sa pudeur, la craintive preuve d'amour qu'elle abritait à la dérobée, au fond d'elle-même, échaudée par mes sempiternelles crispations d'égoïste face aux lardons, polichinelles et pépins ; mais cette fois serait enfin la bonne. Elle s'excusait d'un coup de force et je voyais s'ouvrir un bouton de rose. Comment me faire pardonner ? Je n'avais plus les pieds sur terre.

C'est à peine si je fis attention, quelques minutes plus tard, à une incidente, une parenthèse. Par un scrupule inouï de franchise qui me remua encore plus, la bouleversante m'indiqua qu'elle avait tout de même, à Cuba, couché une fois, en passant, avec un Brésilien, une envie idiote qu'elle avait eue un soir, sans doute par dépit, et pour cause si je n'étais pas là, disponible. Mais ne cherchons pas la petite bête : c'était bien notre enfant. Celui qu'elle attendait de nous depuis bientôt dix ans. Celui que j'aurais dû lui donner plus tôt, si j'avais été plus vaillant.

De fil en aiguille, en continuant notre vol plané le long de cette avenue tachetée de rouge et d'ombrage, bordée de flamboyants en fleur, nous en vînmes à évoquer l'avenir, les détails pratiques. Enfin pas nous, elle. Sous le choc, j'acquiesçai à tout.

« Je voudrais avoir une grossesse tranquille, amor. Je ne voudrais pas qu'on me fasse la vie impossible, avec tous ces délires de jalousie...

— Bien sûr, tu as raison. Mais si c'est à Myriam que tu penses, c'est une amie maintenant, elle comprendra. Céline sera contente, elle aussi, d'avoir un petit frère ou une petite sœur.

— Ecoute, j'ai une idée. Ne disons rien à personne. Cet enfant, je vais le garder parce que tu le veux bien et parce que je le veux, mais ce sera notre secret. Personne ne doit rien savoir. Pas même nos meilleurs amis. Je dirai « mon enfant », point final. Comprenne qui pourra. On signe un pacte. Tu me le jures ?

— Comme tu veux... Je te le jure. Je ne dirai rien. Mais nous n'allons tromper personne. Les gens ne sont pas idiots, ils comprendront tout seuls.

19

— Evidemment. Mais on fera mine de rien. Un jour, plus tard, tu reconnaîtras notre enfant et ce sera merveilleux. Mais en attendant, laisse-moi assumer tout et toute seule. D'accord mon amour ? »

Tel fut notre serment, ce jour-là. La pierre de touche. Le gage de loyauté, rédemption de tous nos péchés.

Je vécus les sept mois suivants, puis la naissance, puis ce bébé lointain, faussement étranger, qui comme moi était blond et avait les yeux bleus, dans une invisible euphorie, murée d'indifférence sociale et d'acquiescement vaguement curieux (un silence complet eût paru suspect). Rien ne changea dans notre vie à moitié commune. Ou plutôt si. Rue Notre-Dame-des-Champs, nous nous sommes aimés mieux et plus. Qu'on pût devenir mère et rester femme c'était nouveau pour moi. Silvia enceinte de cinq, six, même huit mois, me semblait désirable encore. Elle, bacchante et ménagère, moi anxieux et protecteur, les après-midi nous comblaient d'une extase dévote. Elle grimpait mes quatre étages sans ascenseur, avec la lenteur d'une souveraine en exil. J'aurais voulu surveiller la rue pour la porter dans mes bras, la soutenir dès le rez-de-chaussée. Les fenêtres donnaient sur cour. Alors je laissais la porte du palier ouverte pour entendre les bruits dans l'escalier, et elle sitôt déshabillée, couchée, je plaquais l'oreille sur son ventre tout rond, j'écoutais palpiter notre ultime secret avec un recueillement de conspirateur vengé.

Quand nos amis évoquaient en ma présence, à mots couverts, l'imminence de l'heureux événement, et plus tard la naissance, ne me voyant en rien décontenancé ils en concluaient que je savais tout et que, magnanime ou simplement dépassionné, je m'accommodais de la situation : puisque je n'avais pas voulu lui faire un enfant, j'acceptais que l'autre s'en charge. De mon côté, je voyais dans la remarquable discrétion des mêmes amis une preuve de plus de leur délicatesse, un signe exquis de connivence : ils savaient évidemment que l'enfant était de moi — de qui d'autre, sinon ? — mais faisaient semblant de ne rien voir, pour ne pas nous gêner. Je riais sous cape. L'humanité nous surprendra toujours, pensais-je, elle est plus belle qu'on ne le croit... La vie est faite de quiproquos.

Fallait-il rire ou pleurer ? Je fis les deux. Entre deux larmes, une envie de fou rire. J'avais vécu des années durant un amour insolite mais simple, protégé par une pénombre que je croyais sans mystère : je découvrais en l'espace de quelques heures les vulgaires complexités du bon vieux ménage à trois. Entre deux souvenirs intolérables, j'étouffais Othello sous Guignol. Je ne me contentais pas de mots, je répétais tous les gestes, les solennelles immémoriales et comiques démarches qui sont de mise dans ce genre de pantalonnades. A Elle, exhortations, ultimatums. Je la vois encore, un matin, quelques jours plus tard, dans la salle vide du café *Le Chartreux,* sangloter à sec, à froid — mais les yeux rougis par la fatigue semblent bordés de pleurs à qui cherche de l'humide —, se draper dans une dignité boudeuse, tour à tour offensée et vindicative, répéter elle aussi les formules millénaires, jouer avec application l' « infidèle-qui-n'avait-pas-le-choix » : « Je ne voulais pas te perdre, c'était ma seule raison. Mais je ne supporte pas que tu aies mal maintenant. Tu es bien la dernière personne à laquelle je voudrais faire du tort, tu dois me comprendre », etc. A Lui, je fixai rendez-vous dans le même café, le soir même. Je fus déçu quand je vis s'approcher de moi, timidement, le père de mon fils, le mari de ma femme : l'inconnu ne payait pas de mine. Un physique insignifiant. Il me ressemblait. Il se dit peiné de mon étonnement et en avait vraiment l'air. Lui savait tout et croyait que je savais, évidemment. Il avait pris Silvia et moi avec, dès le début, puisqu'elle avait encore besoin de me voir, les vieux collages ont du mal à finir, il serait modeste et patient, il avait tenu parole. Il lui avait fait un enfant, sans équivoques et en public, et si je continuais de la voir, c'était bien la preuve que j'acceptais la situation, la bigamie, c'est assez commun aujourd'hui. D'ailleurs moi, de mon côté, dans le genre polygame, à ce qu'il avait entendu dire... Quant à nos week-ends clandestins d'amoureux, nos voyages en Grèce, en Italie, au Mexique et ailleurs, chacune de nos escapades avait eu sa bénédiction, elle lui demandait toujours la permission, lui disait où, quand et combien de temps. Le seul interdit qu'il lui avait fixé, me dit-il, c'était de passer à Paris une nuit entière avec moi, il fallait qu'elle soit rentrée avant le lever du jour parce qu'il tenait au principe du domicile conjugal : au fond, enchaîna-t-il, je devais comprendre qu'il y avait deux

Silvia, celle qui vivait avec lui et celle qui me rendait visite, l'une ignorait tout de l'autre, ce n'était pas du double jeu, mais un dédoublement de personnalité. Seulement pour qu'il ne tourne pas à la schizophrénie, il avait dû taper du poing sur la table, donc on ne découche pas vraiment, du moins à Paris. Tout cela égrené sans forfanterie, mezza voce, sur un ton d'infirmier compatissant.

Une bizarrerie qui commençait à m'excéder s'expliquait subitement : depuis quelque temps, elle s'éclipsait à l'anglaise au milieu de la nuit, souvent pendant mon sommeil. Comme elle avait perdu un bébé dans des circonstances dramatiques, dix ans plus tôt, j'estimais somme toute compréhensible le besoin qu'elle avait d'être au chevet de notre fils à la première alerte, le désir d'assister elle-même à son réveil, de le lever, de l'habiller. « Mais la nounou a notre numéro, elle peut t'appeler en pleine nuit en cas de besoin, tu es chez toi ici. — Oui, mais tu n'as pas de voiture, et c'est toujours quand on cherche un taxi qu'on ne le trouve pas. — Eh bien, amène l'enfant ici. — Tu ne te rends pas compte, c'est tout un déménagement, une organisation, c'est impossible. Et puis il y a Maria, elle ne comprendrait pas. » Silvia avait quarante ans, sa fille Maria, son aînée, seize, mais elle la couvait comme si elle en avait huit. Ce qu'elle ne me disait pas, mais qui ajoutait encore à la vraisemblance, elle savait que je le savais sans avoir à me le dire : c'est que Maria, depuis toute petite, me jalousait. Sa mère l'avait laissée loin derrière elle à cause de moi, en Amérique latine, il y a longtemps, et cette lointaine blessure ne s'était pas cicatrisée. Silvia ne voulait donc pas — pensais-je in petto — montrer à sa fille, en découchant trop ostensiblement, qu'elle la sacrifiait de nouveau à notre

23

couple. Ce dévouement maternel rehaussait, si c'était encore possible à mes yeux, le prestige tant moral qu'érotique de mon alter ego. Ce que je ne lui disais pas de mon côté, je savais qu'elle le savait sans avoir à le lui dire : je trouvais mon compte à cette légère vexation. Travailleur du matin, j'aime enchaîner au plus vite, sans mamours ni piapia, du sommeil à ma table. Pour l'écrivain, musique et solitude bénissent chaque levée du jour. Elle en plaisantait parfois : « Tu ronchonnes mais je te rends service mon amour, il m'en coûte mais c'est pour toi que je pars avant ton réveil. » Comme Albertine et M. de Norpois, tout aussi sincère qu'eux dans le mensonge, Silvia est une adepte du « système des fins multiples » : elle excelle dans l'art de faire plaisir à plusieurs personnes avec une même action, qu'elle présente à chacune comme faite exclusivement à son profit. Complaisante envers un tiers qu'elle me disait inexistant, elle se voulait et se croyait sans doute obligeante envers moi lorsqu'elle m'abandonnait tard le soir. Ainsi filions-nous notre tenace et imparfait amour. Nous en avions connu d'autres, depuis le temps.

Je quittai le dénommé Paul Devavre la nuit tombée sur le trottoir de la rue d'Assas, sans animosité, avec une gratitude stupéfaite : en une heure, cet inconnu, cette ombre m'avait fouillé à cœur ouvert, éclairant des tréfonds où je n'osais pas m'aventurer moi-même, détortillant l'embrouillamini de nos dernières années. A son insu et sans anesthésie, il avait rendu la vue à un clairvoyant professionnel qui ne voyait plus le bout de son nez.

Quelques jours après ce choc opératoire, non content de

ruminer la vérité par morceaux, je voulus recoller d'un coup mon puzzle et sollicitai dans les formes un rendez-vous officiel avec le couple officiel à son domicile légal. Il était toujours marqué en bas de l'escalier, devant la porte d'entrée en verre, d'un « Murillo-Devavre » sans équivoque, bien que Silvia m'eût juré, sitôt après ma découverte, qu'elle effacerait cette atteinte au secret de la vie privée, ce délit de diffamation et injures publiques. L'appartement était à son nom, et elle ne savait vraiment pas pourquoi son, comment dire, « ami, vague ami » avait osé planter son drapeau dessus. Sommet du masochisme ou courage surhumain ? Les délaissés, en gigotant, se font des bleus partout. C'est ainsi qu'un samedi matin, je surpris, arrivant plus tôt que prévu dans un appartement sordide, au-dessus d'une station-service sordide, au bout d'un couloir sordide, une sympathique petite famille de Français moyens au réveil, jeunes cadres en début de carrière, papa maman et le petit, regroupés dans le salon autour d'une table à toile cirée. On m'offrit aimablement du café. Que faire d'autre ? Il fallait se débarrasser en douceur de l'intrus, l'étranger, l'enquiquineur un peu demeuré, qui posait trop de questions-farce, auxquelles il était superflu de répondre. Angelo, mon ex-fils, allait et venait sous la table et me lorgnait d'un œil ahuri, plutôt hostile : c'était son nouveau père tout craché — inutile de procéder à une analyse de sang, ainsi que je l'avais proposé la veille à Silvia, qui avait opiné du bonnet comme si un doute était encore possible. Il suffisait d'ouvrir les yeux. La petite maman, en peignoir et savates, se tortillait sur sa chaise en regardant ailleurs, opposait à mes tirades anxieuses quelques monosyllabes ; le papa attendait poliment que le cinglé se fatigue de saliver à perte et débarrasse le plancher. Ils avaient raison : tout paraissait joué, je n'avais rien à faire dans ce jeune foyer, sinon attenter à la paix des ménages. Quand à la fin, las de soliloquer, je me levai pour partir, Silvia, peut-être rattrapée par la pitié ou un vague remords, consulta du regard son conjoint et enfila un manteau pour m'accompagner dans la rue jusqu'à la station de taxis. Une fois dehors, elle me prit la main gentiment, à l'ancienne, mais avec une gentillesse un peu trop insistante, comme on en a pour calmer un fou qui pourrait sans crier gare vous piquer une crise au milieu du trottoir si vous ne faites pas semblant d'abonder dans son sens : « Au fond, me dit-elle en se serrant contre mon épaule, tout cela n'a été qu'un horrible malentendu. C'est le désamour qui aurait été pire, n'est-ce pas, querido ? » Elle n'avait manifestement qu'une envie : que j'aille au vert me refaire une santé et que je lui fiche la paix, au moins pour une huitaine de jours. Par chance, García Marquez et Max, mon vieil ami chilien, l'ancien chef de l'escorte personnelle d'Allende, m'avaient invité à La Havane pour passer le nouvel an en joyeuse compagnie. Elle me pressa si tendrement de déguerpir que je me retrouvai le lendemain dans l'avion. « Tu verras, me dit-elle, à travers la vitre du taxi, à ton retour, j'aurai repris des forces, j'affronterai tout, je te retrouverai. Ne crois pas ce que tu as vu. Tu auras une Silvia toute neuve. Bon voyage. Je t'embrasse très fort. Si, si, très fort. *Te quiero.* »

Elle avait vécu et raconté, dix ans plus tôt, l'horreur, un jour d'octobre à Santiago. Cela n'était qu'un jour de décembre à Paris, sans descente de police, sirènes d'ambulances et flaques de sang. Un jour d'hiver comme les autres.

Il pleuvait sur La Havane, les vagues battaient en rafales la digue du Malecón désert, face à ma suite de l'hôtel *Riviera,* où le téléphone ne fonctionnait pas. Le même hôtel couleur pistache, lobby kitsch et démesuré, Floride années cinquante, où l'on passe des heures à attendre l'ascenseur, un coup de fil, un plateau de café et où, en 1979, Silvia et moi, dans les mêmes chambres aux canapés framboise, derrière les mêmes portes laquées beige, rôdions en sueur dans l'attente d'un improbable contact avec les insurgés du Nicaragua. Dans cette suite trop belle et trop grande pour un simple cocu, je tournais comme un loup en cage autour d'un combiné atone. Mais à force de cajoler une téléphoniste de Miami, je pus lui parler des heures, en pleine nuit. Et franchir sans trop de mal le cap des fêtes, si redoutable aux solitaires. García Marquez, partagé comme d'habitude entre l'affection (pour le vieux latino complice) et le sarcasme (pour le Français trop français, l'arrogant circonspect), m'étourdit de cinéma, de veuve Clicquot et de chansons de Brassens, dont il connaît les paroles par cœur. Je sortais de l'hôtel autant que possible, multipliais les rendez-vous sans objet pour faire venir dans mon casier, à

28

la réception, « le » message téléphonique. En vain. Et tout m'était remords : les daïquiris au citron vert, les rengaines au sucre de la radio, les rues de la vieille ville aux pavés disjoints, les anciens amis qui me demandaient de ses nouvelles, sans malice. Décors inchangés, délabrement intact. Nous avions jadis siroté, traversé, regardé, écouté tout cela ensemble, c'était le bonheur et je n'avais rien vu. Je marchais sur ses pas, les nôtres, et chaque empreinte m'accusait. Parti au soleil pour oublier, je m'étais retrouvé nez à nez avec le pire de la mémoire.

A mon retour, en janvier, Silvia — neuve ou non à l'intérieur — habitait encore rue Manin. « Extérieurement, c'est vrai, oui. Mais attends un peu, c'est une affaire de semaines, de jours... Mes parents sont arrivés du Chili, je ne peux pas leur crever le décor sans préavis, il faut que je leur parle d'abord. » Et elle ajoutait, mystérieuse, baissant la voix : « Je travaille, j'avance. Chaque jour je défais un nœud. Aie confiance en moi. *Te quiero, te quiero tanto.* »

« Je t'aime », en français. Pour elle, c'est comme « salut » ou « à bientôt ». Comme le « love » américain au bout d'une phrase, au bas d'une lettre. Une banale politesse, tous ses interlocuteurs y ont droit. Pourtant, quand sa voix rauque les faisait monter de son ventre à mon intention, les trois syllabes me brûlaient comme un aveu et un serment. J'avais beau me gendarmer, j'entendais les trois coups d'une fatalité consentie devant laquelle elle me confessait dans un souffle qu'il lui faudrait bien s'incliner tôt ou tard et quoi qu'il pût lui en coûter.

Ce n'avait été qu'un pis-aller, une voie de garage, m'expliqua-t-elle. Elle avait cru que je n'étais « pas libre », ou que je voulais le rester, peu importe, que je ne pouvais

29

me marier avec elle, l'étant déjà, et puis « la barque de l'amour... », c'est bien connu. Il lui avait donc fallu assurer la matérielle de son côté, survivre vaille que vaille au quotidien par un compromis boiteux qui n'avait plus lieu d'être. Maintenant que je l'avais détrompée, les choses entre nous reprendraient leur cours naturel, ce n'était qu'une question de ménagements, de transition, de tactique. De temps, quoi. Me disait-elle.

« Mais combien de temps ? Combien de jours ? » m'égosillais-je une semaine après mon retour des Caraïbes, d'une cabine téléphonique à Francfort, où j'attendais un avion d'Air India miraculeusement en retard. J'étais bien décidé à tuer le temps plutôt qu'à me tuer moi, et un colloque à New Delhi en mémoire d'Indira Gandhi, intitulé, ô Providence, « Towards new beginnings », ferait l'affaire pour janvier. « Six mois, me répondit alors Félix à l'appareil. — Tu es fou, ou quoi ! — Non, le fou c'est toi. J'ai Silvia à côté de moi. C'est elle qui dit six mois. Donne-lui le temps de se retourner, de recaler ses repères. Elle doit tout restructurer. Je l'aiderai. Compte avec le temps. — Mais, Félix, ce n'est pas possible... Passe-la-moi ! — Calme-toi d'abord et fais pas le con. — Six mois, mi amor » (elle avait pris l'appareil en main). J'avais choisi mon heure, connaissant d'avance son rendez-vous avec mon ami Félix, psychiatre, qui voulait la voir avant de lui indiquer le meilleur, le moins mauvais psychanalyste possible. « Bien sûr, je sais ce que tu penses. C'est beaucoup trop long. Mais c'est un maximum, un symbole si tu veux... bien sûr que nous allons nous retrouver avant... Je travaille beaucoup, tu sais, à l'intérieur... — Mais six mois, vous êtes fous... Un, deux, trois, ça fait... juillet ! Et qu'est-ce que je vais faire d'ici là ? — Eh bien, occupe-toi... fais de la politique, du cinéma, voyage, est-ce que je sais, moi ? Delhi, l'Inde, c'est très bien, restes-y un peu plus que prévu... Et puis tu n'es pas tout seul, tu as Aurore, à Paris. — Oui, j'ai Aurore... — C'est une femme bien. Pour une fois, tu n'es pas mal tombé. — Oui, très bien. Trop bien peut-être. Mais tu étais là avant, tu seras là après, tu sabotes tout, même mon histoire avec Aurore. Elle le sent bien. Et moi, je ne sais, je ne sens plus rien, depuis l'autre jour... — Sois patient, mon amour. Tu as Céline, j'ai Angelo, toute une famille, des responsabilités que tu n'as pas. On ne change pas de vie en une semaine. Mais je pense à toi tout le temps. Ramène-moi un sari en soie ou un bracelet en argent. Je t'attends. Bonne route. »

Il faisait soleil sur Connaught Circle, les pelouses du Premier Ministre étaient d'un vert oxfordien, et autour de lui des hommes importants de toutes nationalités tenaient des propos lourds de sens sur les sujets les plus graves — le nucléaire, le désarmement, les grands équilibres. Ils me donnaient envie de rire et je les relançais, bouche bée d'admiration. Tout m'était bon pour reculer le moment de me retrouver seul dans ma chambre d'hôtel, face à un téléphone cruellement en état de marche. Pour différer l'inéluctable instant du : « Mais qu'est-ce que je suis venu foutre ici ? » A l'autre bout du fil, la voix était bien évasive, voire poliment excédée.

Aux traditionnels Fort Rouge, Grande Mosquée, Qutab Minar, tombe d'Humayun de la vieille Delhi, je rajoutai donc, puisque telles étaient les instructions, les vases pourries du fleuve Hoogly, les slums de Calcutta, les rizières du Bengale. J'aurais voulu me noyer dans ces ruelles, me cogner aux buffles, aux vaches crasseuses, me frotter contre les mendiantes aux bébés manchots, les culs-de-jatte lépreux, me coller aux plaies et aux ulcères : hélas, je restais étrangement lointain, invulnérable à la foule, à l'asphyxie. Seule la gare-dortoir de Calcutta-Howrah, près du pont métallique, immense étable humaine avec son remugle de sueur, de bouse et de chair avariée, manqua me donner mal au cœur une seconde : les Européens en perdent l'appétit pour la journée. Je n'étais pas fier de mon indifférence. Dépité plutôt de l'incuriosité qui dressait une paroi de verre à l'épreuve de toute morale entre cette misère et la mienne. Qu'importe l'odieux d'une comparaison entre les deux. Je ne peux aimer le monde sans le partager, au moins en pensée. Ma partageuse ne répondait plus : adieu bougeotte.

Je revenais de loin.

Rien n'est simple. Le pauvre cœur des hommes ne bat pas la mesure.

A Paris, c'est Aurore qui m'attendait ; et non Silvia à qui j'offris le lendemain de mon arrivée un bracelet d'argent ouvragé que je ne lui ai jamais vu porter depuis. J'avais rencontré jadis Aurore au cours d'un voyage officiel au Mexique où elle était née. Cette jeune femme aux yeux vert océan, teint blanc et cheveux noirs en bandeaux, limpide et perspicace, critique littéraire spécialiste de Diego Rivera et Victor Serge, était revenue en France pour achever sa thèse. Nous avions depuis quelques mois des relations suivies, chacun gardant ses arrières. Sur mes instances, je précise.

Elle avait brillamment et à son insu réussi son « examen de passage » auprès de Silvia qui, pour calmer mes inquiétudes d'adolescent, était venue la voir chez moi, mais en coup de vent et en compagnie de Marianne, insolite désinvolture qui ne m'avait pas alarmé tant ma confiance était aveugle. Une intuition entre deux portes me suffisait. « Voilà une amie pour toi, m'avait-elle lancé le lendemain. Il était temps ! » Et nous de rire, complices. J'avais prévenu Aurore dès le début qu'il y avait dans ma vie une « inamovible », une « numéro 1 » qu'elle ne pouvait songer à supplanter. Sans entrer dans les détails, en minimisant la chose, comme si de l'avoir déclarée capitale une fois pour toutes me dispensait d'y revenir. Il y a celle à qui je dis tout — je n'en ai qu'une à la fois —, et les éphémères à qui je dis un peu. Je disais déjà plus qu'un peu à Aurore, en restant loin du compte. Soyons franc : je trichais par omission, faisais bonne figure et lui mentais bel et bien. Mais un soir qu'elle m'avait surpris avec un regard plus perdu que d'habitude, j'avais dû lui raconter une petite moitié de la vérité — le faux enfant, le faux amour, la double vie de Silvia. « Tu la vois donc toujours ? — Bien sûr. — Tu fais l'amour avec elle ? — Oui et non, enfin... » Aurore s'inquiétait de mes nuits blanches, de ma mine défaite, de certaines messes basses au téléphone. J'avais peur de l'ébranler davantage et de perdre ma bouée de sauvetage. Elle perçait peu à peu mes camouflages à jour, sans me les faire payer. Et si elle n'avait pas été là, après mon expédition aux Buttes-Chaumont, je n'y serais pas non plus aujourd'hui pour tracer ces mots sur un cahier.

« Un peu de décence, s'il te plaît... Un viveur, un volage ne pousse pas les hauts cris pour une " mille e tre,... mille e tre... " »

C'est Aurore qui me secoue les puces. En chantonnant. Dépitée ou narquoise ? Pour ne pas me gronder et détendre l'atmosphère, elle passe de Don Giovanni à Henri Leca : « On dirait un' chanson mais ce n'est qu'un' histoire d'amour / On dirait un roman comm' y en a cent par jour / Un jardin près d' la Seine, un' fillette, un garçon / Ça n' vaut mêm' pas la pein' qu'on en fasse un' chanson...

— Tu connais tes classiques... Yvette Giraud... Francis Blanche... Alors, va jusqu'au bout...

— J'ai oublié la suite...

— ... Mais ce soir j'ai compris que mêm' s'il est banal / Un chagrin comm' le mien / Ça peut finir très mal / On retrouv' dans la Seine / un' fille ou un garçon...

— Décidément, tu forces la note. Et tu chantes faux en plus. Enfin, les témoins sont tous d'accord : Sarah, Bianca, Norma... que sais-je encore... »

Non, écoute-moi. Les témoins ont dit vrai mais ils ont tout faux. On connaît ça, n'est-ce pas ? Il m'arrivait d'aimer ailleurs, soit. Dans son dos, parfois, à son insu, jamais. Flambées, toquades, caprices : j'avais l'autorisation. De la complaisance ? Certainement. Perversité ? Non. Enfin, pas apparente. Elle dédaignait le scabreux, pas voyeuse, à peine curieuse des détails. Traitant les choses du sexe avec une affectueuse et pudique indifférence, tout en faisant preuve dans ce domaine d'enthousiasmes aisés, rapides mais sans

34

prolongements. Rien de malsain. Car ce n'était pas par orgueil ni insensibilité, me disait-elle, qu'elle laissait son homme vadrouiller ici et là ; ni même par une sorte de résignation à l'inévitable, du genre : à quoi bon perdre son temps ? Laisser flotter les rênes renforçait son emprise, rehaussait d'un cran sa puissance tout en la rendant légère, presque invisible. Ma cavalière savait, pardonnait, et tenait tous mes fils : à la fois tutrice et complice. De fait, ses absolutions n'avaient pas pour seule vertu de nous rapprocher : elles inféodaient un insoumis. Pris en charge par la Supérieure à qui il se confessait, le petit frère tourier s'en sortait sans devoir faire pénitence. En somme, mes amours au pluriel, au fil des ans, aggravaient cet amour singulier, le rendant chaque jour plus sacré, et moi plus frondeur. « Ma sœur-épouse mon armée » était devenue à la longue le dernier point de fuite où s'unifiaient mes perspectives, faute de quoi mes emballements m'auraient écartelé.

Déplaisante habitude ? On la dirait aujourd'hui « maso-macho » et d'abord bien commode. Elle ne m'imposait aucun devoir. Tous les droits de l'homme, y compris celui de la jalousie — qu'elle ne me donnait guère l'occasion d'exercer, m'avouant de temps à autre quelques passades sans lendemain (retour de voyage, et généralement avec des Brésiliens, nationalité douée à ses yeux d'un prestige érotique certain). Ces incartades me faisaient mal, mais comment s'en formaliser ? C'était le minimum vital de la réciprocité, qui me garantissait contre la banalité du salaud à sens unique, et je voyais dans ses rares confidences, qui m'égratignaient sans m'écorcher, des gages de franchise. Il fallait de la lumière dans notre crypte, pour que j'écume à découvert les bas-côtés. Prouesse de sincérité ou comble du

35

cynisme, je ne manquais pas de signaler à mes victimes l'existence extra-muros d'une Régente qu'aucune cabale, aucun coup d'Etat ne saurait renverser. Précision plus ou moins bien articulée selon l'humeur des partenaires et, sait-on jamais, plutôt après qu'avant. Ma sotte fierté n'est pas d'avoir été trop souvent infidèle à Silvia, mais de ne l'avoir jamais trompée. Elle seule avait en permanence la clé de mon appartement, où elle n'avait même pas à s'annoncer.

J'avais une autre excuse : la haine que les hommes me portent. Je n'avais pas la foi, ni assez confiance en moi, pour fuir leur malveillance au Sahara ou au fond des forêts. La prison — où j'ai moisi dans l'isolement plusieurs années — ne m'a pas dégoûté de la solitude, loin de là, mais m'a légué une indicible angoisse pour affronter sans compagnie, derrière une porte close, la montée de la nuit, le dîner à la cuisine, les draps. Dès l'après-midi, je cherche. Un corps. Pour me donner une contenance, pour me faire oublier de la mort qui vient. Silvia ayant toutes les excuses du monde pour ne pas être là aux heures cruciales, il me fallait bien trouver des substituts. L'univers féminin me fait heureusement oublier la gent masculine, avec qui l'on n'a souvent le choix qu'entre l'ennui d'un débat d'idées gratuit et le jeu de massacre des absents. Les rituels de la séduction permettent d'échapper à cette misérable alternative. Le persiflage m'humilie, j'aime admirer, ou me taire. Ils me reposent aussi du mal que je me donne pour contrarier les messieurs : je n'aurais pas autant désiré plaire aux femmes si je me souciais moins de déplaire aux hommes. Quelle fatigue, jouer au provocateur toute la journée sans faire le joli cœur au coucher du soleil. Je préfère alors changer de public : ceux que j'ai exaspérés par mon arrogance ne me pardonneraient pas mes roucoulades nocturnes. J'avais bien quelques amis hommes, oh pas beaucoup, quatre ou cinq. Avec qui badiner en confiance et sans penser à mal. J'avais même fait l'impossible, après mon retour en France, pour bâtir une revue, une société de pensée, ou pour m'agréger à tel ou tel cénacle. En vain. Il nous manquait la plupart du temps une vraie guerre à mener pour que nous fussions frères. Les hommes ne communient vraiment qu'en saison violente, il faut un risque majeur à affronter ensemble pour cesser de spéculer dans le vide et d'allumer les concurrents. Tout le monde n'a pas la chance d'avoir vingt ans en 68 ou à la Libération. Pour ceux qui sont arrivés en retard, ne restent que la gestion du consensus, molle fraternité par le bas, ou nos coups de griffes entre coteries, guéguerres du pauvre. La ferveur des corps, elle, est de toute saison, comme la douceur d'un sourire, un tremblement dans la voix. Pas besoin alors de putsch d'Alger ou de Deuxième D.B. pour enlever les masques et dire juste ce qu'il faut au moment où il faut. Les femmes dont je mords les lèvres sont mes frères des temps de paix. Fallait-il être fou de solitude ou de dépit pour attacher aux rencontres les plus faciles une couleur d'exploit, un parfum d'extravagance vaguement héroïque ? Avais-je tort de voir dans les violences de la chair la dernière pureté de l'époque, la vérité de la guerre sans la guerre ? Cette superstition des corps à corps m'a toujours tenu à l'écart de gaudriole et gauloiserie. Ouvert à tout la nuit mais réfractaire aux indécences à vue.

Détrompe-toi, Aurore. Je n'étais pas un homme à femmes. Je n'allais pas à la dérive, je n'en couvais qu'une seule. Désaxé sinon. En perdition. Animale épave flottant au gré d'animales hantises.

Jusqu'au jour de ma culbute, je gardais assez bien mon cap. Mon Sud.

Les témoins, c'est pas leur faute. Mon fil à plomb était en dedans. Pouvaient pas voir.

« Un démon l'habite », disait ma grand-mère. Ange noir, ange bleu, les plus cruels sont plus chéris. Comment décoller sans l'aimant d'une icône? Comment, sans images saintes, ne pas retomber? Que me vaut la vie si elle ne s'exhausse pas vers une lointaine tache d'or, un oiseau de lumière au-dessus d'un ciel de plomb? Le désir ouvre un chemin entre quatre murs dont peu m'importe qu'il finisse en coupe-gorge, pourvu qu'il arrache. « L'infini à la portée des caniches... » ? Faute de grives... Toutou prédestiné aux belles étrangères, aux femmes d'ailleurs, aux vagabondes, à tout ce qui aide à sortir du trou. Je ne peux ni travailler en plein air, en voyage, à l'hôtel, ni aimer à demeure. Comme aucune page ne vaut la peine d'être écrite si ce n'est une offrande, il me fallait la Princesse et l'absence, tenir et fuir, d'un même mouvement. La ville à la campagne. Cette gymnastique du cœur me transformait en maniaque de l'automatique international, en « accro » des guichets de poste : télégrammes et ultimatums rappelant la traîtresse au foyer et dès qu'elle arrive, le besoin de la voir ficher le camp. Cela vous fait une belle jambe de savoir que ce cercle carré fait courir l'espèce humaine !

Plus envie de courir. Le futur cadavre voudrait vieillir sur pied, en elle, par elle recueilli. Un long après-midi d'été immobile, transat, soleil couchant charmilles zéphyr thé de Chine petite laine le soir. Retraite, caisse d'épargne, télévision, patins de feutre, parquet ciré, douce extinction des feux, dans une chambre acajou sentant la lavande et l'encaustique. Ce qui était séparé est enfin réuni. Mes débris se recollent (l'explosion d'une grenade filmée à l'envers). Plus de déchirure, me voilà recousu, passé-présent. Ma moitié m'a rendu mes yeux et ma mémoire ; elle qui avait tout emporté, revenant à la maison, me ramène intact in extremis. Alors, les organes rassemblés, on m'enterre entier, sans cicatrice. Je me vois sur la table de montage revivre en marche arrière : les membres épars, disséqués, la graduelle recomposition des bas morceaux, un corps glorieux qui monte au ciel.

Une apothéose de retrouvailles. Un beau rêve. Un peu nombriliste, direz-vous. Qu'y puis-je ? Ce qui m'attachait à Silvia, comme naguère à Myriam, me reliait à moi-même. Chaque fois que je la voyais, je me redécouvrais par surprise dans ses yeux, toutes mes saisons superposées. Nous n'appartenons pas à nos témoins oculaires, ce sont eux qui devraient nous appartenir à jamais. Elle n'a pas l'air de le savoir. Elle s'en fout complètement de mes droits d'ancien combattant, elle a un rendez-vous ailleurs, elle doit s'occuper de son bébé, de sa fille, de son copain, de sa copine, de son nouvel amour, de sa tante de passage et de l'amie de sa tante, alors vous pensez, ciao ciao on se téléphone.

Ces attaches, comme on les appelle, j'avais cru qu'elles iraient en se relâchant, avec le relâchement des chairs, les premières mèches grises, les seins ballottants, flasques, évidés, avec des plis à l'attache quand elle se penche. Mais non. De mal en pis. Plus Silvia se chiffonnait, plus elle donnait envie de s'agripper. Les Orientales s'épaississent avec l'âge. Silvia rétrécit, creuse ses arrondis, cheveux secs et pattes d'oies, mais gagne en densité. Le corps se tasse mais devient plus intense ; un retour de mémoire retend les tissus que les années détendent ; des seins, un ventre de pauvresse bientôt, qui sait, mais tellement plus riches au toucher... J'avais beau lui dire de faire de la gym. Avec les années, viennent la saveur et la pulpe... Elle me rendait plutôt crispé — « la jolie chose que c'est de faner » —, nerveux mais pas dégoûté. Comme si la vieillissante se faisait plus attirante parce que plus précaire, plus fragile encore ; comme si tout ce que la bientôt grand-mère portait en elle était sur le point de se briser, de s'envoler. Comme s'il fallait plus que jamais manier tout ce temps accumulé, ces vies en elle cristallisées avec une précautionneuse, une infinie tendresse. Silvia, à quarante ans passés, devenait un *memento mori* tirant sur le fauve, feuille d'érable fin d'octobre, qui donnait aux soirs et aux minutes un tremblé, un je-ne-sais-quoi d'inexorable incitant plus à une frénésie d'attouchements qu'à un recul de mélancolie. L'été indien... Champ magnétique et doré de la mort, plus stimulant que le chant du cygne...

40

— Du calme, petit bonhomme. Cupidon pas gentil? Tourterelle envolée? Patience. Passent les jours et passent les chagrins. Et les grands mots avec.

Ce qui ne passait pas : la suffocation. Quand il faut aspirer par la bouche et que l'air ne rentre pas, reste dans la gorge contractée, douloureuse, comme si on avait les amygdales. La bouche sèche, on salive tout le temps, et avaler fait mal. Les biceps aussi, tétanisés. Du courant électrique remonte du bout des doigts, reste dans les muscles du bras, reflue sur les mains, qui se mettent à trembler. La poitrine devient sonore, caverneuse; coups de marteau aux tempes, à-coups de la pompe à sang; les jugulaires, plus bas, sous la mâchoire, cognent. Une brûlure au ventre. Envie de rendre mais quoi? Un trop-plein dans l'estomac pourtant vide. L'attente d'un vomissement qui ne vient jamais.

Faites-moi toutes les peines, sauf une : ne me trahissez pas.

Mais aurais-je eu tout faux si j'avais vécu vrai? Cloisonner, jouer sur plusieurs tableaux, se servir des gens en les persuadant que je les sers, slalomer entre femmes, pays, métiers et images de marque — ces techniques me sont plus que familières. Silvia se fuit en séduisant, moi en rebutant, mais que le but soit de plaire ou de déplaire, nos vices, nos moyens de parvenir, se ressemblent. En voyant mon amour se briser comme un miroir de Venise, ce sont mes propres masques qui craquelaient sous mes yeux. Silvia, mon envers, ma sœur, cette imposture, mettait mes fables en pièces. Pas de réquisitoire, nous sommes deux dans ce box. Et si mon jeu de cache-cache valait le sien? Et si le vrai faux-semblant, c'était moi?

Tant que j'avais cru en elle, en nous, innocemment, je rêvassais à crédit, tirais des chèques en blanc sur son amour. Je me flattais même d'être l'auteur d'une formule qui égayait naguère des congrès politiques : « La mémoire est révolutionnaire. » J'expliquais à qui voulait m'entendre qu'un peuple sans passé n'a pas d'avenir, que toute renaissance est un retour aux sources. Rhétorique bon marché. Vient un moment où le has-been c'est vous parce qu'on vous a volé votre mémoire. Je voudrais la récupérer. Cambrioler Silvia. Lui reprendre ma vie.

Dites ces mots « ma vie », et retenez vos rires ! Je n'ai jamais su exister comme les grandes personnes, à la première personne. A peine ai-je dit « moi-je » qu'un nain furtif me rappelle à l'ordre d'un coup de pied au cul : « Pas joli-joli mon vieux de bluffer comme ça. Quand on est un courant d'air, on ne fait pas la grosse voix. » Il a raison. Si chaque jour est un tête-à-queue entre hier et demain, pour éviter aujourd'hui une nouvelle imposture, il me faudrait battre le rappel des ombres qui couraient à chaque minute sur mes talons pour me pousser en avant, mû par l'espoir de devenir, la minute suivante, un autre. J'ai assez payé pour savoir que la vraie vie est celle des songes, nos faits et gestes une lie. Etonnez-vous ensuite si tant d'autobiographies, Mémoires ou confessions ont la louche grisaille des urnes. Ce qui reste d'un homme quand les absences qui l'ont peuplé ont disparu ? Un sachet de cendres — dates, titres, et noms propres. Ceci n'est pas mon sang, ceci est ma poubelle.

Et puisque je ne peux plus me raconter d'histoires, en voici une à ne pas raconter. La nôtre, la mienne.

J'ai longtemps fait comme vous, fui les confidences et les gens qui s'étalent; étouffé les gloussements des vampires à face d'ombre sous les fifres de *L'Internationale* et de *La Marseillaise*; travesti en mépris des « déballages » le bienséant découpage des travaux et des nuits. Plus le choix. Eclairer l'amour entre chien et loup force à sortir du bois.

Non qu'en divulguant ma petite histoire, je veuille renier la grande — c'est la trame qui les tisse l'une à l'autre que je veux tirer au jour. Qu'y puis-je à la fin si c'est le même homme qui se lève et se rêve? Le même sac à néant cousu de gloriole et de peur qui se traîne « de la belle aube au triste soir »? Je dirai pêle-mêle les amours et les morts; comme sous mes paupières, les femmes qui passaient par là croisent les copains qui y sont restés.

Voici ma plus longue insomnie.

II

Mais ce n'est qu'un' histoire...

On prétend que je suis né en 1940, à Paris, de nationalité française. C'est faux.

Je suis né beaucoup plus tard, par à-coups, et toujours hors de France. Je ne suis devenu français que tout récemment.

La première fois, j'avais vingt ans, c'était l'été, à New York. J'étais seul et je naquis à la laideur cachée du monde dans la salle de bains collective d'un Young Monitor Christian Association. A travers un épais brouillard de vapeurs, je vis des hommes luisants et gras s'enculer sous la douche, en s'engueulant. Je ne comprenais rien à leurs hurlements. Je m'enfuis dans la rue avec l'envie de vomir. Dehors, de gigantesques flics à cheval — je n'en avais jamais vu — dispersaient à la matraque un petit groupe de nègres qui détalaient en poussant des cris inintelligibles. Je filai hors de Manhattan, vidé par le « Fourth of July », étouffant, vers Coney Island. Des dizaines de milliers de monstres, obèses, blanchâtres, plus ou moins infirmes, barbotaient flanc à flanc sur la plage au milieu des papiers gras et des boîtes de bière dans une odeur de graisse et de pop-corn roussi. Gary Cooper et Grace Kelly m'avaient-ils donc menti? Je m'évadai de New York vers Miami, en auto-stop. Durant une semaine, sur les highways, je passai d'un ancien de Corée la bave aux lèvres à un héroïnomane en manque rongé de tics, d'un homosexuel timide mais finalement agressif à une bande de petits Blancs ivrognes et racistes. J'ai transposé cette mauvaise surprise, parodique mais réelle, dans ma première nouvelle, *La Frontière*. Il s'agissait de celle qui sépare la Georgie de la Caroline du Sud.

De Miami, je m'enfuis à Cuba. Au vent des Caraïbes, vers une odeur de fête, de ferveur vert olive. Je me prenais alors pour Victor Hugues, envoyé de la Convention à la Guadeloupe et en Guyane, le jacobin dévoyé que campe Alejo Carpentier dans *Le Siècle des Lumières*. Voir la Révolution française se balader entre Marie-Galante et la Désirade m'avait mis des fourmis dans les jambes. Deux siècles déjà : il y avait du temps à rattraper. J'avais couru après Sofia au fil des pages, puritaine libertine, bourgeoise insoumise, ultime avatar exotique, et à ce titre irrésistible, de Pauline Théus, qui avait elle-même succédé dans mon Panthéon héroïque à Mathilde de la Môle. Resserrement des métamorphoses comme un nœud autour du cou. Julien Sorel à quinze ans — comme tout le monde —, j'étais devenu Hussard sur le toit, à dix-huit, grâce au divin Giono, et maintenant Victor Hugues : un seul et même voyageur, migandin mi-voyou, poursuivant du nord au sud, sous des climats de plus en plus moites, de la Franche-Comté aux mornes d'Haïti, en passant par Manosque, la même amazone rouge et noir (bottes à éperons, ample jupe cramoisie, dolman à soutaches), vous savez, celle qui a une moue de dédain, un petit cigare aux lèvres et un pistolet d'arçon au poing. Plus que *Le Capital* ou le *Manifeste communiste*, qui sentaient le cambouis et l'hiver, *Le Siècle des Lumières* du romancier cubain, avec ses poissons volants et ses effluves de cassonade, me fut un « prenez la route, embarquez-vous » auquel je n'avais aucune raison de résister. C'est en publiant un compte rendu de ce roman dans la revue *Partisans* que j'entrai alors dans la mouvance Maspero — l'avant-garde gauchiste de ces années-là.

Pourquoi s'expatrier ? Pas de grand dessein à la clef, mais une désillusion, déjà. Dépris d'une jeune fille nommée France, je larguai les amarres. Elle sentait l'ambre, pourtant. Les cheveux longs étaient de jais, la peau basanée et la cambrure des reins andalouse. La cucuterie de son environnement, toutes les niaiseries pseudo-poétiques qui servent de cocon à la demoiselle de bonne bourgeoisie (la maison de campagne, la grand-maman, le saule malade, la confiture de roses du jardin), une tenaille familiale de plus en plus menaçante (visite du grand frère à mon père en vue de régularisation), le port de ballerines qui arrondit le mollet et un sourire trop humide finirent par me la rendre fastidieusement hexagonale. Autant dire : fade. L'écosystème nuisait au fantasme.

Comment distinguer entre la subversion politique d'une âme scoute et la submersion d'un blanc-bec dans des corps métissés ? Si ce fut un mot pour un autre, j'ai payé pour ce pataquès, et je ne m'en plains pas. Comme toutes les idées transcendantes, comme Dieu ou le Diable, la Révolution a besoin d'intermédiaires en chair et en os pour se rendre sensible aux pauvres pécheurs. Mes intercesseurs oscillaient entre la cannelle et le pain d'épice, tout comme mon premier commissaire politique qui m'accueillit avec un sourire de dédain, dans un camp d' « alphabétisateurs » au milieu de la Sierra Maestra, où je passai trois mois à m'éduquer aux hamacs où il était dur de dormir sur le ventre, aux moustiques, aux ruades des mulets et au corned-beef soviétique. J'avais vingt ans, et elle des yeux verts. Elle avait un teint de mulâtresse, et moi d'écrevisse. Je ne suis pas sûr d'avoir correctement enseigné les tildes et les signes d'interrogation renversés à la famille de paysans illettrés qu'on m'avait assignée dans la plantation de café voisine. Je ne savais pas, en arrivant là-haut, un traître mot d'espagnol.

Je suis revenu deux ans plus tard, mais au Venezuela. C'est là, vers 1963, que les choses se passaient. Je voulais être de la partie, mais cette forte ambition cachait peut-être la nostalgie d'une odeur de frangipane. Je ne l'ai pas retrouvée mais j'ai gagné au change puisque je tombai sur un jasmin d'Espagne, Myriam, juste avant que je ne monte faire un tour dans la guérilla du Falcon. Nous voilà à mon retour suspects, indésirables, errant dans Caracas. Je m'enfuis avec elle en Colombie, nulle part, de là en Equateur, chez le grand Guayasamin, au Pérou, en prison déjà (mais pour quelques jours), au Chili, en campagne électorale, en Bolivie, où les mineurs faisaient le coup de feu, en Argentine, en Uruguay, au Brésil... Ma première vie d'adulte, sous l'égide d'une Madone brune, svelte et menue, commence à cette époque, sous le signe du précaire, de la traque, comme il sied au sentiment amoureux qui chez moi s'affaisse sans terreur ni menace. « Si tu m'aimes, là-bas là-bas tu me suivrais, là-bas là-bas dans la montagne... » Ces pérégrinations durèrent un an et demi, à pied, en tacot, en autocar pour Indiens — nous étions trop fauchés pour prendre l'avion. Le fait d'avoir déjoué ensemble les polices du cru, militaires et espions, devait pour longtemps me cheviller au corps son chaud parfum de crépuscule. Aimer et bourlinguer allaient pour moi de pair — manie d'irrégulier. Y a-t-il ascèse plus voluptueuse que de franchir à deux, sous des noms d'emprunt, un poste frontière ou un contrôle de police? L'épreuve du faux. Opaques à tous, transparents l'un à l'autre, les heureux maudits, en narguant le gendarme, verrouillent leur propre conspiration sous la foi du danger, comme mille serments ne le feraient jamais. Belles et rebelles, la rime est restée riche, chaque amour à l'envol me donne des ailes de contrebandier. Encore aujourd'hui, dans cette Europe où il n'est plus si facile de faire le mur à moins d'être berlinois, gangster en cavale ou aux Brigades Rouges, ces bandes débiles où se réfugient malgré tout les derniers amants de mélodrame, un long voyage en wagon-lit, à défaut de paquebot, suffit à ranimer mes ardeurs pourvu qu'on puisse berner un douanier aux aurores.

Chaque naissance est un passage de frontière. Quand on en a traversé beaucoup, qu'on n'a plus où s'enfuir, ni avec qui, on a fini de naître et il faut prendre congé.

Ma deuxième naissance s'est produite au cours de ce périple en 1964, par quatre mille mètres d'altitude, au lieu-dit « Siglo XX », une mine d'étain de l'altiplano bolivien (qui en fait de siècles faisait toucher du doigt le XIXe). Myriam et moi avions donc dévalé le long des Andes main dans la main, jusqu'à cette Bolivie toujours en révolution à laquelle le Che ne pensait pas encore. Il est beau d'être deux pour naître à la fraternité. Je l'aime souterraine : c'est sous terre que je l'ai découverte. Plus exactement : à l'air libre, en sortant d'un boyau suintant au fond duquel des ombres casquées au souffle court piochaient le roc, accroupies, à la bougie, en mâchant des feuilles de coca. J'aurais pu le faire en France si j'avais lu *Germinal*; c'était la première fois que je descendais dans un puits de mine. Ces mineurs râblés, taciturnes, avaient une espérance de vie de trente-sept ans, silicose oblige, et gagnaient l'équivalent de vingt dollars par mois. Beaucoup mouraient avant terme d'un coup de fusil. Car ils étaient armés en étiques milices ouvrières, généralement avec des Mauser de la guerre de 14, quand il y avait en face des Garand, de la guerre de 40. A l'époque justement, l'armée encerclait les mines en coupant les routes d'accès. Les étagères du magasin central se vidaient peu à peu et dans ce qui servait d'hôpital les médicaments s'épuisaient. La peau des enfants indiens devient bleue quand la faim les gonfle. Le ciel était d'un autre bleu, vernissé de soleil, lorsque nous sommes remontés éblouis d'azur vers les baraques du camp ; l'air glacial brûlait la gorge, les poumons. J'inspirais très fort, tout à la joie d'une évidence subitement venue du fond du ventre : c'est avec eux, c'est de ce côté-là qu'est ma place. Qu'elle le sera toujours, quoi qu'ils fassent, quoi que je fasse. Je ne me sentais nullement coupable d'être blanc, riche et instruit. Aucune mauvaise conscience ; pas de bonne non plus : c'était en deçà de la morale, dans la poitrine. Un simple bonheur physique, pur et piquant comme l'oxygène des Andes.

Deux ans plus tard, vers la fin de 1966, je revins seul dans ce pays natal, non plus du côté des mines, en hauteur, mais côté jungle, en contrebas. J'avais fait un crochet par l'Europe mais je venais de La Havane. Je m'appelais là-bas Danton, pour les amis. Parmi lesquels Fidel Castro Ruz.

Par quelle cocasserie, raisonneur en vadrouille, internationaliste en manque d'Histoire de France, étais-je devenu familier d'un Commandante en Jefe passionnément attaché à l'Oncle Sam, l'unique objet de son amour-propre ? Mes tribulations dans l'underground d'une dizaine de pays en effervescence avaient mis la puce à quelques oreilles, dans La Mecque de la lutte armée. Des Vénézuéliens qui m'avaient initié à leurs maquis en 1963 s'en étaient fait l'écho. En janvier 1965, à Paris, où, poussé par un souci tout bourgeois du parchemin et des cursus en règle, j'étais revenu passer à la va-vite une agrégation de philosophie,

53

mon ami Claude Lanzman m'avait aidé à publier dans *Les Temps modernes* une synthèse de mes expériences, sous le titre *Le castrisme, la Longue Marche de l'Amérique latine*. Le Che Guevara passa peu après par Alger, où se trouvait Oswaldo Barreto, ancien professeur de philosophie lui aussi, promu l'un des responsables du Front de Libération, et qui, dans son bureau à l'Université de Caracas, m'avait présenté Myriam. (C'est lui qui, un jour de 1968, entré en dissidence, devait recruter Pierre Goldman pour rejoindre les montagnes déjà bien dépeuplées du Venezuela.) Oswaldo mit dans les mains du Che, qui lisait le français s'il ne le parlait pas (et avec qui j'avais échangé deux mots sur une tribune à La Havane, quelques années plus tôt, en simple touriste étudiant dont il n'avait évidemment aucun souvenir), un exemplaire de la revue de Jean-Paul Sartre. Guevara s'intéressa assez à ce texte qui était moins de propagande que de technique, pour, de retour à La Havane, le signaler à Fidel qui le fit traduire et circuler. Il avait apprécié certaines observations de détail sur les lugubres impasses de la guérilla urbaine et les chances majeures des maquis de montagne. C'est ainsi qu'en décembre 1965, jeune professeur de terminales aux lycées Raymond-Poincaré et Jeanne-d'Arc de la ville de Nancy, je reçus un télégramme de Fidel Castro, qui ne m'avait jamais vu, m'invitant personnellement à La Havane, pour assister à la « Conférence Tricontinentale ». Celle que Ben Barka aurait dû présider, s'il n'avait été peu avant enlevé boulevard Saint-Germain et assassiné par des Marocains et des agents français sur commande américaine. Myriam, mon sésame ouvre-toi, m'accompagnait. Je croyais m'absenter six jours, je n'allais pas revenir avant six ans.

Fidel ne se prend pas toujours pour Castro. C'était moi le fou qui, le lendemain de mon arrivée, voyant s'avancer à l'improviste dans ma chambre de l'hôtel *Havana Libre,* l'ex-*Hilton,* un géant en vert olive, pistolet au ceinturon, bottes lacées haut, plastron ouvert, le prit pour Fidel Castro. J'avais une excuse : ils se ressemblaient. Même stature, profil et barbe d'Ulysse, remous de légende et murmures effarés sur son passage. Surprise : de près, le leader cubain n'avait rien du tonitruant escogriffe des bandes dessinées. Grand seigneur imbu des valeurs de don Quichotte, et des vingt synonymes du mot « honneur » dans la langue de Philippe II, Castro arpentait le sol comme une statue équestre qui aurait sauté de son socle. Mais au repos, Fidel ne faisait pas trop sonner les éperons. Réservé au premier contact, comme introverti, il distrayait son embarras en parlant à voix basse, dans un espagnol suave et suranné, avec des prévenances galiciennes, des civilités d'hidalgo. C'est alors un gaillard délicat, aux longues mains fines, un colosse cérémonieux, aux manières presque fin de siècle.

Assis sur le lit, les petits yeux enfoncés sous l'orbite broussailleuse qui me fixent avec un léger strabisme de jeune fille intimidée, tortillant pensivement sa barbe entre lèvre et menton ou enlevant sa casquette pour se gratter la tête, il me pose mille questions sur de Gaulle, Myriam, le Venezuela, Maurice Thorez, les dissidents du Quartier latin, les attraits de Nancy ; si l'hôtel me convient, si le café est assez chaud, si l'air conditionné fonctionne bien, si je veux faire un peu de sport, si je dois absolument rentrer en France à la date prévue, si je ne vais pas trop m'ennuyer ici. Cette minutieuse politesse me laisse pantois. Il suçote son cigare sans nervosité, comme s'il avait tout son temps. J'écourte les réponses, il redouble de questions, d'une voix douce et soucieuse ; je n'ai plus qu'une envie : rentrer sous terre. En plein cœur d'une conférence où se bousculent les leaders les plus en vue du tiers monde et des centaines de journalistes du monde entier, comment trouve-t-il une heure pour rendre visite à un sous-fifre (vous n'alliez jamais voir Fidel, il est vrai, c'est lui qui venait à vous puisqu'il n'avait alors ni bureau ni domicile connus, ni horaire ni calendrier prévisibles) et vérifier dans les moindres détails s'il ne manque de rien ?

Deux jours après, un aide de camp vint me prévenir de me tenir prêt pour une réunion « tout à fait discrète », en compagnie de quelques « compagnons responsables ». Je m'attendais, pieusement assis sur mon siège d'observateur étranger, à concélébrer la Grand-Messe progressiste, me voilà catapulté en coulisse, parachuté chez les caciques (ce que j'étais, mais de la très pacifique Ecole normale). Chaque soir, après minuit, passé les cérémonies, Fidel réunissait à « la Calle Once » — où il occupait, à côté de Célia Sanchez, son égérie, qui avait combattu avec lui dans la Sierra, une modeste maison de deux étages dans la onzième rue du Vedado — les premiers violons des diverses guérillas latino-américaines. Il y avait là des Vénézuéliens, des Péruviens, des Guatémaltèques, des Dominicains et j'en passe. (De cette douzaine de vétérans, je n'en vois guère plus que trois encore debout, dont le Guatémaltèque Ricardo Ramirez, toujours à la tête de « l'Armée Guérillera du Peuple », Oswaldo et moi. Les autres ne sont pas morts de vieillesse.) Un grand absent : le Che, tout juste parti de Cuba. Il piétinait en fait à l'est du Zaïre, sur les rives du lac Tanganyika, mais floues restaient les rumeurs. Son ombre errante planait sur ces conciliabules où se préparaient déjà les soutiens dont il aurait un jour besoin dans sa *Patria grande*, l'Amérique du malheur.

Fidel entendait nous raconter sa guerre par le menu, façon de chapitrer des élèves un peu trop indolents, et d'évoquer une à une les insuffisances des maquis du moment. Vaste tâche qui lui prit plusieurs nuits, captivantes mais férocement longues. Il ne faut pas prendre à la légère un prophète qui sait compter les boutons de guêtre. Un mégalo, disent ses ennemis. Oui, mais soucieux des moindres détails. On sommeillait à tour de rôle dans notre fauteuil, laissant à deux ou trois d'entre nous le soin de garder un œil ouvert et de donner la réplique à notre Messie pendant que les autres reprenaient des forces. Je ne sais si Fidel s'avisa du subterfuge. Mais quand au petit matin il nous proposait de conclure par une partie de basket-ball, personne ne reprenait vraiment la balle au bond. Les simples fantassins ont parfois besoin de dormir.

Ma jeunesse ne me desservait pas : vingt-cinq ans, par temps de révolution, c'est un âge canonique. Ni ma liberté de franc-tireur : l'essentiel se tramait dans le dos des officiels, communistes soviétiques ou locaux, avec qui les barbudos étaient alors à couteaux tirés. Fidel Castro n'avait pas encore mis de cravate, se moquait des hiérarchies, des procédures et du protocole, voulait réinventer le communisme, excédé par celui qu'il avait sous les yeux, si peu métaphysique. Je l'entendis, un soir à table, demander poliment à un ambassadeur de Bulgarie bien embarrassé à quoi servait la Bulgarie sur cette terre et quel était le sens de la vie pour un ressortissant bulgare — cruelle question. Ne sommes-nous pas tous, en fin de compte, sauf à de rares moments de grâce collective, tôt ou tard entachés de sang, des citoyens bulgares ?

Après une guerre un peu courte à son goût, le Caballo — comme l'appelaient les Cubains — rongeait son frein à l'étroit dans son île-cage, Spartacus ruminant derrière ses palmiers, du soir au matin, de lointaines prolongations. Cloisonnant au plus strict, codant ses propos, soucieux des moindres traces écrites, agacé par l'officialité, méfiant (facile à séduire, néanmoins, car curieux de tout : pays, femmes, films, recettes de cuisine, armes, semences, moissonneuses-batteuses, engrais dernier cri, etc.). Comme si le pouvoir absolu ne l'avait pas libéré de la traque d'antan. Comme s'il devait encore, avec son flair de clandestin congénital, non seulement déjouer des tentatives d'assassinat quasi mensuelles, mais aussi la surveillance des appareils et institutions qu'il avait lui-même mis en place et qu'il s'ingéniait, semblait-il, à dépister ou mystifier.

Un connétable a une armée régulière, un monarque une Cour, un caudillo une camarilla ; un chef d'Etat a un Etat, au-dessus, et un entourage, autour. Fidel, qui n'avait pas la quarantaine, chef d'Etat dont l'Etat n'était pas le premier souci, président du Conseil sans Conseil des ministres ni ordre du jour hebdomadaire, secrétaire général d'un Parti dont il oubliait de réunir le Bureau politique, battait la campagne en rebelle, chef de l'Armée du même nom.

Uniforme de commandant, âme de Commandeur. Croisé dont la Jérusalem s'appelle Révolution, Saint-Sépulcre vide comme l'autre mais moins lucratif que celui des Templiers d'antan, il en poursuit le fantôme à travers trois continents. Il chevauche jour et nuit, sans desseller le dimanche, avec ses compagnons de la Table Ronde. Ce solitaire sans famille qui ne supporte pas la solitude goûtait la vie à l'emporte-pièce, à plein corps. Un fanatique est un froid qui combat de tout son malheur intime. Chez ce visionnaire à sang chaud, une force vitale pareille au bonheur rendait l'enthousiasme communicatif, non punitif.

La Révolution avait l'âge de raison moins un an — celui du « tout est possible ». Les luttes de tendance, dans le camp révolutionnaire, ne versaient pas une goutte de sang (elles ne l'ont pas fait depuis). L'émigration battait son plein mais l'adhésion était massive, chaleureuse, toujours en quête d'insolite. Fidel, étonne-moi. Il surprenait. Mais en vain aurais-je cherché un Fidel privé à opposer au Castro public : tout chez cet homme — y compris ses jardins secrets — s'ordonne à l'idée fixe et indéfinissable, comme toutes les valeurs suprêmes, de Révolution — sports, sommeil, lectures, amours, enfants, même la cuisine (légère) et la toilette (minutée). Invulnérable au doute, donc sans humour. Pas de distance possible par rapport à ce qu'il fait — sa mission l'enveloppe. Celui qui se donne a sa foi a quelque chose à donner aux autres ; ce don, ce « charisme » exclut le moindre doute. Des « résidences » de nomade : hôtels, bivouacs, ou cantonnements. Le bureau dans la voiture. On mange à n'importe quelle heure. Dort quand on ne peut plus faire autrement — de jour le plus souvent.

Ce conspirateur-né m'enrôla de chic dans son utopie, comme on appelle l'espoir des autres, ou celui qu'on a perdu. Je l'avais chevillé au cœur, j'étais bon pour le service — et volontaire. Vieille fascination de l'homme de robe pour l'homme d'épée ? Ascendant d'un charisme auquel bien peu se sont refusés ? Et pourquoi pas : la conviction ? Sans oublier l'effet boomerang des loyautés. Quand le premier délègue bien, le petit dernier ne se débrouille pas trop mal. C'est la confiance qu'on vous fait qui mesure votre adhésion. L'art de ligoter des inconnus en se liant et se livrant à eux est de tout temps celui des chefs.

Danton aurait pu partir pour le Guatemala, le Venezuela, la Colombie, Saint-Domingue... J'avais côtoyé les hommes et j'étais disponible. Aguerri et en bonne forme physique.

Seulement voilà : Fidel était passé me prendre un matin dans son Oldsmobile noire. Direction : un groupe de Guatémaltèques, dans la Sierra. Au retour, le soir, chemin faisant, nous voilà dans les Andes. Sous nos pieds, devant la banquette arrière, comme un jeu de jonchets, les fusils et carabines au canon encore chaud. Sur la plage arrière, les Mémoires de Churchill en plusieurs tomes, des manuels d'élevage de bovidés, un Cortázar. Fidel feuillette la liasse des dépêches d'agences et, l'air de rien :

« Il y a des Boliviens intéressants par là, très décidés... Ce serait peut-être utile d'aller y voir...

— Bien sûr...

— Ils n'ont pas encore fixé leur choix sur la meilleure zone pour commencer le mouvement... Veux-tu donner un coup de main ?

— Ils connaissent mieux leur pays que moi...

60

— Oui, mais ils doivent prendre plus de précautions dans leurs allées et venues. Alors que toi...

— Quand est-ce qu'il faut partir ?

— Le plus tôt possible. »

En bref, il s'agissait d'enquêter sur deux théâtres d'opérations possibles qui intéressaient le Che, alors retour de l'ex-Congo belge où il avait échoué à ouvrir « un deuxième Vietnam ». Au Pérou, d'autres hommes, un réseau sur lequel il comptait, qu'il aurait voulu rejoindre, venaient d'être mis hors de combat. Convenablement « compartimenté », je ne savais encore rien de précis sur ces préparatifs, ces déconvenues, cette hâte. Ce n'est qu'après, lorsque j'ai eu fini d'explorer les montagnes de l'Alto Beni et la jungle du Chapare, revenu à La Havane, que Fidel m'exposa le plan stratégique, les alternatives immédiates (agir avec ou contre le parti communiste), l'impatience du Che qui entre-temps était parti rejoindre là-bas sa petite avant-garde. Il y a mille ans d'ici, le Vietnam sous les bombes américaines incarnait la chance et la noblesse des peuples pauvres. C'était avant le déluge, l'Afghanistan, les boat-people. Le Che, pour soulager Hô Chi Minh, voulait ouvrir d'autres fronts contre « l'ennemi commun ». Où ? Là où l'oppression offrait une prise à des professionnels bien entraînés. En Afrique noire apparemment les opprimés ne se savaient pas tels, ou pas encore. En Amérique latine, la conscience semblait plus mûre.

En l'espace d'un mois — j'avais la grâce alors, du souffle et des ailes — ces deux zones de forêt tropicale, escarpées mais non désertes, difficilement accessibles mais déjà peuplées, idéales pour une lente implantation politique et militaire, n'avaient pour ainsi dire plus de secrets pour moi.

Je ne savais pas que certains militants communistes locaux, plus éveillés que les services de sécurité officiels, m'avaient vu opérer avec une certaine inquiétude ; ni que les frères Peredo — les adjoints boliviens du Che, dépêchés en éclaireurs — allaient bientôt écarter ces deux options stratégiques pour aller vers le sud-est du pays et ses montagnes dépeuplées, non loin du Paraguay. Je me sentais ni vu ni connu, très sûr de moi, agile, invulnérable, capable de me moquer du monde entier sans coup férir. A tel point qu'au retour, dans l'avion de la Lloyd Aereo Boliviano, entre Santa Cruz et São Paulo, trajet de nuit d'intérêt local, je flirtai avec ma voisine, une « Orientale » assez jolie, et, abaissant l'accoudoir, je trouvai le moyen de faire l'amour en douce, sous les couvertures, dans le noir. Qui, parmi ces inconnus du bout du monde, y ferait attention ? Cet agréable forfait resterait entre nous, pensais-je. J'appris deux mois plus tard, à La Havane, qu'avait pris place dans le même avion un lieutenant du Che, son intime ; qu'il s'était retrouvé assis par hasard derrière moi ; et avait assisté, un peu surpris, à nos ébats. Il me connaissait de vue, moi pas. Tel se croit cloisonnant qui est lui-même cloisonné : homme ou femme, un organisateur trouve toujours plus organisateur que lui. C'est le jeu. Accroupi et perdu au fin fond de l'Amazonie, un œil vous observe entre les feuilles.

Janvier 1967. Un énième voyage était à l'ordre du jour, qui inquiétait Myriam plus que moi. Je n'ai pas son sixième sens. Cette fois, j'allais partir sans elle, pour ne pas démériter d'elle. La tête là-bas, le cœur sur place. Comme une sensation d'amour inaccompli, injustement précaire. Trop d'occasions gâchées. Un enfant nous manquait pour qu'un « nous », à travers lui, survive; pour témoigner à notre place. Je ne voulais pas, de mon côté, partir pour de bon sans laisser trace, nulle part, de mon passage sur terre. Puisque tout était allé trop vite pour me donner le temps d'une seule note de musique, qu'au moins un petit être vienne prendre le relais. Nous avions juré, et je me l'étais promis. On n'est pas mûr pour la mort tant qu'on n'a pas donné de fruits — un seul suffit. « Tu reviendras vite ? — Bien sûr, mon amour. — Dans trois semaines environ ? — Au maximum. Si tu ne me fais pas rater mon avion maintenant. »

L'aube était pluvieuse, et le petit bureau dérobé, au premier étage de l'aéroport Rancho Boyeros de La Havane, avec son néon et sa table en bois blanc, où Myriam et moi nous nous disions au revoir, n'était pas des plus romantiques. J'étais seulement pressé, de partir, de revenir, de ne rien oublier en route, de ne pas manquer mes correspondances à Zurich, Santiago du Chili et Antofagasta d'où je devais prendre le train pour La Paz, où m'attendait, à la gare, un contact. Qui n'est jamais apparu.

En fait, je n'ai jamais été professeur de philosophie à l'université de La Havane. Mon détachement était fictif, obtenu par moi après coup par un échange de lettres avec le ministère de l'Education à Paris, mais en bonne et due forme. C'était ma fonction officielle, l'intitulé sous lequel j'avais régularisé, en le déguisant, mon abandon de poste au lycée de Nancy auprès des autorités et de l'ambassade de France (laquelle, ne me voyant nulle part, ni à ses réceptions ni à l'université, ne devait pas, je suppose, se faire beaucoup d'illusions). Cette mystification inspira à « Barbe-Rouge » (le chef des services secrets) une idée de génie : j'étais Danton, je serais Debray. Je partais en mission, ô combien clandestine, mais j'aurais comme couverture ma vraie personnalité, la publique. Seulement rétrogradé, si j'ose dire, de professeur à journaliste.

Ce qui voulait dire : pas de faux papiers. Certains ont pu s'étonner de tant d'ingénuité. Ne venait-on pas de publier à Cuba, sous mon nom, à deux cent mille exemplaires, *Révolution dans la Révolution ?* Où à la fin une phrase sibylline et soigneusement dosée entre Fidel et moi évoquait une imminente réapparition du Che. Maspero avait à Paris mis le manuscrit sous presse. Je ne travaillais pour aucun journal. Qu'à cela ne tienne, je serais « free lance ». Tout le monde — celui du renseignement s'entend — joue ce jeu : en Amérique latine du moins, et à cette époque (pour parler de ce que je connais), un journaliste sur trois et un sociologue sur quatre sont en réalité un agent de renseignement. N'avais-je pas moi-même été là-bas quelques mois plus tôt sous mon vrai nom, et comme « sociologue rural » ? Je m'en étais bien dépatouillé : rapportant des centaines de photos, des cartes d'état-major, des contacts précieux dans ces deux régions très écartées, la liste des militaires cantonnés sur place, le relevé des casernements et des postes, ainsi qu'un descriptif fouillé des installations de la mine d'or de Teoponte, dans le Beni, propriété d'une compagnie nord-américaine transformée en camp retranché, où je m'étais introduit muni d'une recommandation postiche d'un bureau des Nations unies. Cette dernière étude devait d'ailleurs servir plus tard, en juillet 1970, à l'attaque de la mine par un groupe de jeunes guérilleros boliviens, hélas inexpérimentés, sous le commandement de Chato Peredo, le cadet d'Inti, dont ce fut le seul succès : la plupart furent liquidés dans la foulée en l'espace d'une semaine. Il est vrai que la Bolivie d'alors était un pays ouvert et en pleine pagaille, facile à espionner, où l'omni-présent filet nord-américain était encore à grosses mailles. J'avais pu berner civils et militaires, en me prévalant des connaissances et des contacts que j'avais déjà dans le pays (où Myriam était restée de longs mois après notre séjour en 1964) — tout le monde sauf les communistes boliviens, qui avaient détecté mes mouvements, ainsi que ceux d'Inti et d'un Cubain déguisé dans les mêmes régions. Des militants en informèrent Monje et Kollé (les dirigeants du Parti qui savaient, évidemment, eux, la réalité, non de ma mission précise, mais de mes accointances), les conduisant à penser qu'il allait se passer quelque chose d'important dans ces deux zones, adaptées à la guerre de guérilla. Ils ne se trompèrent que sur un point. C'est parce qu'ils avaient repéré nos repérages qu'à la dernière minute un lieutenant du Che, sur place et sans me prévenir, opta pour une troisième. Choix malheureux et sans doute fatal.

La couverture retenue pour moi par Manuel Pineiro, sur la lancée de ma première réussite, était somme toute un moindre risque. Les meilleures « légendes » utilisent le maximum d'éléments authentiques — qui optimisent la vraisemblance. Il n'était pas question que je fasse une interview du Che, comme je l'ai dit ensuite, pour la galerie, à mon procès. Je lui apportais un certain nombre d'informations et d'analyses de la part de Fidel (que les messages radio ne pouvaient développer) et étais censé en rapporter d'autres de sa part : agent de liaison. On verrait ensuite quelles tâches de « propagande » pourraient s'avérer utiles. On ne prévoyait pas alors que la guérilla entre en opérations à brève échéance ; ni que mon opuscule ait autant de retombées, à l'extérieur. Tout bien pesé, cette couverture nous sembla la moins mauvaise, de nature à m'*innocenter* en cas de pépin. Ce qui veut dire aussi, en bonne logique : faire l'innocent. Ni militant ni combattant et encore moins « agent ». Le compagnon de route aux mains blanches, qui n'a rien à se reprocher et auquel on ne peut rien reprocher de grave. A vrai dire, ce développement implicite, plutôt fâcheux, ne m'apparut pas sur le moment : j'avais une confiance si euphorique, en moi, en nous, en la victoire, que je ne pensai pas un instant qu'il pût m'arriver quelque chose, non plus qu'à mes compagnons. Arrestation, blessure, torture, mort au combat ou « en tentant de fuir » : ces choses-là n'arrivent que dans les livres.

Au loin, une procession de clochards bossus émerge peu à peu de la nuit avec une raide lenteur d'aveugle. Voilà le « centre », enfin. Rolando était arrivé sans crier gare, en vedette, la veille au soir, avec son fusil mais sans sac à dos. Un enfant sauvage, la peau sur les os, personne ne l'avait entendu venir. Les autres marchent, ou titubent. Lui, avec sa tête de gosse imberbe et sa petite taille, il glisse dans la forêt comme un chat entre les feuilles. Il nous avait déjà mis au courant.

Le gros de la guérilla — moins d'une trentaine d'hommes — devait partir quinze jours vers le nord, explorer le futur théâtre d'opérations. Les alentours immédiats du campement central, aux bords de Nancahuazu, par où je suis arrivé (pour ne pas laisser d'empreintes sur le sol, on remontait la rivière avec de l'eau, parfois, jusqu'au menton), étaient déjà prospectés. Or toutes les cartes de la région se sont révélées fausses, et la marche a duré six semaines. A coups de machette, à travers une forêt à peu près vierge, vide d'hommes et de gibier, gonflée de pluie, coupée de rivières rendues infranchissables par les crues. La famine, l'anémie générale. Le palu, les infections. Un maquisard, puis un autre — boliviens tous les deux — ont péri noyés en tentant de traverser le Rio Grande. « Notre baptême de mort » — a dit Ramon, alias le Che.

Et maintenant, dans l'aube grise, aux lisières de la forêt, sur ce plateau de savane désolée qui étale à perte de vue ses saillants et ses creux, les silhouettes kaki se rapprochent sur le vert-jaune des fourrés, zigzaguant entre les hautes herbes coupantes, des fûts d'arbres clairsemés. C'est dans toute la zone le seul plat à découvert. On dirait des somnambules à la queue leu leu, harnachés, ou plutôt bâtés, bringuebalant, déguenillés, lourdement penchés en avant, sous le poids du sac (au moins trente kilos). Les canons des fusils, portés à l'horizontale, la bretelle en équerre sur l'épaule, accrochent, réverbèrent les premières lueurs. Bientôt, tintinnabulent les gourdes, les revolvers au ceinturon, les insupportables, carillonnantes marmites noircies par le feu ficelées par-dessus les sacs, les quarts et les coutelas. Si taciturne soit-il, un guérillero avec tout son bataclan sur le dos résonne comme un homme-orchestre un peu ivre qui aurait le profil d'un homme-sandwich. Ramon est au milieu : buste presque droit avec un sac à dos qui lui dépasse de la nuque, la carabine M 1 à la bretelle, verticale, sa casquette de feutre beige sur la tête, un début de barbe en collier.

« Excusez-nous pour le retard », lance Ramon en se déchargeant de son sac avec un sourire flegmatique. Il reste debout. Les autres arrivants s'affalent, au fur et à mesure, s'essuient le visage, reprennent leur souffle.

« Cuisine ininterrompue, ordonne-t-il en voyant une demi-bête à fourrure, écorchée, suspendue par les pattes.

Pendant vingt-quatre heures, et pour tout le monde. Allez les cuistots, au travail !
— On peut faire du feu, commandant ? En plein jour ?
— Oui, exceptionnellement. Mais tant que l'arrière-garde ne sera pas arrivée, personne ne touche à rien. »
La chasse est pauvre, mais il reste de l'ours. Un ours brun miraculeusement égaré sur ces hauteurs que j'ai tué quelques jours plus tôt. Avec des quenouilles de maïs bouilli, du café, du lait condensé. Plusieurs membres de l'expédition ont des œdèmes de famine aux pieds et aux mains. Cette chair gonflée s'infecte à la moindre écorchure. Quelques cœurs de palmier, des racines, des perroquets, un petit singe acide leur ont permis de tenir. En buvant leur urine parfois. Une orgie de cheval, trop tard venue, n'a pu remplir des estomacs déjà ravagés. Passé un certain point de dénutrition, les aliments sont expulsés aussitôt qu'a-valés. Diarrhée instantanée, ou vomissements. L'arrière-garde nous rejoint : c'est la plus atteinte. Joaquim et Alejandro, qui ne rentraient plus dans leurs bottes, se sont fait aux pieds des chaussons de feuilles et d'écorces attachés par des lianes.

Ñato arrive du « campement central », à trois heures de marche. Dernières nouvelles : deux désertions de Boliviens, un troisième disparu, et une rencontre inopinée avec une patrouille ennemie, au vu de quoi les responsables, en l'absence de Ramon — Antonio et Marcos, cubains l'un et l'autre —, ont pris la décision de se replier, retirer les postes de garde et lever le camp (après minage des sentiers d'accès).

Ramon change de visage. Hors de lui, il se lève et explose :

« Qu'est-ce qui se passe ? Qu'est-ce que c'est, ce bordel ?
Est-ce que je suis entouré de lâches ou bien de traîtres ?
Ñato, tes Boliviens " comemierdas ", je ne veux pas en voir
un ici. C'est entendu ? Consignés jusqu'à nouvel ordre.
Compris ?
— Oui, Commandant.
— Joaquim, prends l'arrière-garde et file au campement.
On y est, on y reste. Que Marcos et Antonio ferment leur
gueule, carajo, ils vont entendre parler de moi. Partez
maintenant, je vous rattraperai avec mes gens. A demain. »

Ses descargas — ses sorties — ont une froideur rageuse
qui rompt le sentiment de supériorité fraternelle qu'en
temps normal il inspire alentour. Comme s'il voulait briser
la communion, blinder sa solitude. Il y a comme une
crainte révérentielle sous le respect silencieux que lui
portent ses hommes, les Cubains qui ont combattu sous ses
ordres à Cuba et ailleurs. Les liens qui les unissent ne sont
pas seulement ceux de la discipline, bien qu'ils soient pour
la plupart des militaires. La complicité des souvenirs en
commun fait de ses subordonnés des compagnons, ron-
chons mais inconditionnels. Ceux qui n'ont pas ici ces
souvenirs, les Boliviens — mis à part quatre ou cinq, Inti et
Coco Peredo d'abord — sont estomaqués. « Bouffeur de
merde », en cubain, est presque un sobriquet d'affection, et
« fils de pute », le signe d'une irritation passagère ou
machinale. Pas en bolivien. Les autochtones se révoltent à
l'indienne, en dedans : par le mutisme. Ramon attend d'eux
qu'ils fassent leurs preuves pour les engueuler en face
comme des compagnons à part entière ; et eux d'être
reconnus d'abord comme tels pour se mettre de la partie.

71

Nous voilà tous revenus au camp de base. Le campement modèle. Rustique chef-d'œuvre. A quatre heures de marche de ce qu'on appelle la finca, une casucha au détour d'un champ de maïs, elle-même à deux heures de jeep de Camiri. La finca, seul poumon extérieur, a déjà été investie par la police, convaincue d'avoir trouvé un laboratoire de cocaïne, un de plus. Un four à pain, un téléphone intérieur à piles, des tranchées en surplomb le long de la rivière, des voies d'accès camouflées en arroyos, une clairière aménagée en salle de classe et de réunion, un chemin de ronde reliant entre eux les postes de guet, des grottes invisibles. Idéal pour la routine : transport de vivres et de munitions (la gondola), chasse, corvée d'eau, cuisine, cours collectifs, tours de garde. Mais « la phase de sédentarisation » avait pris fin, et le Che recommandait toujours la mobilité maximale : pas plus de deux ou trois jours au même endroit. Pourquoi revenir et s'installer en un lieu désormais repéré et où ils étaient restés trois mois déjà ? Marcos, un vétéran du « 26 juillet » cubain, commandant à étoile et chef ici de « l'avant-garde », murmure, peste, questionne. Rien d'extraordinaire. A la fin de l'expédition au nord, il a commis une imprudence : se trompant de chemin, il était rentré, lui et son escouade, avec armes et bagages dans un hameau voisin jouxtant un puits de pétrole : de quoi alarmer les garnisons du voisinage.

Ulcéré, Ramon passa les jours suivants sans échanger un mot avec personne. A l'écart, assis dans son hamac, tirant sur sa pipe, sous sa bâche en plastique. Il lit, griffonne, rumine. Sirote un maté, nettoie son fusil. Ecoute Radio-Havane sur son transistor, le soir. Des ordres laconiques via une estafette. Absent. Claquemuré. Atmosphère tendue dans le reste du camp. Prises de bec, susceptilités nationales, discussions sur la tactique à suivre, le tout avivé par l'épuisement, la faim, le manque de sommeil, et la permanente hostilité de la forêt. Un autre se serait mêlé à la troupe, en faisant parler chacun ou en plaisantant au milieu de tous. Le Che semblait mettre la discipline à nu, sans fioritures ni relations personnelles. Y a-t-il un charisme de la distance ?

« Pas du tout, me répond-il peu après, avec humour, un soir que seul à seul avec lui, en veine de confidences, je l'interrogeais sur ses rapports si déférents envers Fidel, si cassants envers tous les autres. On fait ce que l'on peut avec ses handicaps : je suis argentin. Egaré chez les Tropicaux. Ça m'est difficile de m'ouvrir et je n'ai pas les mêmes dons que Fidel pour communiquer. Il me reste le silence. Tout chef doit être un mythe pour ses hommes. Quand Fidel veut aller jouer au base-ball, il persuade aussitôt ceux qui l'entourent à ce moment-là que ce sont eux qui ont envie de pitcher, et ils le suivent sur le terrain. Moi, à Cuba, quand les autres me parlaient de prendre la batte, je leur disais " à plus tard " et j'allais lire dans mon coin. Si les gens ne m'aiment pas de prime abord, au moins me respectent-ils, parce que je suis différent. »

Le lendemain, réunion de la troupe au complet, à 19 heures. A 18 h 59 Ramon apparaît, escorté par l'assourdissant silence de la jungle. Il prend la parole debout, les mains derrière le dos ; relate les péripéties de l'exploration, fait l'éloge des disparus, félicite brièvement Miguel, Pombo, Inti, pour leur endurance. « Il y a les cadres et les autres. Nous sommes les cadres. Nous devons former un noyau d'acier. Exemplaire. » Il répète le mot, puis demande à Marcos de s'expliquer, l'interrompt. Sans mâcher ses mots. Le ton monte.

« Tu as manqué de respect envers nous tous, et d'abord envers moi. Tu ne commanderas plus l'avant-garde, Miguel te remplacera. Sors d'ici. Et si tu continues avec tes actes d'indiscipline, tu seras expulsé.

— Je préfère encore qu'on me fusille.

— Si tu y tiens... »

Aux quatre Boliviens du « rebut », il ordonne de remettre leur arme, leur part de tabac et leurs boîtes de conserve — la réserve individuelle. « Celui qui ne travaille pas ne mange pas. » Expulsés et dégradés, ils seraient de corvée. Une voix de baryton sarcastique et las épingle les uns et les autres. Pourquoi Tania était-elle montée avec les visiteurs ? Indiscipline encore. Les ordres étaient qu'elle reste en bas, pour les liaisons... « Et toi, Arturo (c'était le radio), tu as voulu venir ici comme technicien et tu ne peux même pas faire fonctionner notre émetteur... »

Tania, la seule femme du groupe, détourne la tête, les larmes aux yeux. Arturo ne répond pas. Il n'y a plus d'essence pour faire tourner le moteur de la radio.

Implacable, il l'était d'abord avec lui-même. Plus encore qu'envers ses hommes ; et plus envers eux qu'envers l'ennemi. S'il s'aimait plus et se brimait moins... Ses deux seuls privilèges personnels : pas de tour de garde la nuit, aux postes des sentinelles ; et, en dehors du camp, un thermos de café dans son sac. Ainsi les cinq minutes de repos qui coupaient chaque heure de marche, il pouvait avaler une ou deux gorgées d'un élixir plus ou moins boueux. Pour le reste, tous étaient logés à la même enscigne. Il suspendait et roulait son hamac sans aide, exigeait strictement, à chaque repas, la même demi-sardine ou les trois languettes de viande séchée imparties à chacun, portait le même plomb dans son sac, et une fois qu'en traversant un fleuve sa réserve de maïs était tombée à l'eau, il passa le jour sans rien manger pour ne pas avoir à demander aux autres, en prenant sur leurs réserves. De cette règle d'égalité, ou de mortification, il s'était fait un credo, et une pierre de touche pour examen idéologique.

« Vois-tu ce pain de sucre, Danton ? » C'était après le « dîner », la nuit, autour des braises de la popote. Il s'était accoudé par terre, nonchalamment. « Mettons qu'il en reste vingt grammes — de quoi faire deux bonnes tranches. Deux cents calories chaque, et rien d'autre. Mettons qu'il y ait dix affamés autour, la décision t'appartient, qu'est-ce que tu fais ?

— Je tire au sort les deux qui les mangeront.

— Pourquoi ?

— Mieux vaut deux compagnons qui aient une chance de survivre en mangeant un peu que dix qui n'en aient aucune en mangeant dix fois rien.

— Eh bien, tu as tort, Danton. Chacun doit avoir ses

75

miettes et à Dieu vat. La Révolution a ses principes. Et ça fera toujours deux bureaucrates de moins...

— Dix révolutionnaires au tapis ex æquo et à coup sûr, vous croyez que c'est beaucoup mieux?

— Tant que la morale est sauve, la Révolution l'est aussi. A quoi bon, sinon? »

Au Congo, pour mieux fondre sa troupe d'internationalistes blancs parmi les combattants noirs qui allaient pieds nus dans la forêt — il leur avait donné l'ordre de se déchausser, en montrant lui-même l'exemple. Pour respecter les coutumes locales et mettre tout le monde sur un pied — bientôt sanglant — d'égalité.

Il avait écrit : « Il ne s'agit pas de souhaiter à la victime d'une agression qu'elle remporte la victoire mais de partager son destin. Chacun doit l'accompagner jusqu'à la mort ou jusqu'à la victoire. »

« Pur et dur » : qui sondera les mystères du « et »? Un familier des premiers chrétiens, des mystiques du haut Moyen Age, des fondateurs d'Ordre. Nul ne règne innocemment mais la sainteté non plus n'est pas un prix de gentillesse. La personne du Che ne contredisait pas son mythe : elle était autre, et plus complexe. « Incorruptible justicier », « héros idéaliste », « aventurier romantique »? Certes, mais qui prétend que l'eau de rose est romantique et que les idéalistes en action ressemblent aux Frères de la Charité? « Un révolutionnaire, a-t-il dit jadis, est d'abord mû par des sentiments d'amour » ; mais sa tendresse à lui, il la cache, comme une faute. A Cuba, au sein de la direction, il ne penchait pas du côté des indulgents — et dans les dilemmes brutaux de la « justice révolutionnaire » (exécution ou pas, arrestation des suspects ou pas), tranchait plus du côté de Robespierre que de Danton, et certainement pas de Fabre d'Eglantine. A l'inverse de Fidel. Mais la légende a distribué autrement les rôles et on ne peut rien contre les mythes. Son assassinat l'a transfiguré en archange, le glaive en moins, la longévité de Fidel le fait ressembler à un vieux dictateur inamovible. Il faut savoir terminer une épopée : il n'y a pas de héros à vie.

A partir de quand Ramon a-t-il décidé, inconsciemment ou non, d'en finir ? Vado del Yeso — quand l'arrière-garde et Joaquim tombent dans une embuscade ? Pousser l'abnégation aux limites du suicide, n'est-ce pas ainsi qu'il s'était battu dès le jour du débarquement à Cuba ? Pas d'engagement où Fidel n'ait dû le rattraper par le colback pour l'empêcher de se faire tuer. La politique l'a-t-elle au fond jamais intéressé ? Lorsqu'il disait la « victoire », il voulait dire : la victoire sur soi-même...

Il faut une grande échelle pour monter au ciel, disait Roque Dalton, et cent petites. Ramon ne veut que de la première. La politique locale retient peu son attention. Les communistes boliviens ? Des poules mouillées. Les leaders de la gauche nationale ? Des politiciens à courte vue. Les mineurs de l'étain ? Une aristocratie ouvrière qui donnera demain du fil à retordre à l'égalitarisme révolutionnaire. La Bolivie elle-même, une base arrière, un premier échelon. Et pour cause : l'Amérique latine, nous dit-il, se libérera comme un tout ou pas du tout. Il n'y a pas de naïveté dans ce dédain des contraintes du réel, mais comme un angélisme de la volonté, un parti pris d'indifférence aux remous du monde extérieur. Il découvrira bientôt que les quelques paysans des environs — Indiens Guaranis parlant mal l'espagnol —, éparpillés, misérables, ne le comprennent pas, ne le suivent pas, et deux fois sur trois, dénoncent les guérilleros sitôt après leur passage aux patrouilles militaires. Au bout de six mois, pas une recrue nouvelle. Ramon est seul avec lui-même. Bientôt, il marchera à la mort, résigné, avec son asthme, d'insupportables crampes dans le dos, la nuque, et au fond de l'âme une bucolique sérénité.

Les balles claquent (elles ne sifflent pas). Au hasard. Des tirs isolés, sur la droite, la gauche, un peu partout. Comment savoir ? En plein milieu de la nuit... Des aboiements, des chiens ? Il y a donc des habitants dans les parages. Un croissant de lune découpe vaguement des ombres dans les trouées du feuillage. Nous remontons en file indienne un arroyo à sec au fond d'une gorge encaissée, puis bifurquons dans les taillis. Nous : quatre hommes, le reste s'est égaré. Ramon est devant moi. A une vingtaine de mètres. Je le perds de vue de loin en loin, aux tournants. Ne pas se perdre. Pas trop se rapprocher, pour ne pas offrir une cible compacte ; pas trop s'éloigner, pour ne pas retarder les autres. Alors on court, on s'arrête, on repart. Le premier, en avant, allume parfois, une seconde, sa torche électrique tournée vers le sol. Plus de piles pour les nôtres. Il faut garder les dernières pour le transistor, le volumineux *Transocéanic*, qu'on se coltine à tour de rôle et qui permet, assez drôlement, d'écouter le bulletin de la BBC et de la Voix de l'Amérique en pleine jungle.

On entend dans le noir les voix des soldats, jurons, appels. Ils semblent perdus eux aussi. Tirent des rafales de temps en temps, sans doute pour se répondre, se rassurer, garder le contact d'une escouade à l'autre. Pagaïe, peur, fatigue, soif. La sueur coule dans les yeux, brouille la vue. On presse le pas en silence. Tout peut arriver dans cette pénombre d'aquarium. Tout et rien. Hasard des choses, sensation d'absurde. Nous allons à l'aveuglette. Les autres aussi. Qui chasse qui ? On pourrait à tout instant se cogner, se croiser sans se voir, aussi bien que passer au travers. Une ombre qui titube, une balle perdue, fin de tout. Je regarde de dos la mince silhouette anonyme qui tâtonne devant moi, à quelques mètres, la tête droite. Comme c'est vulnérable, un Symbole perdu dans une forêt infestée d'ennemis. Le contraste entre le mythe et le pauvre corps exténué qu'un rien, une seconde, un faux pas peut annihiler... Entre ce qu'un homme incarne et la chair de cet homme...

Ramon soudain bute sur une pierre, tombe, étouffe un juron. La tête de file, devant lui, n'a rien vu et poursuit sa course. Je me précipite, ramasse son fusil, veux l'aider à se relever. « Non, non, ça va... ce n'est rien. » Il s'éponge les

79

yeux avec sa serviette glissée sous les courroies du sac, se met à genoux, grimace, et se redresse seul.

Un petit point lumineux clignote en avant : on nous attend. Les tirs incohérents, qui curieusement s'étaient tus pendant que Ramon était à terre, reprennent dès qu'il est debout, un court moment, puis cessent. Un homme à découvert reprend son souffle sous les étoiles.

Nous rejoignons Pablo, cent mètres plus loin. Il explore quelques minutes à droite, puis à gauche, revient perplexe. Le petit sentier que nous suivions bifurque.

« Par où prend-on, Ramon ?

— Par où tu veux. Pourvu qu'on ne s'arrête pas, répond-il entre deux halètements. Hay que seguir caminando. Continuer à marcher, toujours marcher... »

« Qu'importe où nous surprendra la mort ; qu'elle soit la bienvenue pourvu que notre cri de guerre soit entendu, qu'une autre main se tende pour empoigner nos armes et que d'autres hommes se lèvent pour entonner les chants funèbres dans le crépitement des mitrailleuses et les nouveaux cris de guerre et de victoire. » Son dernier message, qui s'appelait « Créer deux, trois, de nombreux Vietnam... ».

Pour faire un peu, il faut vouloir beaucoup. Pour vouloir passionnément, il faut croire à la folie.

A l'aube du 19 avril, à l'entrée du village de Muyopampa, dans une vallée forestière assez dégagée, Ciro Roberto Bustos et moi-même, en compagnie d'un certain Roth, fûmes interpellés par une forte patrouille militaire. Nous tentions depuis la veille de nous « exfiltrer », avant que l'armée ne boucle toute la zone, pour rétablir les liaisons de la guérilla avec l'extérieur, qui avaient été coupées prématurément. Nous étions donc tous les trois en civil, sans armes, et rasés de frais (un peu trop). Au premier abord simplement suspects. Roth était un journaliste anglais qui avait pu contacter la guérilla : une aubaine. Il authentifierait ma qualité de journaliste français. Pas d'animosité excessive. Dans le patio du petit commissariat, le curé du village vint nous serrer la main ; un journaliste amateur prit des photos du groupe, en passant. Un lieutenant nous fit partager le café et le pain que des voisines apportaient aux soldats. Le soir, un hélicoptère militaire vint nous chercher, un par un, pour nous emmener au poste de commandement de la IVe division, à Camiri. On m'y fit monter ficelé comme un saucisson, un canon de pistolet contre ma tempe pendant tout le trajet.

Autre lieu, autres mœurs.

Je comparus d'abord, seul, devant un aréopage d'une dizaine de militaires et de civils. Une nuit entière. On m'informa que si je ne disais pas la vérité un peloton d'exécution m'attendait à l'extérieur dans la cour. Je répétai inlassablement et le plus courtoisement possible que je n'avais rien à cacher, comme le montrait mon vrai passeport, que j'étais un journaliste chanceux, que j'avais effectivement rencontré Inti Peredo, le chef du maquis (c'est lui qui signait les communiqués déjà publiés de l'ELN), qu'il était composé à peu près d'une centaine d'hommes (c'est le chiffre, très exagéré, dont nous étions convenus Inti et moi), que je n'en avais vu que quelques-uns, tous boliviens. Mes interrogateurs en savaient déjà beaucoup plus, par les déserteurs qu'ils détenaient depuis plusieurs semaines. Ils me posèrent beaucoup de questions sur le Che. Je répondis que, comme tout le monde, j'avais entendu les spéculations qui couraient, notamment à la radio (Roth avait demandé à l'interviewer en arrivant aux avant-postes, mais ne l'avait pas vu), mais que c'était à ma connaissance pure supposition : Inti était le chef. Ils se montrèrent excités et nerveux. « Vous savez ce qui vous attend, señor Debray » : c'est sur ces mots qu'ils me renvoyèrent à ma cellule.

Les jours, les nuits qui suivirent furent difficiles. Un jeune officier, dont je parlerai plus loin, fit en sorte qu'ils ne fussent pas fatals. Je passai d'un état semi-comateux (ils tapaient très fort) à de nouveaux interrogatoires, devant des gens exaspérés, plus brefs que le premier, où je m'en tins à la même version.

Au bout de quelques jours, plus rien. On m'enferma à

double tour, et je ne vis plus personne. Pourquoi me laissait-on tranquille ?

J'étais, je dois le dire, assez content de moi. J'avais gagné du temps, ce qui en ces circonstances est toujours le principal.

Trois semaines après, toujours au secret, je crois que c'était vers le 10 mai, tout changea soudain. Je fus extrait de ma cellule, et amené devant un petit comité de gens, civils et militaires, dont le ton n'était plus du tout le même. Ils étaient souriants et très sûrs d'eux. « Maintenant, señor Danton, fini de jouer. Vous vous êtes foutu de ma gueule. La vérité, la voici... » Et ils se mirent à me raconter jour après jour et avec un luxe de détails nos faits et gestes durant notre séjour dans la guérilla. Plaider le faux pour faire dire le vrai est un vieux truc policier, mais il y a, comme on dit, des détails qui ne trompent pas. C'était décourageant. Ils connaissaient les guérilleros un par un, leur pseudonyme, les hiérarchies, les allées et venues, et bien sûr que Ramon était le Che, où, quand et comment nous nous étions vus et même ce qu'on se disait à plusieurs au campement central. Je tombai des nues. Je ne pouvais évidemment savoir qu'un camarade de la guérilla, Jorge Vasquez Viana, El Loro, avait été capturé, les armes à la main, blessé, le 24 avril. Comme il restait muet, on organisa une mise en scène qui finit par l'abuser. Un infirmier lui souffla qu'un journaliste panaméen de gauche, venu de l'extérieur, essayait d'entrer en contact avec lui mais qu'on l'en empêchait. C'était certainement un « contact ». Une nuit, ce soi-disant sympathisant put se glisser dans le petit hôpital où il gisait et rester seul à seul avec lui. C'était un agent de la CIA déguisé. Loro lui fit confiance. Il fut peu après assassiné, son corps jeté d'un hélicoptère au milieu de la forêt. Pour l'heure, je ne tardai pas à comprendre de quoi il retournait. Quand j'étais conduit aux waters, à l'extérieur, deux fois par jour, j'avais vu plusieurs fois des officiers et des civils (Quintanilla au premier chef) entrer et sortir de la cellule de Bustos, ce remue-ménage m'avait mis la puce à l'oreille. Tous les détails qui m'étaient maintenant rapportés ne pouvaient venir des déserteurs boliviens, qui n'en savaient pas autant; ni de Roth, qui ne savait rien. Bustos avait-il parlé? Je n'allais pas tarder à apprendre qu'il avait fait un peu plus : peintre de son métier, il avait dessiné un par un le portrait des guérilleros, recomposé le plan des divers campements avec leurs voies d'accès, et relaté par écrit, jour par jour, presque toutes nos activités.

Bustos avait été pris, lui, la main dans le sac : un faux passeport, et sa fausse identité, Carlos Fructuoso, fut aussitôt découverte; deux mille dollars dans la doublure de son sac de voyage; et pire que tout, les photos de ses petites filles dans son portefeuille. Elles vivaient en Argentine, la porte à côté. Ses interrogateurs lui firent savoir qu'elles étaient en leur pouvoir et que s'il voulait les revoir vivantes et en bonne santé, il lui faudrait payer de sa personne. Il n'était plus celui que croyait le Che, par principe moins confiant dans les intellectuels français que dans les militants argentins de base. Guevara avait gardé le souvenir du militant Bustos, qui avait aidé « Segundo », son second, argentin comme lui, parti de Cuba en éclaireur lancer la guérilla dans le nord de l'Argentine, à Salto, vers 1960. Vainement. Bustos, entre-temps, s'était rangé. Il avait pris femme, fondé une famille, et au fond de lui-même n'y croyait plus. Faut-il le lui reprocher? Vingt ans ont passé;

qu'on ne lui jette pas la pierre : les dés étaient jetés et il y a prescription. Il avait fait bonne figure devant le Che, s'ingéniant à lui complaire, et m'envoyant habilement lui exposer mauvaises nouvelles et états d'âme qu'il n'osait assumer. Soustrait aux regards de nos camarades, il n'avait plus de raison pour simuler. Les hommes sans conviction profonde sont et font ce que leur milieu, leur entourage veulent qu'ils soient et fassent. J'étais plus réfractaire que lui au changement de climat, ayant eu la chance d'étudier assez la théorie révolutionnaire pour me convaincre de ses postulats : un seul monde divisé en deux camps, une seule histoire pour tous divisée en deux, avant et après la Révolution (avec majuscule). Le temps pour la Justice de triompher, on peut ruser avec les oppresseurs mais il n'est ni intéressant ni digne de faire du mal aux opprimés. Nos interrogateurs n'eurent pas besoin de toucher un cheveu du compagnon que le hasard m'avait donné : il se mit assez rapidement à table. Et en deux semaines ils avaient diablement bien travaillé.

Puisque tout leur était désormais connu, je décidai de confirmer les évidences, rien de plus. Oui, j'avais menti. J'avais bien vu le Che et c'était pour une interview. J'aurais pu continuer de nier : cela me semblait totalement inutile et même contre-productif. Il me fallait jouer l'honnête homme, le brave journaliste qui avait défendu son scoop aussi longtemps que possible mais qui maintenant s'inclinait devant la réalité. Les pièces à conviction étant là, je m'ingéniai à intégrer l'indéniable dans un cadre vraisemblable et le plus bénin possible. J'avais deux préoccupations essentielles : sauver le réseau d'appui et de communications sur place, en Bolivie ; mettre Cuba et son appareil clandestin hors du coup. Ce n'était pas facile, mais sans être un acrobate hors classe comme Silvia, je m'en débrouillai assez bien. J'avais en réalité été réceptionné à La Paz, puis hébergé pendant huit jours chez un médecin, P., le pivot du réseau. S'ils tombaient, lui et ses amis, c'était la fin. Ce réseau, auquel je croyais de toutes mes forces, dont je connaissais quelques membres et qui devait hélas se révéler finalement inopérant, était vital. C'est lui qui m'avait mis en contact avec Tania, et Tania nous avait conduits en jeep, Bustos et moi, jusqu'à Camiri et de là à la finca. Cette dernière partie alors amplement connue (on a dit plus tard, à tort, que cette jeep abandonnée avec des documents révélateurs avait mis la police, dès février, sur la piste de Che), restait à expliquer comment j'avais contacté Tania. Première difficulté. Je déclarai m'être arrêté dans un hôtel — pas ma faute s'il avait perdu ma fiche — et j'inventai un personnage qui n'a jamais existé avec un signe de reconnaissance également inventé (la revue *Life* à la main), et un lieu de contact à La Paz. Dès notre interpellation, devinant le rôle stratégique d'un maillon de ce type, j'avais passé à Bustos le signalement et les circonstances de cet être fictif, que je baptisai « Andrès ». Il eut le grand mérite de maintenir tel quel ce détail décisif, tout au long de ses déclarations. Restait à expliquer en amont comment j'avais eu ce contact local, et c'était là beaucoup plus embarrassant. Puisque j'étais venu en Bolivie interviewer le Che, comment avais-je su qu'il y était ? Ne fallait-il pas pour cela appartenir au réseau clandestin des Cubains ? D'ailleurs, mes relations avec Castro étaient de notoriété publique, et je résidais ces derniers temps à Cuba. Oui, j'avais rencontré Fidel au cours d'un championnat d'échecs et lui avais fait

86

part, en bon journaliste, de mon désir d'interviewer le Che. A la fin décembre, il m'avait dit que c'était possible, et j'inventai alors un deuxième personnage, un certain Ramos, sans doute un fonctionnaire du Quai d'Orsay cubain qui se présenta à moi pour me signaler qu'il avait appris que Maspero recevrait bientôt un émissaire du Che, un Argentin bien sûr, pour me donner la filière. Dans mon souci de réduire autant que possible l'implication cubaine dans l'affaire (qui dès le départ, connaissant d'expérience le nationalisme bolivien, m'avait paru dangereusement excessive et contre laquelle j'avais sans cesse essayé de lutter, depuis des mois, d'accord avec Fidel), je fis donc de Paris la plaque tournante des opérations, et de Maspero, qui, le pauvre, n'était au courant de rien, le point de contact central. Coupe-feu idéal : c'était mon éditeur et moi un simple auteur, totalement à l'abri. Il avait reçu un contact, un mystérieux Calixto (autre invention), que je n'avais pas vu, et qui lui avait transmis à mon intention les indications nécessaires. Si j'étais venu de Cuba, j'avais sans doute des messages pour le Che : non, rien de particulier, sinon que sa femme allait bien et que ses enfants avaient de bonnes notes à l'école. Que m'avait dit le Che dans l'interview (je n'avais pas pris de notes ni d'enregistrement, et pour cause) : que la Révolution mondiale suivait son cours impétueux, etc. Toutes les généralités possibles sur la théorie du *foco* et les grandioses perspectives de lutte me permirent de noyer le poisson. Quant à mes autres contacts en Bolivie, puisque j'y étais venu plusieurs fois, je mentionnai des noms de gens dont chacun savait qu'ils étaient mes amis et qui n'avaient rien à voir avec nous. Excepté celui de Moises Guevara, le dissident du parti pro-chinois, qui lui était à l'abri, dans la guérilla : les déserteurs qui appartenaient à son groupe avaient amplement commenté notre relation. Quels étaient mes contacts à Cuba? Fernandez Retamar (l'éditeur de mon livre), Rolando Rodriguez (directeur de l'Institut du Livre), des personnalités littéraires et artistiques, rien de plus. Qui devais-je voir à ma sortie? De grandes et généreuses figures : Russell, Sartre, Moravia.

Un intellectuel naïvement épris de la cause des peuples n'aurait pas mieux fait.

Silvia aurait pu être fière de son vrai-faux amant. Nos façons de mentir sont identiques, même si je les réserve à mes ennemis, non à mes amours. J'avais attendu d'être devant l'incontournable, la présence physique du Che, avec preuves matérielles à l'appui, pour concéder ce point. On ne prend pas les devants, mais on ne nie pas l'évidence une fois établie. Tout le reste de mes déclarations était soit fiction, soit redondance. Je ne m'étais pas fermé : j'avais délayé au contraire, rusé d'abondance pour rendre vraisemblable un mensonge de départ — ma qualité de simple observateur. Tout autre aurait été mon attitude si j'avais été pris les armes à la main.

Je m'étais piégé dans un système de défense, une situation fausse dont la cohérence ne pouvait être sauvegardée, jusqu'à la fin de mon procès, que par des corrections de tir elles-mêmes mensongères, au fur et à mesure que déserteurs, prisonniers, documents, photographies, viendraient nourrir le dossier d'accusation. Pour l'heure, j'étais fier d'avoir sauvé les meubles sans avoir à détruire ma façade : pas un détail opérationnel, pas une cache d'armes, pas le moindre contact effectif, pas une indication sur l'emplacement des camps (ce qui ne servit à rien puisque au même moment tout cela était donné par d'autres). Et bien sûr, rien sur la teneur de ma mission : Fidel m'avait confié beaucoup de choses, qui sont restées entre nous ; et en sortant je devais aller voir Marighela à Sao Paulo, qu'on savait désireux de se lancer dans la lutte, puis rentrer à Cuba. En jouant au plus fin j'avais fait la part du feu. L'ennui, c'est que lorsqu'on demande à un nouveau mensonge d'authentifier l'ancien, de nouvelles contradictions, de nouvelles omissions apparaissent inéluctablement. Un certain « Docteur Gonzalez », que je pris sur le moment pour un « Oriental », originaire de Santa Cruz, et dont je découvris beaucoup plus tard qu'il s'agissait d'un Cubain de la CIA, intervint peu après dans mes interrogatoires avec des éléments nouveaux et beaucoup plus précis : il avait des photos et des témoignages révélant que j'étais le 2 janvier à la table de Castro, à La Havane, lors du banquet d'anniversaire de la Révolution. Enquête faite, il n'y avait pas de Ramos au ministère cubain susceptible d'un tel rôle ; on m'avait vu, sous uniforme, dans des camps d'entraînement militaire à Cuba (avec dates et lieux précis) ; ma couverture d'homme de lettres était bidon ; mes vraies filières ne pouvaient relever que de l' « appareil » qui m'avait envoyé comme agent. Il me mit en face d'un album relié de photographies : tous mes amis cubains, les vrais, ceux de l' « appareil » avec nom véritable et biographie succincte. Je fis l'ahuri : non, ces visages ne me disaient rien mais je lui confessai — preuve ultime de ma bonne foi, allons, cette fois je vidais mon sac —, que ce Calixto n'existait pas, que Maspero n'avait pas joué le rôle central que j'avais dit, et que j'avais bien reçu à La Havane, directement et en main propre, une lettre manuscrite du Che m'invitant à le voir. Je n'avais pas voulu en parler avant mais cela ne servait plus à rien d'occulter la vérité. Cette lettre du Che n'a jamais existé, et cette confession était aussi truquée que les autres. Mais ce détail inventé faisait bien dans le tableau. Le faux aveu est un art qui réclame beaucoup de pathétique et un peu de finesse.

Plus tard, après mes deux mois d'incommunicado, j'appris que Maspero, ignorant évidemment à quel point je m'étais servi de lui, était venu à La Paz, en compagnie de Chris Marker, pour authentifier ma qualité d'écrivain respectable, moi qui l'avais présenté comme un ténébreux conspirateur. Nous avions échangé à distance des cartes de visite aussi fausses l'une que l'autre. A son deuxième voyage, on l'expulsa sans ménagements.

L' « affaire Debray » était lancée (je ne saisis qu'après l'ampleur qu'elle avait prise, bien malgré moi). Le nom de l'Argentin Bustos disparut presque de la circulation. Les Cubains, parce qu'ils savaient à quoi s'en tenir — étant mis au courant presque en temps réel de ces péripéties par d'excellents et surprenants informateurs — firent délibérément silence sur lui dans leurs efforts de propagande ; les

Boliviens, comme c'était normal, le laissèrent dans une ombre propice, ainsi que d'autres. Ils avaient tout intérêt à concentrer les feux de la publicité sur moi seul. La cible idéale. Européen, étranger en Amérique latine, je leur permettais de dénationaliser une guérilla qui n'aurait pu s'imposer sur place qu'en apparaissant comme profondément bolivienne; ami de Fidel Castro, auteur de *Révolution dans la révolution,* je donnai à l'ensemble un cachet « conspiration du communisme international » tout bénéfice pour eux. Quand on me tira du secret pour me mettre brusquement sous les projecteurs, à Camiri, accaparant la radio et les médias locaux (les seules sources d'information du Che, comme cela se voit dans son Journal), je compris assez vite quel rôle on voulait me faire jouer, pour mon embarras : si je faisais un pas en avant, pour m'identifier à la cause, je tombais dans le panneau de la diabolique agression castro-communiste; un pas en arrière, pour réfuter les charges de l'accusation, je me défilais lâchement devant mes responsabilités. Un seul guérillero bolivien, détenu et inculpé, se fût-il dressé pour assumer politiquement face aux siens la responsabilité de *sa* guérilla, j'aurais emboîté le pas avec joie. Un Dimitrov n'est possible que s'il a un peuple, un parti, des patriotes derrière, à côté de lui. J'étais désespérément seul, et malheureux. Piégé par ma nationalité et mon demi-mensonge initial qui faisait de moi un témoin innocent muni, la preuve, de son vrai passeport. Ce malaise, qui devait durer toute ma détention, me tourmenta tout au long de mon procès. Ce n'est qu'en apprenant la mort du Che, le 9 octobre, peu avant le verdict du tribunal, que je proclamai soudain, haut et fort, ma « co-responsabilité » avec l'insurrection. Tout étant perdu, je ne pouvais plus rien compromettre, ni personne : je redevenais un homme libre, et d'abord de choisir sa morale.

Des conseillers en communication de la CIA étaient venus entre-temps à la rescousse des militaires boliviens, un peu trop désemparés pour affronter les remous suscités par mon affaire. L'opinion internationale était en ma faveur, il fallait la retourner. J'avais d'abord été présenté comme un jeune docteur Petiot (dont l'histoire était retracée en bande dessinée dans un journal local). On jugea plus rentable de me faire passer pour le « donneur », le traître qui avait livré le Che. Un avocat bolivien téléguidé, que je ne vis qu'une fois, informa la presse que j'avais mentionné Che Guevara dans ma déposition devant le juge d'instruction. Et pour cause, à cette époque, six ou sept prisonniers l'avaient déjà fait, longuement et plus en détail, depuis deux mois et en direct devant tous les corps de police et d'interrogateurs militaires. Je n'avais pas « révélé » mais simplement entériné ce que d'autres avaient confirmé avant moi. De l'extérieur, la rumeur était crédible. Toute boue est bonne à prendre dans la guerre psychologique, le pourrissement est l'abécé de la lutte anti-subversive. Intime des services boliviens et du président Barrientos, le fameux gorille de De Gaulle et des romans policiers, Dominique Ponchardier, expert s'il en fut en la matière, dont la présence à La Paz comme ambassadeur de France fut une de mes bénédictions, raconte fort bien la petite manœuvre de ce « bruit odieux » dans son livre de souvenirs boliviens, *La Mort du condor*. « Ces insinuations qui me revenaient de toutes parts, écrit-il, alors que depuis mille ans on parlait de la présence du Che en Bolivie et que les guérilleros transfuges l'avaient confirmée, me mettaient dans une colère froide et résolue. »

Il y a un mythe du KGB en Europe, qui repose sur une réalité. Il y a un mythe de la CIA en Amérique latine, mais je crois savoir ce dont est capable ce service, qui est autant une agence de presse et de publicité que de renseignement. C'est lui qui a forgé la fable de Tania maîtresse du Che, Allemande au service du KGB, qui aurait trahi Guevara pour le compte du Kremlin. C'était la seule femme présente (par accident, en fait) dans la guérilla, son exemple pouvait faire tache d'huile en Bolivie et ailleurs. Une héroïne capable de mourir pour ses idées, c'est trop dangereux : un article bidon dans un journal allemand, et le bobard à la Mata-Hari fit rapidement le tour du monde, au point de se retrouver très sérieusement à Colombey, voir *Les chênes qu'on abat*, dans la bouche de Malraux (qui n'en manquait pas une). Ces mêmes sources ont aussi accrédité en Occident la légende d'un Che brouillé avec Fidel Castro qui l'aurait sciemment envoyé à la mort. La rumeur ici fut aisément relayée dans quelques milieux intellectuels pour qui Staline-Trotski est un paradigme tous terrains. J'ai été témoin, durant des mois, des efforts acharnés de Fidel pour retenir le Che à Cuba après son retour du Congo ; et après son départ pour colmater les brèches du dispositif, lui trouver des alliés politiques, multiplier à distance tous les relais possibles. Le duo formé par Fidel et le Che (qui avant de mourir a destiné ses derniers mots d'adieu au premier) est la plus belle histoire d'amitié qu'il m'ait été donné de connaître durant ma courte vie. Elle serait capable de me réconcilier non pas avec les religions politiques mais avec le romanesque des Révolutions.

Tout a été dit sur les raisons d'un échec qu'il est vain d'imputer à tel ou tel bouc émissaire — naturelles d'abord (une meurtrière forêt vierge), opérationnelles, politiques, sociales, théoriques. Il faudra bien un jour s'attaquer à l'essentiel qui me semble situé quelque part entre la psychologie et la morale. Si l'idéal révolutionnaire est ou fut un avatar moderne du messianisme chrétien, et si le martyre est la sublimation chrétienne du suicide, le Che a bien mérité son statut de saint et martyr de la Révolution. La question n'est pas de savoir pourquoi il est parti de Cuba en 1966 mais pourquoi il y est resté si longtemps (et plus longtemps qu'il ne l'avait lui-même prévu en 1959). Le Che voulait mourir pour la raison qu'a dite Tertullien il y a vingt siècles : le sang vaut pour semence. En lui donnant sur sa civière le masque du Christ allongé de Mantegna, ses meurtriers ont exaucé ses vœux plus ou moins conscients. Ce n'était pas un homme d'Etat mais un exemple. Le Fidel des années soixante est un héros épique : attaché à une glèbe, porté par une nation, en charge d'une naissance collective. Le Che était un héros tragique sans terre ni peuple. La solitude du Caballero errante sans autres attaches qu'intérieures, handicap politique insurmontable mais avantage mythologique, lui permet ce privilège interdit à l'homme « responsable » : voyager indéfiniment dans l'imaginaire des hommes.

En somme, cette année 1967, j'étais né à la mort, à l'âge de vingt-six ans.

Il y a deux façons de se sentir invulnérable. Chacun peut,

sur la lancée, faire merveille à la guerre ou dans la clandestinité tant qu'il reste sûr d'être immortel, comme on l'est à toute heure du jour. Calé, coulé dans l'évidence de la vie, un homme de verre se croit silex. Cette gasconnade était la mienne, avant ma troisième naissance. On trouve en soi une tout autre force dès lors qu'on a accepté de trancher les amarres ; de se tenir pour déjà mort. Chaque minute qui passe, même dans la souffrance, cesse d'être un dû, devient un rab exultant, immérité. C'est une transformation des réflexes, du regard, du pouls ; le moteur humain se met à tourner autrement.

Le seul moment difficile est celui du changement de vitesse, l'instant panique du débrayage intime, quand on se dit : « Bon, voilà, c'est fini. » Il peut durer une seconde, une heure, une vie — c'est selon. Le passage intérieur de la vie comme état normal à la mort comme issue normale n'a rien d'automatique. Les conséquences qui en découlent tiennent « aux conditions extérieures de lieu et de temps ». En clair : au hasard. Le moment décisif peut intervenir lorsqu'on est seul dans sa cellule, roué de coups, interrogé, impuissant, ou providentiellement hors d'atteinte.

Le déclic s'est produit, si je me souviens bien, entre le premier et le troisième jour de ma détention : la stupeur devant la haine viscérale des sous-officiers, la fureur des premiers passages à tabac, la folie ambiante bloquent la respiration — asphyxiant comme un coup de poing en plein estomac qui vous cueille à l'improviste. J'ai paniqué les premières heures, pas ensuite. Heureuse coïncidence. On commença par me casser la gueule en improvisant, sans rien me demander. Lorsqu'on me menaça un soir de me fusiller le lendemain, à l'aube, peu m'importait, j'avais passé la ligne. J'avais bien du regret de partir, non la fureur de rester à tout prix. En somme, j'ai eu de la chance de n'avoir pas été torturé méthodiquement.

Ni abattu comme prévu. Je ne devais pas en sortir vivant. Il fallut pour cela que Ruben Sanchez se trouvât à Camiri, dans la caserne de la IVe division, au moment de mon arrivée. Le commandant Sanchez (le frère de Gustavo qui deviendra plus tard ministre de l'Intérieur et expulsera personnellement Barbie vers la France, en 1983) avait été notre prisonnier peu avant et traité par la guérilla avec considération. Homme plutôt de gauche sous l'uniforme (il ira jusqu'à s'engager dans l'ELN quelques années plus tard), le courage dont il avait fait preuve dans les combats, lui donnait un grand ascendant sur ses camarades. Ruben ne partageait pas l'hystérie fasciste des Etats-majors et se sentait peut-être une dette d'honneur envers des maquisards dont il savait mieux que personne qu'ils ne fusillaient pas leurs prisonniers. Sans lui, sans sa présence à mes côtés, lorsque je gisais par terre, les autres, qui s'enivraient à la bière pour s'encourager, m'auraient exécuté dans ma cellule, comme ils le firent quelques jours plus tard du Loro Vasquez. Ruben monta personnellement la garde, pendant ces deux ou trois jours cruciaux. J'avais été pris désarmé mais j'étais étranger, déjà abondamment dénoncé par les déserteurs. Dans la xénophobie alors délirante d'une troupe d' « Indiens », il n'était de bon étranger que mort, fût-il d'apparence paisible.

Il fallut l'arrivée parfaitement aléatoire au journal *Presencia,* au bout de quelques jours, d'un rouleau de photos qu'avait prises à la sauvette un correspondant archilocal en pénétrant dans la petite garnison de Muyopampa lorsque nous y étions encore consignés, Roth, Bustos et moi. C'était quelques minutes après notre interpellation, nous n'étions pas encore identifiés, et à peine surveillés. Ce journaliste confia sans trop y faire attention son rouleau de photos à une Indienne qui partait en car pour Santa Cruz, avec mission de faire suivre sur la capitale. A Santa Cruz un quidam qui prenait le car pour La Paz le mit dans sa poche, l'oublia une fois arrivé, et ne s'en souvint que le surlendemain. Entre-temps, les militaires avaient publié le communiqué classique annonçant ma mort au combat — nouvelle reprise par les agences et publiée ici ou là en entrefilet. On peut lire dans *France-Soir* du 23-24 avril 67, sous le titre *Français tué en Bolivie* (La Paz, Bolivie, samedi AP, AFP) : « Un Français a été tué hier dans les rangs des guérilleros procastristes boliviens au cours d'un accrochage avec les troupes gouvernementales dans la région de Yacunday. Il s'agirait, selon les militaires boliviens, d'un nommé Régis Debray ou Lebrey, un spécialiste de la guérilla. Il aurait écrit plusieurs ouvrages à ce sujet et serait, toujours selon les militaires, l'un des " dix principaux communistes conseillers de Fidel Castro à Cuba ". » Pas de chance : le lendemain, le journal *Presencia* sortait, presque à son insu, une série de photos dont l'une où l'on me voyait debout, bien portant et souriant. Ce qui, la rendant un peu plus compliquée vis-à-vis de l'opinion, remit mon exécution à plus tard, au gré de la « ley de fuga ».

Il fallut que Dominique Ponchardier, l'ambassadeur, fort d'une lettre du général de Gaulle au général Barrientos, qu'il avait personnellement rencontré lors de sa visite officielle à Cochabamba, en 1963, mît à profit ce délai inopiné, avec un inlassable à-propos, pour consolider ma survie : informé en sous-main des projets d'exécution par certains de ses amis officiers, il s'arrangea pour faire savoir qu'il savait.

Après, une fois ébruitée, mon arrestation prendrait une tournure plus publique, officielle. J'étais « sauvé ».

Où es-tu
toi mon centre
pompe barbelée
qui m'écorches, racles, rabotes l'artère

absente
fleur qui gicles au réveil
dépêches ses clous, ses pointes, ses silex
qui me ratisses d'est en ouest
jusqu'à l'ongle jusqu'au cheveu et jusqu'à l'ombre
pulsante rosace ô ma distante
qui ne me laisses plus dormir

décroche-moi rabats-moi replie-moi
mets-moi en boule en rond en chat
ne me tends plus jusqu'à l'os
de Calcanhar à la pointe du Raz
ne me fais plus jamais traverser l'Atlantique

love-moi amour
rappelle tes fourrures tes mousses tes lichens
fais-nous disparaître dans mon trou

Côte à côte

A mon centre nerveux, Myriam, j'envoie ce pneumati-
que, et tant d'autres qui ne sortiront pas de mon cahier
d'écolier. On me laisse désormais écrire et lire au fond de
mon four aux murs d'adobe, quarante degrés à l'ombre
sous le zinc du toit. Suant sur ma paillasse, je l'attends
(l'autorisation de visite est tous les quatre mois). J'attends
ma becquée de nouvelles, de promesses. Où en est le plan
d'évasion? Des complices sur place sont indispensables. Un
seul autochtone « retourné », menant double jeu, et c'est la
« ley de fuga » au bout du tunnel (pour abattre un
prisonnier officiel, il faut et il suffit de le prendre en train de
s'évader). Doit-on faire confiance? Je réponds que oui, je
n'ai jamais cru aux traîtres et vogue la galère. Pile ou face,
piège ou fuite, mais ce n'est pas moi qui ai la pièce en
poche, et j'en ai pour trente ans.

Alors, j'asperge les carreaux par terre et m'allonge
dessus, la nuit tombée. Myriam vient me prendre par la
main et m'emmène virevolter dans les fraîcheurs du Vieux
Monde, en plein vent, là où il y a des soirs d'automne, des
flâneurs dans les rues zébrées de néons, des bonshommes de
neige. Je contourne en la suivant les yeux fermés le minable
mirador où la sentinelle somnole en se rongeant les ongles,
je saute le mur dont les tessons de bouteille, sur le
chaperon, s'allument chaque soir sous les rayons du soleil
couchant, et me voilà au loin, du côté des eaux vives, des
paradis perdus. De retour en France, mon exotique,

érotique patrie, dont je passe mon temps à contempler les paysages qui défilent sous mes paupières.

Mon temps, si bref, finalement : pas même quatre années.

24 décembre 1970, fin d'après-midi. J'ai été extrait de ma cellule à l'aube. Quand des inconnus en uniforme y ont fait irruption, d'un air fébrile, j'ai cru mon dernier moment arrivé. Et maintenant, un piper-club chilien me conduit d'Iquique, au nord du pays, à Santiago. Aéroport militaire désert. Eduardo Paredes, directeur de la police, dit El Coco, l'homme de confiance d'Allende en matière de sécurité, m'attend au bas de l'avion. Un beau garçon râblé, drôle et direct, la quarantaine. Nous filons en voiture, discrètement, vers une adresse inconnue. « Est-ce que Myriam est là ? Quand arrive-t-elle ? Vous avez de ses nouvelles ? » Myriam n'est pas là, ils n'ont pas de nouvelles, ils éludent mes questions. « Elle est en route, ne t'en fais pas. » L'enfant crie après son arbre de Noël, il est perdu, il a les larmes aux yeux. Sans doute envie de serrer une femme dans ses bras, aussi. Ils ont dû me trouver répétitif et lassant, mais Coco et nos deux gardes du corps paraissaient compréhensifs, presque affectueux, déjà.

Calle Vaticano. On dirait une casa de seguridad. Une villa anonyme inhabitée, luxueuse. Je m'y retrouve seul avec une minuscule gouvernante, mère de famille venue d'une población, une militante socialiste de confiance qu'on a mise là pour le ménage et la cuisine. Je m'installe à côté du téléphone. Je n'y comprends rien, je ne veux rien comprendre, comment aurais-je pu comprendre : Myriam n'est pas au rendez-vous.

Pas sa faute, personne n'avait pris date. Ma libération était dans l'air, mais le jour, le point d'arrivée et les façons de faire rigoureusement imprévisibles. Ce fut mené comme une opération-commando. De main de maître il faut dire, personne, ni moi, n'était dans le secret, à part Myriam elle-même, quatre ou cinq militaires progressistes triés sur le volet (les autres, fascistes, s'étaient juré d'avoir ma peau avant), le général Torrès à La Paz, le nouveau président de la République, et Ruben Sanchez son aide de camp, mon ami, mon sauveur. Torrès sera assassiné à Buenos Aires en 1975, par un « commando de la mort ».

Myriam était en chemin, quelque part dans le ciel entre La Paz et Santiago. Elle venait non me rejoindre mais d'un air préoccupé, me dire bonjour en passant. Cela, je ne le savais pas encore, je le saurais bientôt, ce serait bien assez tôt.

Deux jours après, en effet, Myriam à peine débarquée m'informait qu'elle en avait par-dessus la tête de l' « affaire Debray », tractations secrètes et figuration obligatoire ; qu'il était grand temps pour elle de prendre le large, maintenant que j'étais tiré d'affaire ; mais elle resterait quelque temps pour sauver les apparences.

Je n'ai pas saisi sur le moment ces mots pourtant si clairs (Mai 68 et la libération de la femme, dont j'ignorais tout, étaient passés par là). Fatiguée d'exister par procuration, comme « femme de », elle avait besoin de respirer dans un espace qui lui fût propre, à moins, en eus-je peu après le soupçon, qu'elle n'ait rencontré quelqu'un d'autre qui l'attendait en France. Il me faut tellement de temps pour déchiffrer les messages de celle que j'aime. Plus c'est sensible, mieux c'est codé. Je n'ai le chiffre qu'après. Elles ont leur façon de dire sans dire, les sibyllines, parce-qu'elles-ne-veulent-pas-vous-faire-de-mal. Quand on manque de présence de cœur, ce n'est pas le malheur qui vous court après, c'est vous qui passez votre temps à vouloir le coincer pour lui demander des explications. Cela ne sert plus à rien, mais cela occupe.

Coups de sonnette pressés, appels et rires, la gardienne va ouvrir : une ravissante arrive chargée de paquets, de lettres, de cadeaux, mais il y a tant de ravissantes ici, qu'une de plus. « Hola Regis cómo estás, mira lo que te traigo. » Silvia me sourit et m'embrasse comme un ami d'enfance qu'elle aurait quitté la veille. Elle est comme chez elle. Elle arrange les fleurs d'un vase, va à la cuisine, donne des ordres, une câlinerie pour chacun. « Qué quieres comer hoy, porque no salimos, te vas a morir si te quedas solo aquí. » J'ose à peine la regarder, et à contre-jour, les matins sont si éblouissants que je la vois à peine. Le living un peu funèbre où je me terre derrière les fenêtres au store baissé se met à tanguer comme un pont de bateau, ondes, vague-lettes, remous. Il y a tant de soleil autour d'elle, le bonheur éclabousse. Sa gaieté, sa force. Je recule, je me cache, ce n'est pas possible, ce n'est pas pour moi. Elle s'est trompée, elle me prend pour un autre, elle va s'en rendre compte et me laisser là. Tant mieux, ou tant pis, enfin je ne sais pas. Pierrot flottant, tous fils distendus, demande marionnettiste...

Maintenant, Silvia était là, fuyante et offerte.

Elle était là sans y être, déjà insaisissable, injoignable, se décommandant à la dernière minute, et elle n'était pas la seule, sur la planète des femmes où j'étais tombé en ahuri, nocturne, agoraphobe. Je veux rester seul dans mon coin, à l'abri de l'espace, du soleil, des rues et du moindre contact, comme si prendre la main d'une autre eût été trahir celle qui m'avait toutes ces années tenu en vie à bout de perche, de lettres, de promesses, de visites, et qui, inexplicablement, se refermait à présent dans sa coquille. Car je n'osais le dire à personne, et surtout pas aux bouleversantes qui allaient et venaient dans la belle demeure de la Calle Vaticano que Salvador Allende avait mise à ma disposition et où venaient jour après jour ses filles, nièces, amies, collaboratrices et secrétaires puisqu'au Chili les femmes avaient pris le pouvoir quelques mois plus tôt. Les mâles, Président, ministres, généraux et directeurs qui l'exerçaient officiellement, avec des gestes, des mots, des moustaches et de sobres complets d'hommes, se contentaient de répondre le moins mal possible à la volonté de leur sœur, femme, amante, fille, secrétaire, belle-fille, grand-tante et petite cousine : Myriam n'avait accepté de cohabiter quelque temps avec moi dans cette maison qu'en simple amie, et si nous dormions ensemble, à grand-peine, c'était à son corps défendant. On jouait au couple pour les autres, qui s'efforçaient de ne pas entendre nos grincements, d'imputer au changement de cadre mon désarroi.

Silvia avait-elle tout compris ?

Je la vois encore cet abricot, cette pêche, cette grenade, inaccessible, aveuglante, nimbée d'azur et d'or. Chili d'Allende, bleu paradis des flirts impossibles. Moment parfait, vision séraphique, hors du temps, inaltérable. Ses intermittentes apparitions sur le seuil de cette villa et de ma vie nouvelle gardent sous mes paupières l'éblouissante, l'insolite fixité d'un souvenir de vacances enfantines, comme une partie de campagne ou une promenade en mer.

On va en prison comme on tombe en enfance, le plus dur est à la sortie. Il faut grandir en cinq sec. Car on redevient petit garçon au trou. Un petit tyran colérique, capricieux, superstitieux, protégé du monde extérieur, irresponsable, libre d'imputer son immonde abandon aux murs, aux avocats, aux amis, à l'universelle saloperie qui fait que personne ne s'occupe vraiment de vous, comme il faudrait. Quand on saute d'un coup d'une cellule à l'âge adulte, on ne peut plus s'en prendre qu'à soi-même. Plus de bouc émissaire : l'agressivité reflue vers le dedans. C'est alors seulement qu'on devient coupable, abandonné par sa propre faute, malheureux de son seul fait.

Etait-ce la belle saison ? Cet été-là, le Chili était femme, fiancée rieuse et entraînante. Je l'ai su bien après : Silvia était déjà éprise de Manuel, un chef du MIR, mais d'une

106

façon assez secrète pour que personne, pas même son mari, un proche parent du Président, n'en sache rien. Elle continuait d'enseigner à l'Université en jeune femme très répandue mais sans attaches. Silvia respirait le bonheur et la force. Car le Chili est une fille mutine mais non un dragon ou une femme fatale, n'allez pas croire ce qu'on en dit, rien de tragique, de ténébreux ou de noir. Une nymphe nerveuse et enjouée, sans emphase. Le Chili est tout sourire, lisse et miellé, fait pour le bonheur comme aucun autre pays d'Amérique latine. Passer de la Bolivie oppressante et grise à la partie centrale de cette interminable côte dépayse autant que débarquer à Rome quand on vient de Leipzig. La langue chilienne, avec ses cadences comme des caresses, irrévérencieuse et leste, où les mots montent à l'aigu sur la dernière syllabe, et qui est à l'espagnol ce que le napolitain est à l'italien, chantonne la joie de vivre et l'humour. Substance onctueuse de l'air, pétillement fruité des vins, saveur des huîtres et de mille coquillages, gentillesse du moindre passant, charme indolent et offensif de ses jeunes filles en fleur, sans rien de scabreux ou de provocant, pays câlin, pays tendre où tout invite au sourire. Santiago ou plutôt Providencia — le quartier résidentiel de la ville — sentait, cet été-là, la glycine et la pinède. J'avais connu un Chili plus poussiéreux et maussade, plus tristement populaire, six ans plus tôt, quand Myriam et moi y étions arrivés en autobus, durant l'hiver 1964, expulsés du Pérou *manu militari*. Celui-là sentait le pétrole des réchauds, le Nescafé tiède et le pain rassis. A l'époque je n'avais pas encore rencontré Beatriz, Alicia, Blanca, Isabel, Sonia, Nancy, Ruth, Manuela, d'autres à qui il faudrait d'abord, si je voulais les reconnaître dans la rue ou retrouver aujourd'hui sur leur visage, avec l'euphorie mousseuse de l'été chilien, l'intimité tendre et désinvolte, qui donnait à leur bande un air de famille bohème et sans façon, restituer leur diminutif ou surnom, en signe de ralliement et dire : je n'avais pas encore connu la Tati, la Chabela, Blanquita, la Moni, la Catita; longues filles aux jambes nues, en sandalettes, impudiques à leur insu. Il est vrai que dans les premiers temps (car je prolongeais ces grandes vacances jusqu'à la mi-février 1971, où je rejoignis Cuba par la ligne aérienne qui reliait alors Santiago à La Havane), la glace dépolie quoique translucide qui me séparait de cette fête champêtre et vaguement libertine ôtait à ces silhouettes tout contour trop précis : je ne les touchais pas. Nullement par chasteté militante, tare encore plus déplacée au Chili qu'ailleurs. Je ne suis pas un mauvais coucheur. Mais je dus attendre des chaleurs plus tropicales pour, à La Havane, passer aux actes, quand s'ouvrirent devant moi des pétales à foison. Là, je n'étais encore qu'un timide effrayé, puritain malgré lui, introverti aux aguets.

Peu importe. Ma première Silvia est née un décembre d'été, sous le soleil austral, et elle a conservé la saveur d'un Dimanche de l'Histoire, qui me tendait les clés dont j'avais besoin et que je n'osais saisir. La maison de Vaticano paraissait sous sa coupe — elle en assumait l'intendance et les communications. Forte de la confiance du « Chicho », comme on appelait Allende dans l'intimité, elle travaillait alors officiellement au cabinet du ministre des Affaires étrangères, à la Moneda — présidence et ministère se partageant le même palais fin de siècle —, mais était en réalité l'œil du MIR à la jointure des hautes sphères et des milieux clandestins, s'adonnant à un va-et-vient candide entre la Présidence (où sa grande amie Tati, la fille de Salvador, jouait un rôle similaire) et toutes sortes de conspirations latino-américaines. Elle veillait donc sur des pléiades assez mal cloisonnées d'Uruguayens, Boliviens, Argentins, Brésiliens, entre lesquelles je commençais à zigzaguer sans trop me perdre. Elle guidait mes premiers pas de Lazare hésitant dans un monde de révolutions imminentes, de plénums péremptoires et lyriques, de militants amoureux et bronzés, où chaque jour était attente, et d'où la mort, pour une fois, paraissait absente. Le sang, depuis, a repris son cours, la mort, sa ronde, autour d'elle, autour de nous, toujours debout ; et, à distance, la bruyante troupe de futurs assassinés qui lui servait d'escorte ressemble à quelque danse macabre au milieu du printemps. Longtemps encore Silvia continua de me fredonner une berceuse de vie. Le temps a passé et c'est ce passé-là que je voyais quand je la caressais du regard, ma femme antérieure, intérieure à ma prunelle et à son corps d'aujourd'hui, lointaine et si proche, comme un noyau phosphorescent irradiant celles, superficielles mais plus opaques, dont l'âge et notre laisser-aller ont enrobé l'ancienne. Cette Silvia-là ne trahissait pas (pas moi du moins) ; elle promettait plus qu'elle ne pouvait tenir ; comment l'aurait-elle su ? Et que m'importait si je voyais en elle un pays enfermé dans un corps, une terre promise faite chair promise, une femme-Continent, toute menue. Comme, plus tard, une nation blessée dans une femme blessée — qui gardait pour moi seul une odeur de varech et de pin maritime. Cette solaire-là n'était pas qu'un mirage. Une femme de vent animait, éclairait la jolie vagabonde un peu fanée, pâle, aux yeux de flamme éteinte, aux traits encore purs, réguliers, que je regardais trottiner dans notre Paris pluvieux avec un mélange d'angoisse et de nostalgie. Pour retrouver sa lumière intérieure, il suffisait à l'exilée de se tourner côté Pacifique, vers le Chili d'Allende, de Violeta Parra et de Manuel : les bouffées du souvenir, qui voilent nos regards, dissipaient sur elle, en elle, toutes les brumes.

Evidemment, j'aurais pu faire un peu plus attention à ses mains, dès le début. On ne regarde jamais assez les mains des autres — obscénités révélatrices, mais comme elles sont sur la table et que le lieu le plus obscur est sous la lampe, personne ne s'attarde. Ou voulais-je fuir cette déplaisante, surprenante imperfection physique ? La gracieuse avait, a encore des mains rougeaudes et charnues, des doigts épais et courts, des ongles mal soignés. Des mains pataudes, de paysanne quechua. Toujours un malaise, une sorte d'effroi à les découvrir. Maintenant je comprends : le côté « bonne femme », fourneau, foyer et marmaille, un attachement tout païen à la vie, le défaut de scrupules. Les lignes de la main sont les mains elles-mêmes, elles disent tout, les vaches (les pieds aussi, à leur manière, mais difficile d'aller y voir). « La vie n'est possible que grâce à des illusions d'art », ai-je lu quelque part... Nietzsche, je crois... J'aurais alors eu raison de négliger ce détail. Ç'aurait été mettre la fin au commencement. Le reste, parfait. Le visage surtout. Etrangement, subtilement androgyne. Siennois. Le charme cynique et frais d'un page de Duccio, d'un jeune chevalier de Carpaccio, d'une danseuse des Lorenzetti, à la fois angélique et dur, décidé, juste ce qu'il faut de la férocité du triomphe, de détermination impitoyable pour que l'élégance ne soit pas mièvrerie, la régularité des traits, fadeur. Un visage ovale, les joues un peu creuses, le nez droit, les narines larges, la lèvre gourmande, le tout dessiné en pointe sèche. Pas un Corrège ou une Madone de Raphaël, replète et rose. Juste ce qu'il faut d'anguleux pour dramatiser les arrondis. Entre le séraphin et le condottiere. Les deux ensemble. L'innocence dans le mal.

Le lendemain de mon arrivée, El Negro Jorquera, du staff d'Allende, déboule échevelé dans la maison de Vaticano. « Hola, fiston, regarde ça ! » Et il me tend un télégramme de Fidel : « Cher Régis nous sommes fiers et joyeux... Fraternel abrazo. » Bouffée d'orgueil. Je baise la feuille sacrée. Fraternité, mon oxygène. Les miens, les nôtres. Ariel arrive peu après. Longue accolade. Second de Piñero, il avait organisé, dirigé à La Havane tous les préparatifs boliviens. C'est lui qui avait mis Danton dans l'avion, une aube grise de février. Il était le suivant sur la liste des départs. La coupure des communications l'avait empêché de rejoindre le maquis. C'était un diplomate épaissi, cravaté, très comme-il-faut, que j'avais devant moi. Quatre ans plus tôt, on suait tous les deux à rendre l'âme dans des marches d'entraînement expiatoires, la gourde

vide, le sac à dos rempli de pierres. « Tu verras, Danton...
Monje est un type loyal, discipliné... il a accepté de se
mettre aux ordres de Che... pour une fois, des communistes
qui ne sont pas trop cons, on a de la chance. » On n'avait
pas eu de chance, il y aurait d'autres Vietnam demain,
continuons le combat. Increvable foi des révolutionnaires,
pour qui toutes les tragédies sont les actes d'un drame
optimiste et sans fin, pour qui en somme il n'y a jamais de
tragédie. Il m'offre une boîte de Cohiba, les cigares
personnels du Jefe, et tire de son attaché-case un Colt 45
qu'il me remet avec une certaine solennité. Me voilà
adoubé de nouveau. Bien sûr la CIA rôde partout à
Santiago, et les fascistes, chacun s'enfouraille comme il
peut. Mais le pistolet passé dans la ceinture, sans holster,
sous le veston ou la guayabera, est plus qu'un moyen de
défense, c'est l'insigne invisible de l'Ordre, mes Compagnons de la Libération à moi. Ou mes Brigades internatio-
nales, plutôt. On se rattrape comme on peut. Mes compagnons d'antan sont presque tous ici.

C'est assez farce de se retrouver soudain derrière les
lignes ennemies, comme si le front avait sauté, vers l'avant,
de 5 000 kilomètres, sans tirer un coup de feu. Assez farce,
oui, de s'entraîner des années à la guerre de guérilla, en se
moquant des réformistes qui n'ont pas de couilles et
d'évoluer tout d'un coup en Mercedes et en costume trois
pièces en plein jour, dans ce havre de paix cerné de
dictatures militaires, par le miracle de quelques bulletins de
vote et la force tranquille d'un socialiste, Président du Sénat
démocratiquement élu Président de la République. L'œil
du cyclone s'est déplacé, mes amis l'ont suivi. Le rêve
bolivarien, la vieille chanson qui berce la misère sud-

américaine — peut-on souffrir sans un air de musique ? — a conquis une nouvelle tête de pont : Santiago-du-Chili. Ces années-là, les amis dont je parle ici, les Ariel, Julián, Lino, Tony, José Luis, El Cojo, Ulises, Humberto (des pseudos devenant tous leurs seuls et vrais noms, que je ne me suis jamais soucié de connaître), ne forment pas une bureaucratie mais une bande de copains sans rien apparemment de hiérarchique, d'officiel ni même de militaire : plus qu'une famille, moins qu'une Eglise. La foi leur tient lieu de loi, l'allégeance personnelle de règlement administratif. La technostructure de la Révolution et de l'Indépendance latino-américaine regroupe des apparatchiks malgré eux. Ils n'exercent pas un métier, ils ont la vocation comme les officiers de la République et les prêtres de toujours. Je ne sais si j'ai jamais *vraiment* fait partie de ce Féodal-Club. Je suis sûr d'avoir voulu m'identifier à lui, sans finalement y réussir. Tant mieux. Il faut vivre avec son siècle, sans se tromper de patrie.

Janvier, février 71, souvenirs de matins clairs à Santiago... Ceux de juillet 36 en France, peut-être... tandems et auberges de la jeunesse en moins. Le bal musette avant Buchenwald. Soyeuse chrysalide de douleurs. Rien de fiévreux. Les camarades jouent la carte du bonheur, à ciel ouvert, bondissent en scooter, citroneta ou minuscules Fiat 500 qu'on appelait des « œufs », aux quatre coins de l'immense damier aux petites maisons plates, courent à leurs dix réunions, meetings, rendez-vous quotidiens. Usines, poblaciones, campus, ministères aussi. Casernes ? Non, pas les casernes. Ne jamais provoquer les militaires. Prats est là pour leur parler, c'est l'ami du « Chicho ». Pinochet aussi, brave type un peu terne mais loyal et discipliné. *El que no salta es momio.* Le pouvoir populaire ressemble à un exercice de plein air, bon pour le ventre et les mollets. Un recyclage de militants quadragénaires. La révolution à Cuba s'accordait à la nuit. Ici les grands mots sont à peu près les mêmes mais détendus par la lumière du jour, sans clair-obscur. Ils n'obligent même pas à écourter l'apéritif, la promenade, el encuentro amoroso de la noche. L'Unité populaire respire le frais, le lisse, le scout. Le sang férié ? *El pueblo unido jamàs será vencido...*

Je revis. Un goût de revenez-y. La pulsion évangélique de retour. M'avait-elle jamais quitté ? Si... parfois, à certains petits moments de vérité à Camiri. Voyez le *Journal d'un petit-bourgeois,* des poussées, des flambées d'agnosticisme fort, à mille lieues du catéchisme. Le Chili matinal et populaire dissipe ces tiédeurs, rouvre les fenêtres du salut collectif. Je me soigne derechef à la révolution, me remets à catéchiser à corps perdu, avec scrupules et majuscules. Voie pacifique ou Lutte armée, Réformisme ou Révolution, Avant-garde et Mouvements de masse, Programmes minimum et maximum, Unité et Lutte avec la Bourgeoisie nationale : on repart comme en quarante... en soixante... en quatre-vingt... Increvable moulinet à vent et à prières, rafistolé aux couleurs de chaque province. Mêmes offices psalmodiés sous toutes les latitudes, par un prédicateur tous azimuts : Uruguay Bolivie Brésil Guatemala Chili Italie pourquoi pas France sur la lancée... ?

En marge des obligations pastorales, je me relance à corps perdu dans la militance. Vieille démangeaison messianique. Comme un déficit sanguin à compenser. Je ne m'étais pas assez sacrifié pour la Justice... d'autres étaient morts, j'étais vivant. La Cause n'avance qu'en nous passant sur le corps. Il me fallait m'écraser encore : mystique nécessité, devoir intime. J'informe, forme, réorganise, encadre, recadre. Monte des opérations ici et là. Frétillant gobetween. 1972, 1973 : je reviendrai m'installer à Santiago, y acheter un appartement, retrouver les miens... ceux qu'alors je sentais tels... jusqu'à cette découverte inouïe, ce rayon de grâce surnaturel, dont je n'ai pas encore bien compris le cheminement, qui me foudroya sur place, le Grand Mystère : j'étais français, et non latino-américain. M'en suis-je vraiment remis ?

Après quelques jours d'effusion, je me sens dans la nécessité, entre remords et corvée, de rendre une visite de courtoisie à l'ambassadeur de France. Un diplomate austère et racé, excellent homme au demeurant, René de Saint-Légier, qui avait été le conseiller diplomatique du général de Gaulle, me reçoit avec un tact qui me touche. J'expédie par son entremise mes premiers télégrammes diplomatiques, civilités qui n'étaient pas insincères mais bien contraintes et dont la platitude dit assez la gêne. A Georges Pompidou d'abord. « Monsieur le Président de la République. Je me permets de vous exprimer personnellement ma reconnaissance pour l'action du gouvernement français, et la vôtre en particulier, qui ont grandement contribué à ma libération. Discrètes et efficaces, ces interventions, du début à la fin, ont permis de donner une issue favorable et sereine à une situation qui l'était moins. Je vous prie d'agréer l'expression de mes sentiments respectueux. » Ensuite à Maurice Schumann, Quai d'Orsay. « Je vous remercie très sincèrement de l'attention diligente avec laquelle vous avez suivi mes péripéties boliviennes. Nous nous trouvons, extra-officiellement, mon épouse et moi-même, les hôtes du Président Allende, situation transitoire mais propice à notre repos. Durant cette période de temps encore indéterminé, je me maintiendrai en contact avec l'Ambassade de France. Je vous prie également de faire parvenir l'expression de ma gratitude à Messieurs Michel Debré, Olivier Guichard, Maurice Couve de Murville, ainsi qu'à l'épouse d'Edmond Michelet dont je sais l'intérêt qu'en diverses circonstances ils ont bien voulu prêter à ma situation. Je vous prie d'agréer l'expression de mes sentiments déférents. »

Je fais mes politesses sans conviction, par acquit de conscience, comme pour me décharger d'un fardeau un peu honteux. Je ne connaissais personnellement aucun des destinataires, toutes ces sommités officielles qui me rappe-laient trop ce à quoi j'avais voulu dire un merde irrévocable en partant pour Cuba dix ans plus tôt : ma famille, mes origines, la respectabilité, l'Etat. La Droite. Dont je ne savais pas alors qu'elle est aussi la France, parce que je ne voulais pas encore m'avouer ma vérité, qui est la France (et tout ce qui en découle, famille, respectabilité, etc.). Et encore moins le dire à voix haute. J'aimais de Gaulle, les gaullistes à bedaine me rebutaient. Je savais bien que le gouvernement français n'avait pas, à juste titre, versé un sou de rançon, pour ma libération, pas un seul dessous-de-table aux Boliviens, quoi qu'en ait dit la rumeur. J'ignorais que c'était un gaulliste, le secrétaire général de la Présidence, Etienne Burin des Roziers, qui avait rédigé à l'Elysée, et lu par téléphone au Général à Colombey, la lettre qui n'avait pas peu compté pour ma survie. Je savais le zèle, la vigilance, le dévouement avec lesquels notre ambassade à La Paz, Ponchardier d'abord, Lambroschini ensuite, Thérèse de Liancourt, la Consule (ancienne radio dans la Résistance qui avait servi sous Leclerc et en Indochine) avaient suivi jour après jour ma malaventure. J'entrevoyais l'application qu'avait mise ma mère à forcer, retenir l'attention en ma faveur, par tous les moyens, infatigablement. J'ignorais le dédale des démarches officielles et officieuses faites de Paris pour sauver un ressortissant français dont personne ne doutait qu'il était et serait un opposant politique. Il est vrai qu'en France on ignorait tout en revanche de la portée, de l'insistance finalement décisives des mouvements de solidarité populaires, syndicaux, universitaires, en ma faveur. Juan Lechin, président de la Centrale Ouvrière Bolivienne, qui régnait sur les mines d'étain de l'altiplano, avait menacé Torrès d'une grève générale, et l'Union des Femmes de Bolivie d'une grève de la faim, si je n'étais pas libéré pour la Noël (date d'amnistie traditionnelle dans ce pays catholique). L'Université de La Paz également.

A distance, j'ai honte de ma honte d'alors. Je me rendis à l'ambassade de France (où je ne remis plus jamais les pieds, coupant tout contact) comme en pays étranger. J'avais bien découvert à Camiri tout le poids théorique et pratique de

« la question nationale », l'étudiant sous toutes les coutures (puisque c'est sur elle que nous avions trébuché, elle qui en définitive a tué le Che), mais la nation ne m'était pas encore descendue de la tête dans le cœur. La gratitude est lourde à traîner : je m'acquittai mal de cet insupportable devoir.

« ¿ Dónde está Debray ? » titra à la une un journal chilien au début de janvier. J'étais resté un peu trop en coulisse. On commençait à trouver louche cette présence sans adresse connue, sans hôtel où me trouver, sans téléphone. Il fallait sans « griller » la maison de Vaticano, me faire rentrer en scène côté cour pour dépister les journalistes. Neruda se prêta de bonne grâce à ce petit jeu et déclara qu'il m'avait hébergé chez lui, à la Isla Negra, dès mon arrivée. Encore fallait-il s'y faire voir. Coco Paredes nous y amena en voiture un matin tôt, Myriam et moi. La descente vers le Pacifique est un changement de décor à vue. Quelque chose d'âpre, comme une froide et violette colère monte peu à peu vers vous : l'Océan. Embruns, mouettes, violence. Le Chili redevient sauvage, comme lorsqu'on monte en sens inverse vers les Andes. Face à la mer, juchée en haut d'une collinette rocailleuse semée d'agaves, d'aloès et tapissée de saxifrages, se dressait sur un fond de pins noirs la célèbre demeure à deux étages, granit et pin, avec tourelle et baies vitrées. Don Pablo, Bouddha facétieux, nous attendait derrière la porte. Casquette de tweed, paupières lourdes, voix nasillarde, il nous fit les honneurs du domaine avec une bonhomie de vieil éléphant, qui nous mit d'emblée à l'aise. Il avait bâti là, dans la pierre et le bois, un poème d'amour et d'humour, sans prévoir la « Canción desesperada » de la fin. Princesses de caravelles seins dehors, bestions de bois peint, figures de proue penchées vous accueillaient dans chaque pièce, où des angelots d'église baroque volaient sous des plafonds incurvés en nefs. Des frises de poissons naïfs en dessus-de-porte. Chevaux de manège, cloches de verre, quinquets, vieux flacons, roues de navires, mascarons, sabots de bronze, tambours-maquettes de voiliers, bidets antiques, roses des vents, mille bibelots charmants et cocasses composaient un bric-à-brac farfelu où il fallait quelques jours pour se reconnaître. Don Pablo avait acquis la sagesse du nombril : la salle à manger et à boire était le centre vital des lieux, le ventre son centre de gravité à lui, la sieste, sacro-sainte. Chilien jusqu'au bout des ongles, français de cœur, l'une des étoiles de cette constellation cosmopolite, aujourd'hui éteinte à jamais, qu'était la haute société communiste de l'après-guerre, ce patricien indolent et délicat eut la bonne grâce de laisser de côté la politique, pour me réconcilier, simplement, avec le vin et le pain. Nous avons coulé chez lui, Myriam et moi, des jours délectables. Que les moralistes à la longue mémoire me pardonnent si je dis ici ma dette à l'ancien stalinien qui, consul du Chili à Mexico en 1940, a facilité la fuite de son complice Siqueiros après l'attentat manqué contre Trotski. Il facilita cette fois l'atterrissage d'un extrémiste dans la douceur de vivre.

Mais l'homme le plus rigolo du Chili était un homme d'Etat : Salvador Allende. A Tomás Moro, sa maison, l'art de vivre une soirée ou un dimanche commençait par des blagues, calembours ou histoires drôles, se poursuivait par une partie d'échecs et finissait sur quelques verres bien tassés de Chivas royal. Goguenard, généreux, direct, tutoyant au premier abord et sans démagogie, il fallait se souvenir en face de lui qu'il était Président de la République. Il me traita aussitôt en ami, m'invita à passer une semaine de vacances à sa résidence d'été, près de Valparaiso, et se prêta de bonne grâce à la mise en scène d'une conversation filmée où je tenais le rôle du révolutionnaire sceptique devant la réforme et lui du réformiste responsable qui voudrait bien ramener sur terre les jeunots excentriques, notamment ceux du MIR, les amants et amis de Silvia. Il me montra un livre dédicacé du Che : « A Salvador, qui se rend au même endroit par un autre chemin. » Voyance, quand tu nous tiens. Ce dialogue fit ensuite une brochure. Un pur quiproquo adjoignit à mon texte une entrevue avec Manuel : j'apparaissais comme plaçant un vénérable Président sur le même plan qu'un gamin subversif. Il piqua une colère et me battit froid pendant un an.

Moins d'un an plus tard, toujours à Santiago, Silvia me loua sa maison, un chalet rustique et stylisé, avec un jardin à l'abandon — rue Simon-Bolivar. Sa famille habitait à côté, elle passait à l'improviste me dire bonjour, s'éclipsait sans prévenir. Elle organisait mes contacts avec le MIR, Manuel, au premier chef, me chapitrait sur les dangers du réformisme, me regardait avec douceur sans me faire les yeux doux. Je l'aimais beaucoup, sans l'aimer encore. Une jeune femme, chilienne teintée d'Angleterre, me tenait compagnie cette année-là à Santiago, discrète et fidèle, entre deux voyages, en Argentine, à Cuba ou en Colombie. Dans ma patrie provisoire, déjà précaire, cette femme provisoire fut assez aimable pour me faire oublier la précarité des lieux et des êtres.

Je vis Salvador Allende pour la dernière fois un dimanche d'août 1973. Il m'avait convié à passer la journée avec lui dans sa maison de campagne, avec toute la maisonnée, sa fille Beatriz, la Paya, sa secrétaire particulière, et une demi-douzaine d'amis, toujours les mêmes : Coco, Perro Olivares, Jaime Barrios, Claudio Jimeno et quelques autres. Une belle journée d'hiver entre les arbres, un feu de cheminée, camembert et vin rouge. Comme toujours jovial et détendu, le dos au mur, il discuta avec nous sa contre-manœuvre du lendemain pour déjouer le énième traquenard d'une Armée de l'Air déjà en état d'insubordination. A la fin de la journée, on disputa une partie de billard, avec force rires et bourrades dans le dos. A sept heures du soir, avant de monter dans sa voiture pour revenir à Santiago où l'attendait un fantomatique Conseil des Ministres, il me donna l'accolade : « A bientôt. Salut aux amis là-bas. A Alger, dans quinze jours ! »

Huit jours plus tard, un million de personnes défilaient dans Santiago pour crier leur soutien à Allende.

Le 11 septembre 1973, le Président de la République tombait son AK 47 à la main dans la Moneda en flammes.

121

Ce grand monsieur et bon vivant eut le bonheur et la grandeur de se tuer à temps — la gifle suprême pour ses agresseurs, les criminels de guerre qu'il a privés du plaisir de l'humilier en le capturant vivant. Cet exploit de volonté l'a mis à la hauteur de son rêve, « murió en su ley ». Vaincu mais debout. Ou comment convertir une défaite politique en victoire morale. Cette fin proprement stoïcienne fut habillée par la pudibonderie de la gauche officielle en un vulgaire assassinat. Le suicide chez les hommes publics a mauvaise réputation, sans doute parce qu'il permet à quiconque d'échapper par le haut à la petitesse de la politique. Le fascisme est une culture de mort et le socialisme un culte de la vie. Il ne faut pas l'oublier, non moins que nos maternelles devises : la Liberté ou la Mort ! Patria o Muerte ! Le militant dit « vive la vie », mais ajoute *in petto :* pas n'importe laquelle. Il signe ses idées de son sang. C'est le seul animal qui pose ses conditions à la biologie — bizarrerie qui fait de lui un être à part, plus libre, plus fort que les autres. Ne le soumettons pas à la loi commune.

Coco Paredes fut capturé dans son bureau, torturé et fusillé devant ses subordonnés. El Perro Olivares s'est tiré une balle dans la tête à la Moneda. Barrios et Jimeno exécutés sans phrase à la sortie du palais, sur le trottoir, balle dans la nuque.

Max Marambio parvint à gagner l'ambassade de Cuba, déjà évacuée. Il en défendit l'accès aux militaires qui voulaient la prendre d'assaut, quasiment seul, à coups de fusil. La Suède — Olof Palme et son diable d'ambassadeur sur place — lui obtinrent longtemps après un sauf-conduit miraculeux.

Beatriz Allende s'est suicidée à La Havane en 1977. Salvador l'avait forcée à abandonner la Moneda, une petite demi-heure avant la fin. Elle s'est tuée parce qu'elle ne se pardonnait pas de ne pas avoir été tuée aux côtés de son père.

Silvia et Manuel, eux, réussirent à se cacher.

Quelques mois plus tard, à Paris, un inconnu de passage me fit cadeau d'un tube dentifrice. Le microfilm était une longue lettre tapée à la machine et signée par eux deux : « Hasta la victoria siempre, on les aura, nous t'embrassons. »

J'étais revenu en France sur la pointe des pieds, au printemps 1971, après avoir passé deux mois à La Havane pour me remettre dans le bain des guérillas en cours et en perspective : discussions, bilan, entraînement. Comme si le temps n'était pas passé, comme si je refusais de grandir. Cuba s'était durci, la fête d'antan aussi : trop d'échecs, de sang versé. Un Etat s'était construit, un Parti, un Parti-Etat, enfin on connaît la musique.

Pour être sûr de ne pas me faire repérer à Paris, ignorant la nouvelle ère médiatique qui exigeait déjà du moindre scandaleux conférence de presse et photo couleurs, je passai par Alger et Bruxelles, où Maspero vint me chercher en voiture, avec un militant de la Ligue Communiste, oui, celui-là même qui s'était mis à la disposition de Myriam durant mon emprisonnement. Ils me déposèrent place Dauphine, où les marronniers étaient en fleur, comme les passantes et le rebord des balcons. Simone Signoret et Yves Montand avaient hébergé ma femme dans le studio de leur fille Catherine, au cinquième. Myriam me présenta les lieux, me donna les clefs et fila à l'anglaise. C'est là que j'élus domicile, sous les toits, face au Pont-Neuf, jusqu'à l'arrivée des boat-people, huit ans après. Simone m'attendait en bas, avec une rose et un whisky : je ne l'avais jamais vue et au bout d'une heure je savais que j'avais une maman de plus. Elle devait le rester longtemps, contre vents et marées.

Je ne fis aucun effort, sinon celui de me cacher. Y compris de ma famille et de mes parents, surtout d'eux. Projetés à froid aux antipodes de leur monde, confrontés à cette Bolivie, à cette jungle humaine, à ces enjeux dont ils ignoraient tout, eux qui ne connaissaient pas même alors l'existence de Myriam, ils avaient été comme tous les parents, touchants de ridicule, admirables de maladresse et de vaillance. Je sentais qu'ils en avaient trop fait — le ridicule, en l'occurrence, m'avait plus sauvé que tué. Les retrouver à Paris, cet aveu me coûte, me fut à peu près aussi éprouvant qu'aller à Santiago en territoire français. Quant à tous ceux qui s'étaient dépensés pour ma libération, je les esquivais de mon mieux. A commencer par Roger Lallemand, grand avocat de Bruxelles, socialiste mallarméen, qui, comme Georges Pinet à Paris, avait de longs mois lâché son cabinet pour venir me défendre à Camiri. Poussé par Simone, je rendis visite à Sartre, tombai sur Malraux par hasard, effleurai Moravia et contournai Mauriac. Goujaterie ou remords ? J'incline pour le second terme. J'avais trop l'impression d'avoir trompé mon monde : c'est pour un innocent que les grandes consciences avaient signé. L'auraient-elles fait si le Tintin de la rue d'Ulm pris en otage par de méchants gorilles avait bel et bien mis la main à la pâte, espionné, porté un fusil M2, détroussé des cadavres ? S'il ne croit pas avoir tué quiconque, c'est au petit bonheur la chance, car il avait participé à une ou deux embuscades.

Honnêtement, à Camiri, il était de mon devoir de réfuter l'acte d'accusation, mais ce n'était que justice qu'on me condamnât à la peine maximale de trente ans. Pour ne pas faire le jeu de mes ennemis, j'avais dû jouer la comédie auprès de mes défenseurs et amis. Comment affronter gaiement leurs regards au retour ? Je verrai un jour chez Pierre Goldman le même instinct de fuite lorsqu'il sortit de Fresnes. Je crois même qu'il « oublia » de venir voir Simone Signoret qui s'était décarcassée pour sa défense pendant une année pleine en chef d'orchestre des gazettes avec sa maestria coutumière. « Après tout ce que j'ai fait pour lui, tu te rends compte, Régis ? — Non, Simone. A cause de tout ce que tu as fait. » Elle ne fut pas la seule à se plaindre de son ingratitude. Quand on s'est rêvé Manouchian, on ne peut se voir affubler la peau d'un petit malfrat butant deux pharmaciennes pour piquer dans la caisse, sans se faire porter absent. Goldman ne pouvait pas plus se supporter coupable que disculpé. Auprès du public, il avait été sauvé par l'holocauste comme moi par la guerre d'Espagne : à quelques-uns malheur est bon. En France, l'affaire Dreyfus nous garantit un bon siècle de mauvaise conscience. Quant à l'intelligentsia, à laquelle je dois beaucoup, rien de plus aisé que de la faire marcher comme un seul homme quand on est derrière les barreaux et qu'on a un brin de plume. Elle se sent tellement coupable de ses mains blanches qu'un faux innocent aux mains sales fera toujours un martyr adorable.

Pour bien tenir son rôle, il faut savoir auquel se tenir. J'avais du mal à choisir. Celui de Debray ne me convainquait pas : comment aurait-il convaincu ? Debray fut recalé à son examen d'entrée parisien pour la simple raison que Danton avait ses examinateurs ailleurs qu'à Paris. Ils présidaient à des exercices de tir groupé à balles traceuses sur cible mobile à 300 mètres, avec AK et chargeurs de 40 projectiles — technique chronométrée dite de la « manguera », où, je le dis tout de suite, mon double excellait. Comment l'avouer aux célébrités qui attendaient l'impétrant sur des envolées épiques et des coups de menton ? Seul Althusser me comprit à demi-mot : il avait l'humour complice, se foutait de mes déboires et ne me demandait rien. Trop accablé de lui-même et d'Hélène pour m'en vouloir de mes accablements.

Un philosophe déplacé qui repique à l'entraînement militaire, un enfant prodigue qui ne veut pas revoir sa famille, un amoureux marié dont la femme convole avec un autre : un faux faux-jeton dans une vraie situation fausse. Je ne collais pas à ma pieuse image, je flottais dedans. A qui aurais-je pu dire ce que je faisais — des efforts pour redevenir un petit soldat —, ce dont je souffrais — ce complexe d'abandon qui me faisait traquer Myriam du soir au matin à travers tout Paris ?

J'allais bientôt désappointer les orphelins de Mai, désillusionner mes anciens « Comités de défense de Régis Debray », en déclarant qu'en France le piège à cons n'était pas l'élection mais la révolution, mythe obsolète ; que la seule voie d'accès au pouvoir était légale et parlementaire ; et que cette voie-là, qui ne menait pas au Salut mais à l'Etat, passait par François Mitterrand et les sociaux-démocrates. Au début des années soixante-dix, dans les fumées maoïstes de l'intelligentsia, cet amer constat sentait son apostat. On attendait Zapata, c'était Topaze. Les insultes, depuis, ont varié, non les insulteurs : ils sont simplement passés de *La Cause du Peuple* à *Paris-Match*. Novice sentimental, j'avais déjà pour les affaires du terroir des réflexes de vieux bonze. Avantage du dédoublement : on zigzague côté cœur, mais côté cour on sait tenir le cap.

Arrivé chez moi en poisson d'avril, je suis reparti fin juillet 1971 à La Havane. Juste le temps de mettre un peu d'ordre dans mes affaires et mes contrats d'édition (je devais, je voulais vivre de ma plume sans savoir que l'écriture est un métier et chaque avance d'éditeur une petite reddition de l'âme) ; d'aller voir le paradis et Rezvani au creux des Maures, à La Garde-Freinet (*Les Années Lula* et *Lumières* m'avaient, en taule, transporté de rire) ; de faire mieux connaissance avec « la famille », la bande des intimes d'Yves et Simone qui avec ses mots de passe, ses chats, ses chouettes, et ses têtes de turc, tournait autour de la « roulotte » et de la maison d'Autheuil ; de retrouver quelques potes des années de rêve. Ils n'avaient pas buté en chemin, comme je l'avais fait, sur la haine et les brutes, le noir envers des printemps : les yeux de flic injectés de sang, les cris de « à mort » dans la rue, les affiches appelant à votre lynchage, les serpents venimeux introduits à la dérobée dans la cellule pendant que vous êtes aux waters. Ils n'en finissaient pas de digérer leur joli Mai (chacun ses digestions difficiles). Le plus affectueux, le plus généreux, fut Bernard Kouchner, le seul auquel je laissai deviner la lézarde qui s'était creusée entre mes petites causes et les grandes. Je larmoyai dans son gilet. Il ne m'en voulut pas. Je le verrai ensuite de moins en moins, sottement, pour cause d' « idéologie dominante ». Je l'accusais d'avoir rallié avec armes et bagages la nouvelle religion officielle des Droits de l'Homme, la plus sympathique des mystifications en vigueur, et le Parti Journaliste. Médiomane et médiopathe, l'homme de cœur est devenu notre Docteur Schweitzer, mais la diva de l'humanitaire n'a pas perdu son cœur en route. Pourquoi moraliser une question de tempérament en question de principe ? Il aime les médias qui l'aiment, et puis quoi ? Cette fascination avouée pour la publicité est sans doute moins pudibonde, moins hypocrite que notre coquetterie à nous, les distants, qui à la lecture d'un journal ou d'une revue cherchons d'un œil faussement distrait si notre nom ne se trouve pas dans un coin, une notule, un index. Un homme vrai épouse la vérité de son époque : ce n'est pas une raison pour lui en vouloir. Il joue franc-jeu. Pas comme ces professeurs qui voudraient bien faire un best-seller sans perdre l'estime de leurs pairs, ces écrivains qui rêvent d'allier la hauteur de Julien Gracq au succès de Régine Deforges, enfin, pas comme votre serviteur. Mais je ne le savais pas encore, j'étais sincère dans mon catimini. C'est quelques années plus tard, quand je me suis piqué de bonne foi au jeu national des polémiques intellectuelles que j'ai postulé à l'enviable position du misanthrope très entouré, du redresseur de torts encensé par les scélérats, du pur et dur stigmatisant les révolutionnaires de salon mais entendant bien y avoir son fauteuil (et pas un tabouret s'il vous plaît).

Pour l'heure, mes complices étaient là-bas, au Chili, à Cuba : Roque Dalton, poète et guérillero, joyeux drille surréaliste, mon compère, avec qui je courais les mulâtresses et les champs de tir. Il s'apprêtait à lancer la lutte armée au Salvador ; rentré clandestinement dans son pays, il a joint le geste à la parole, en personne, presque seul ; peu de temps après, ses propres camarades l'y ont assassiné de sang-froid pour cause de « déviationnisme » et de « collusion avec la CIA » — abomination que je ne pardonnerai jamais à ces Khmers rouges en herbe. Il y avait aussi Monika Hertl, dite « la Gringa », blonde aux longs cheveux, d'un professionnalisme révolutionnaire tout germanique, fière, droite et transparente, qui écrivait la nuit des poèmes d'amour dédiés à Jésus-Christ : assassinée le 12 mai 1973 par les compères de Klaus Barbie, qui réquisitionna aussitôt sa maison pour en faire une souricière, elle repose aujourd'hui au cimetière allemand de La Paz. Sa tombe jouxte celle de sa compatriote, Mme Barbie. Amère revanche du sang : la marxiste et la nazie, allongées côte à côte, deux Allemandes qu'aucun mur ne sépare plus. Feltrinelli, amateur attendrissant à force de jouer les durs, que je vis maladroitement apprendre à démonter des mitraillettes et monter des détonateurs, techniques qui n'étaient destinées qu'aux dictateurs latinos et que le malheureux s'imagina, pour son propre compte, devoir transposer en Italie. Excentrique toujours, décentré, mais ascète : l'ancien play-boy s'était physiquement prolétarisé — mains calleuses, parler lent, démarche lourde. Quand je le revis deux ans plus tard près des lacs italiens où il errait en clandestin halluciné, même ses proches ne le reconnaissaient pas dans la rue. Il a sauté avec une charge qu'il essayait de poser sur un pylône qui commandait l'alimentation de Milan en électricité — ce qui ne m'a pas vraiment étonné. Hanté par les souvenirs d'une Résistance Bella Ciao qu'il était trop jeune pour avoir faite, obsédé par le fascisme qu'il voyait venir partout et de noirs complots d'Etat qui ne sortaient pas tous de son imagination, la suite l'a montré, lancé dans une aventure absurde où sa psychologie propre comptait plus que la politique qui lui servait d'exutoire, je suis sûr qu'il aurait récusé d'emblée la folie terroriste dont il fut bien malgré lui l'initiateur. Les fantasmes de lustration planétaire, hérités de Fanon et du Che, n'étaient déjà plus les miens. Je restais en somme plus tiers-mondiste que Feltrinelli, dont les rêves d'apocalypse européenne m'épouvantaient, mais nous étions au moins d'accord sur un point, de morale : si l'humanité nouvelle devait faire sa toilette dans le sang, c'était le nôtre qu'il fallait verser, plutôt que celui des autres.

On comprendra le plaisir que je pus prendre à venir baguenauder quelques mois en Europe, en 1972, pour réunir une collection de tableaux dans le but de financer les mouvements d'opposition boliviens (et très accessoirement, car ce n'était pas l'aîné de nos soucis, les frais de voyage et d'hébergement de Barbie qu'on projetait d'enlever et de ramener au Chili). J'avais découvert Matta à Santiago, son pur génie, sa sagacité pour percer les êtres et les murs les plus opaques. Alain Jouffroy, à Paris, avec son brio et sa générosité, m'aida dans cette tâche plutôt divertissante. Par lui, je connus Gérard Fromanger, rigoureux créateur d'images et de forces neuves, qui m'ouvrit à la peinture contemporaine et me révéla que gauchisme et droiture pouvaient aller ensemble. Je suis resté leur ami, pour mon plus grand profit. Peintres ou poètes (les surréalistes ont le troisième œil et une mesure d'avance sur le commun des mortels), les artistes me semblent plus sûrs en amitié que les intellectuels, davantage enclins au calcul d'intérêt, donc aussi inconstants en la matière que le sont d'ordinaire les politiques.

C'est au cours de ces vacances à prétexte pictural que je rencontrai à Paris Jane, qui, bonne fille, tournait avec Montand et Godard *Tout va bien*. J'en fus amoureux, mais après coup, trop tard. Sur le moment j'estimais tout à fait normal, sinon un peu dérangeant, que cette jeune personne vienne s'asseoir plusieurs heures devant ma porte, en haut de l'escalier de la place Dauphine, pour attendre mon retour en déchiffrant *Tête d'or* et *De la contradiction* de Mao. C'est quand elle en a eu assez de m'attendre, de m'inviter dans les meilleurs restaurants et de me rouler des joints, reprenant ses claques, sa staritude et sa nationalité, que je me suis aperçu qu'il s'agissait de Jane Fonda, c'est-à-dire d'un de ces êtres lumineux, transparents, véridiques que seuls l'espace et le grand air américains peuvent enfanter. Je ne mentionne pas cette bonne fortune par snobisme ou vanité, mais parce qu'elle a contribué, d'étrange façon, à mon élargissement, en rendant moins névrotique ma relation avec Myriam qui devait bientôt devenir son amie, et moins exclusive ma dépendance sud-américaine. Je ressentis ce qu'elle m'enseigna du jeu des corps entre égaux comme une bouffée d'oxygène, une découverte à la Christophe Colomb qui me détourna quelque peu l'esprit des libérations nationales dont je me souciais par ailleurs. Le Nouveau Monde est une terre promise à tous les usages : les libéraux y rêvent leurs capitaines d'industrie au nord, les révolutionnaires leurs bons sauvages au sud. Une révoltée d'Amérique du Nord chamboulait ma carte du Tendre : il n'y avait pas que d'arrogants analphabètes aux Etats-Unis ? Et de justiciers émancipateurs qu'aux pays de Bolivar et de Juarez ? Affaire à suivre... Pas pour longtemps. Quand je voulus aller vérifier l'intuition chez Lincoln, le Département d'Etat m'interdit l'entrée du territoire nord-américain. J'eus beau crier : pas de visa. Cet ostracisme devait durer dix ans (sans émouvoir une seconde ceux qui n'avaient à la bouche que « la libre circulation des personnes et des idées »). Pour l'heure, « l'impérialisme », par le truchement de Jane, m'avait rendu une certaine liberté d'aller et venir dans ma tête. Etrange ambivalence : est-ce pour avoir été si longtemps, en amour, oppresseur-opprimé, que j'avais voulu « libérer les peuples » ?

Je suis retourné à Santiago-du-Chili à la mi-72, avec cent mille dollars en poche, fruit de la générosité des peintres que j'avais sollicités. Un collectionneur belge avait fait une bonne affaire : c'était bien peu pour acquérir un Max Ernst, un Matta, un Lam, un Miró, Calder, Soto, Vasarely, Le Parc, César, etc. Mais il fallait faire vite. Telle fut mon ultime contribution — financière et modeste — à la cause des peuples de l'altiplano, où un général germano-indien venait de rétablir l'ordre dans le sang, conformément aux habitudes.

Six mois après, en février 1973, je regagnai la France. Pour de bon. Quand je refis un saut au Chili et en Argentine ce fut en citoyen français : j'avais finalement rallié le moins hypocrite de mes doubles. Je laissais courir l'autre, à côté. On peut mettre impunément son sosie dans un avion, faire tous les gestes du reporter, du diplomate ou du missionnaire — cela m'est souvent arrivé depuis — sans se compromettre entre chair et cuir.

Dans ma patrie pourtant, j'avais du mal à faire mon trou. Trop de monde m'y attendait — et personne.

Côté cœur, une Myriam évanouie réincarnait la fugitive. Nous nous étions mariés légalement à ma demande, et parce que nécessité fait loi, après mon procès, en prison. Vu l'isolement et l'absence d'avocat sur place, il n'y avait pas d'autre façon de garder le contact avec l'extérieur et d'assurer à celle que j'aimais un droit de visite. Donc épousailles sur papier et bague au doigt (qu'elle ne porta jamais, par dignité). Avec un dévouement admirable, elle s'était usée à d'épuisants aller et retour, menant de front contacts confidentiels et négociations ouvertes. Elle avait bien droit, sauf de mon point de vue, à quelques vacances. Le dépit d'amour ne porte pas à prendre du champ. Trotski, pensais-je, m'avait pris ma femme, je serais donc stalinien, du moins pour faire pièce à ces provocateurs, manipulateurs, irresponsables, internationalistes abstraits et obtus, etc. C'était pour le moins ingrat : en Europe, ces internationalistes-là, à commencer par François Maspero et les siens, avaient animé tout du long la solidarité à mon égard. Et injuste : les avatars de l'extrême-gauche ont depuis prouvé que les anciens trotskistes ont la fibre militante plus solide et fidèle que les anciens maos.

135

Quelques années plus tard, pour mettre ma conscience en paix, je remis publiquement à Alain Krivine le montant d'un prix littéraire. (Acte assez dérisoire, qui me coûta fort peu : les exilées chiliennes étaient alors au mieux avec les trotskistes français.)

Côté cour, un fiasco. Jean Daniel (qui avait en quelque sorte lancé, sans me connaître, mon « affaire » avec l'article que lui avait inspiré la « brève » de ma mort) l'a fort bien décrit, jadis, dans certaines pages de ses souvenirs qu'il eut la gentillesse de ne pas publier : « Autour de moi, dans ces rumeurs implacables qui font et défont les réputations, on trouva que Régis ratait plus ou moins sa " rentrée ". C'est que Paris est une scène singulière pour le retour de l'enfant prodigue. C'est vrai que Régis ne sut pas accepter d'avoir été libéré par de Gaulle, d'être sur les traces de Malraux, et d'avoir le soutien de sa famille bourgeoise. Mais Sartre faisait-il bonne figure quand de Gaulle refusait de l'arrêter ? Et comment accepter le parrainage de Malraux, après l'itinéraire qui menait de l'aventure au gaullisme et de la Révolution à l'histoire de l'art ? En tout cas brisé par les geôliers de Camiri, surveillé par ses rivaux parisiens, attendu avec trop d'exigence par ses amis, étouffé sous les soins de sa famille, il lui fallut parcourir le chemin de l'oubli avant de réaccéder à l'existence. Comme si son expérience, loin de l'autoriser à s'affirmer, le conduisait à jouer un rôle et à passer un examen d'entrée dans la vie parisienne. Je comprenais son regard à certains moments mouillé, à d'autres figé, son rictus embarrassé, ce conflit si évidemment névrotique entre sa volonté de réaffirmation et la conscience qu'il avait d'inspirer on ne sait quelle méfiance, on ne sait pourquoi. Conflit qui provoquait en lui une timidité et même un certain bégaiement dont il ne sortait que par la dense souveraineté de l'écriture. Encore lui fallait-il même dans un genre où il avait fait ses preuves, au moins à l'université, être à la hauteur de ces attentes si incroyablement exigeantes et dont il était injustement et flatteusement l'objet. Ce fut longtemps dur d'être Régis Debray : je le compris à la première minute dès ses premiers pas dans mon bureau. Chaque fois qu'il disait Fidel en parlant de Castro, avec une familiarité bien naturelle, il s'empressait de vérifier dans le regard des autres si on ne le soupçonnait pas d'en remettre et de donner dans l'affectation. Et puis les modes passent, celle de Castro était passée, lui restait fidèle. A tort ou à raison, c'est une autre question. Mais en tout cas sa ligne affective, idéologique passait désormais par certains coins de La Havane où il était entré dans la vie. Régis est moins bien résigné que moi à n'être pas d'accord sur tout avec moi. Nous nous sommes très peu vus, mais je sentais, ce que Marie Susini devait me confirmer, qu'il avait besoin de mon amitié... »

Oui, j'avais, j'ai toujours des besoins de ce genre, avec lui et beaucoup d'autres. Les amitiés sont rares à Paris, rive gauche, où une cordialité de surface cache mal la vigilance fielleuse qu'impose aux concurrents la course quotidienne au prestige, au pouvoir : dans le milieu intellectuel les rapprochements sont calculés, les éloignements naturels. Je souffrais par surcroît d'un handicap saugrenu : je n'avais pas les idées de mes amis ni les amis de mes idées. N'ayant plus beaucoup d'idées, seulement quelques convictions, je me contente aujourd'hui de jouer le jeu des amis, sans trop fouiller leurs opinions. A l'époque, la contradiction me crucifiait. On me voulait idéologue : pour répondre à l'attente, je prenais les idées au tragique. Cette hystérie m'éloigna de la plupart, dont Jean Daniel, pour cause de « différends idéologiques ». Ne devais-je pas manquer peu après de lui témoigner ma solidarité dans les affaires Soljenitsyne et portugaises, auxquelles on pourrait sans doute ajouter Timor Oriental, l'Erythrée, le Sahara occidental, et le scrutin majoritaire panaché à deux tours, dont j'aurais mieux fait de m'avouer qu'au fond de moi je me foutais ?

Au mois de juin de cette année-là, j'eus le coup de foudre pour une maison de campagne, dans un village abandonné en Ile-de-France. Je l'achetai aussitôt avec un prêt bancaire et des avances d'éditeur — non pour y passer les week-ends mais pour ramener Myriam à moi, tous les jours de la semaine. Jouxtant un moulin de meunier désaffecté, au bord d'un ruisseau, avec un vieux lavoir branlant, des saules, un jardin clos, soigné et sauvage à la fois, parterres de roses, pommiers, cerisiers du Japon, chèvrefeuille sur les murs, on ne pouvait rêver plus « romantique ». J'aménageai dare-dare tout le confort moderne dans le rêve et invitai Myriam à visiter les lieux. Elle repartit, indifférente. Je restai seul dans cette grande maison vide, aux prises avec un jardin dont l'entretien dépassait mes compétences de citadin qui aime les noms des fleurs, les regarder aussi, mais échoue chaque fois à réconcilier les pétales et les mots. Althusser vint à mon secours : petit-fils d'un employé des Eaux et Forêts en Algérie, il sentait vivre arbres et plantes de l'intérieur comme un vieil enfant de la jungle. Il devint mon maître-jardinier, prenant les travaux sous sa coupe, achetant engrais, graines et instruments divers, et il venait le dimanche, avec Hélène, tailler, greffer, sarcler, ensemencer. On ne parlait jamais philosophie, et rarement politique.

Je voulais dédier à l'une ce grenier et ces celliers, ce jardin en conque, ce lavoir mangé de lierre, ces volets rouillés percés de cœur. Une autre faillit bientôt s'y consacrer.

Quelque temps plus tard, un matin d'octobre, le pavillon de Gran Avenida, dans une banlieue populaire de Santiago, où se planquaient Manuel et Silvia, en faux parents de vrais enfants exerçant le faux métier de représentants de commerce, fut encerclé par la police.

Manuel tué au terme d'un combat de plusieurs heures. Silvia blessée, inconsciente, arrêtée.

A l'extérieur, une vaste campagne de solidarité, animée

par Myriam et Simone, déboucha rapidement. La dictature avait à se faire pardonner le meurtre de Manuel. Elle céda. Silvia, libérée après quelques semaines, déchue de sa nationalité, arriva en Angleterre un dimanche. Elle était enceinte de sept mois. Son père enseignait l'architecture à Cambridge. Elle accoucha bientôt d'un mort-né. Le bébé n'avait pas résisté aux blessures par balles. J'allais de suite à Cambridge passer quelques jours auprès d'elle.

Au début de l'hiver, elle vint à Paris. En tant que représentante autorisée des martyrs chiliens et porte-parole du MIR, le Mouvement de la Gauche Révolutionnaire. Très demandée dans tous les meetings de solidarité qui se multipliaient alors en Europe.

Je l'accompagnai dans une tournée ou deux, ému mais trop intimidé par le souvenir de Manuel, ses cicatrices à elle, les regards militants, admiratifs, posés sur la vedette, pour risquer le moindre geste, un début d'aveu.

C'est au printemps qu'elle s'installa pour de bon en France, Paris étant devenu, bien plus que Londres, la plaque tournante de l'exil chilien. Myriam, qui l'avait assistée aussi dans son accouchement manqué, devint aussitôt son mentor et sa complice. Elle l'accueillit un moment chez elle — et la jugeant bientôt trop à l'étroit, lui proposa de s'installer dans la petite maison inhabitée qui se dressait dans un coin du jardin, à côté de la demeure principale que j'occupais à la campagne. Edgardo, le frère de Manuel alors de passage à Paris (il devait « disparaître » peu après en Argentine aux mains des militaires), nous donna deux mille dollars et sa bénédiction, de quoi aménager la maison de poupée.

Silvia tomba aussitôt amoureuse de l'endroit. C'est une

femme d'espaces, de lieux, d'atmosphères ; toutes ses amours commencent par des maisons et finissent avec elles ; elle prend l'homme dans la foulée, avec les pierres, les arbres et les rideaux, comme le papier d'emballage avec le cadeau — sous-traitance affective d'un attachement d'abord immobilier (à Pantin aussi, plus tard, ce fut d'abord la maison et le jardin, puis de fil en aiguille, le locataire. Il y en avait plusieurs, au début, ce qui coupait court aux soupçons. Elle jeta son dévolu sur l'un — l'autre, François, un jeune caméraman, habillait le jeune couple en trio innocent. Tout en continuant à me parler du « collectif », du « groupe de Pantin », sans faire le détail).

Sa phobie des araignées fut la cause de tout. Il y en avait beaucoup dans « la petite maison », et elles sortaient surtout la nuit. Nous avions un téléphone intérieur. Elle m'appelait au secours, je traversais le jardin, écrasais vaillamment le monstre, mais qui sait si d'autres n'allaient pas grimper sur son lit après mon départ ? Il valait mieux, pour son sommeil et le mien, qu'elle finisse la nuit dans la grande maison. Ces araignées bénies m'enhardissaient nuit après nuit.

Jusqu'à ce soir de juin où elle et moi cessâmes toute résistance.

Nous filâmes ensuite dans le Midi, pour un furtif voyage de noces. Si pressés qu'on en oublia de faire notre valise. C'est à Roussillon, où des amis nous hébergèrent quelques jours, qu'elle se bricola une garde-robe. Après quoi, Gaston Defferre nous accueillit avec Edmonde à Marseille. J'avais acquis non pour « monsieur X » mais pour l'ancien chef du réseau Brutus la confiance d'un neveu envers un vieil oncle,

141

toujours disponible dans les coups durs. Du premier jour que je m'étais adressé à lui, il n'avait cessé de répondre avec une intrépide solidarité à mes demandes de secours et de papiers pour les militants et exilés latino-américains, qu'il aidait comme des cadets de Résistance dans le malheur. Nous fîmes une joyeuse sortie en mer sur son yacht, *Palinodie*. Un homme de l'équipage nous prit en photo sur le pont, Silvia et moi, rayonnants, enlacés contre le bastingage, tels qu'en nous-mêmes enfin.

Retour à Paris, elle revit Myriam comme si de rien n'était, sans lui souffler mot des dernières turbulences. Elle comptait sur moi comme sur un ami, un camarade, enfin tu me connais assez. Comme d'autres les mystères, elle cultive la candeur. Ainsi la seiche lâcha-t-elle son nuage de volubilités tendres. Quand Myriam éventa la mèche, ce fut le drame : son amie l'avait trompée. Bafouée, elle se répandit aussitôt en propos aigres-doux : la « putain », « l'opportuniste », la « manipulatrice » lui volait « son mari » pour grimper sur les estrades. L'épouse resurgissait avec ses griffes, et bientôt son velours.

Jusqu'ici, rien que de banal : une saynète entre mille.

En juillet, double page de photos dans *Minute :* sous le chapeau *Les Damnés de la mer* on y voyait la veuve éplorée d'un martyr riant aux éclats dans les bras d'un supposé farouche militant à moustache, torse nu, en plein soleil. Le matelot photographe m'avait envoyé les photos à Paris, quelqu'un avait intercepté l'enveloppe dans ma boîte aux lettres et réexpédié anonymement le tout à cet hebdomadaire. De bonnes âmes firent circuler le document dans « les milieux intéressés ». Honte, scandale, rumeurs. La « solidarité chilienne » décida de mettre au ban la vampire pour infamie morale. La veuve joyeuse avait trahi, en même temps que sa meilleure amie, la mémoire de Manuel.

Je pris son parti — c'était le mien, le nôtre. Fallait-il priver les survivants du droit de vivre ? Avions-nous des comptes à rendre à quiconque ? Qu'ils aillent se faire foutre : je crus que nous pouvions, sans nous cacher, continuer de rire. Un homme et une femme qui font corps — sur ce bloc de granit, le monde entier coalisé se cassera toujours les dents.

Deux mois plus tard, je recevais de Suède une coupure de presse chilienne — qu'un ami, un vrai, me transmettait sans arrière-pensée. Un vilain canard populaire, *La Segunda*, publiait la reproduction d'une lettre de Silvia à la Direction du MIR au Chili. Elle y expliquait que sa « love affair » avec Debray, ce réformiste bien connu, n'était qu'une ruse de militante, un leurre, un simple moyen pour elle d'accéder aux milieux dirigeants de la gauche officielle en France dont l'appui pouvait s'avérer décisif pour la logistique de la Résistance. Elle présenterait ses excuses, si cela avait pu choquer : il faut ce qu'il faut.

Le courrier clandestin, auquel Silvia avait confié cette lettre, était « tombé ». La police en avait communiqué les extraits à la presse locale : « Voilà, chers révolutionnaires, les mœurs de vos camarades en exil. »

Silvia n'était alors qu'une femme parmi d'autres, non la lumière où baignaient toutes les autres, mais je tombai de mon haut, écrasé par l'évidence. C'était donc vrai — la manipulatrice, l'hypocrite, etc. Ils avaient raison, je m'étais « fait avoir ». La mort dans l'âme (dans l'arrière-corps j'entends — si implacable déjà notre obscure complicité) j'allai dare-dare chez elle, à Paris, lui signifier la fin de nos rapports (c'est bien la première et la dernière fois de ma vie que j'ai joué le sketch de la rupture).

Elle encaissa, livide, assise en tailleur sur un tapis de laine blanche, mais sans s'expliquer. Elle préféra s'accabler de tous les noms, ratifier ceux que j'utilisais, mais de logique, point. « Ce n'est pourtant pas si difficile », lui dis-je à voix basse pour la réconforter. Tel est son talent pour mettre les autres dans le cas de demander pardon des offenses qu'elle leur inflige. « Dans la même situation, j'aurais fort bien pu, moi-même, batailler sur deux fronts à la fois. J'en aurais seulement touché un mot au plus proche compagnon d'armes. Pourquoi ne l'as-tu pas fait ? » Pas de réponse. J'avais envie de l'embrasser : non, va, ce n'est pas ma faute.

Le lendemain, je ne voyais plus là qu'une faiblesse de mauvais aloi, un faux pas.

Durant l'été, recrue d'injures et de soupçons, elle s'envola pour La Havane, où se trouvait déjà Maria (la fille qu'elle avait eue jadis avec son premier mari, qui avait pris la succession de Manuel à la tête de l'organisation) avec l'idée d'y rester, sinon de repartir ensuite au Mexique ou en Argentine, où son mouvement avait ses bases arrière.

Elle était enceinte. De mes œuvres. Elle avorta dans un hôpital de La Havane. Je ne suis pas sûr qu'elle m'ait dit, avant son départ, qu'elle attendait un enfant. Je ne me souviens pas qu'elle m'ait parlé, ensuite, de cette épreuve. Je sais seulement qu'à cette époque Silvia voulut mourir. Qu'elle passa des jours à pleurer seule, dans sa chambre, que des psychiatres vinrent la voir. L'échec entre nous était total, le MIR la rejetait, elle croyait sa vie finie. Seule Beatriz Allende la poussa à « tenir » — elle qui devait bientôt « craquer ».

A la fin de septembre, un membre du secrétariat du Parti Socialiste m'informa que son parti l'envoyait à La Havane. Je lui donnai d'instinct une lettre pour Silvia : on efface tout et on recommence. Oublions le passé. Je t'aime, je t'attends.

Forte de cet appel, Silvia se démena auprès des siens, arracha l'autorisation de revenir à Paris, avec Maria, pour nous retrouver.

Si ce « nous » n'a pas même planté un arbre, j'en porte le premier la responsabilité.

C'était l'hiver. Elle s'installa avec sa petite fille et une amie brésilienne dans un appartement neuf et vide, rue Neuve-de-la-Chardonnière, métro Simplon, à côté de la Porte de Clignancourt. Avec quelques amis, nous courûmes chez Habitat lui acheter des meubles.

Un soir de février, grelottant au fond d'un café du boulevard d'Ornano, je pris mon courage à deux mains et lui avouai que Myriam enfin attendait un enfant ; que ce n'était pas une surprise, mais notre commune volonté depuis mon départ en Bolivie ; que nous tenions l'un et l'autre à rendre témoignage de notre longue histoire d'amour ; que la crainte de vieillir sans descendance m'avait trop longtemps rivé à la peur du néant, incertain d'une œuvre, doutant de me survivre ; que « l'accident » de la lettre m'avait certainement, à mon insu, rapproché d'elle, Myriam, sans m'éloigner de toi, Silvia, au diable simplette géométrie du cœur ; que nous avions, tous les deux, la vie devant nous, un amour à reprendre, des années à bâtir.

Elle me parut atteinte, mais non bouleversée. Quelques larmes et vite un sourire. Beaucoup plus tard, j'apprendrai, non d'elle mais d'une amie commune, qu'elle en fut désespérée : comme prise au piège. En fait, pensa-t-elle, je l'avais conjurée de revenir sur un simple caprice, et c'était faux : j'avais beau lui dorer la pilule, je ne l'attendais plus. Elle était revenue pour rien. « Mais non voyons, attends un peu... »

Envahissant mystère, terreur sacrée, la grossesse de Myriam me réjouissait tout en creusant l'écart. Je la voulais loger, rêver dans une pénombre duveteuse, un tabernacle à l'écart. Hélas, l'immaculée voyait au travers, et je n'étais pas souvent là, dans cette campagne où elle passa l'été un peu trop seule. Je m'échappais à Paris, restais dormir avec Silvia. Un matin, Myriam balbutia dans le téléphone des mots de rage et d'adieu. Je rentrai précipitamment : elle gisait par terre dans la salle de bains, très mal en point. Hallucination ou souvenir ? Peu importe, cette accusation muette me glaça. Qui me traite en coupable a gagné : je rends les armes aussitôt. Ce n'est pas une excuse.

Ainsi commença une longue partie de cache-cache entre la maison et les rues. Je volais vers la nomade sans me détacher de la sédentaire. J'ai idée que l'une savait tout et me comprenait, tandis que l'autre devinait à moitié et ne pardonnait rien.

J'avais publié peu avant un roman, *L'Indésirable,* histoire d'une liaison suicidaire entre un Français et une Vénézuélienne dans une métropole à feu et à sang qui ressemblait à

Caracas. Cette offrande livresque, retour à l'envoyeuse, eut pour dénouement une maternité tardive. Myriam devint mère deux fois : d'une petite fille, que j'attendais depuis des années, et d'un vieux gamin, auquel je ne m'attendais pas.

Du coup, la passion se dégrada en morale, la jalousie en respect, l'horreur de l'inceste succédait au frisson religieux. Silvia, effrayée, avait le champ libre : « Tu n'es pas fait pour avoir des marmots. Suppose que j'en veuille et t'en fasse un, je te perdrais à coup sûr. C'est gai. »

Coupant court, à mon corps défendant, aux liens du passé, « l'heureux événement » me rattachait à une famille toute neuve, la mienne. Gluance douceâtre mais rassurante. Je ne découvris pas aussitôt ce revers — d'où mes promesses de Gascon, à l'emporte-pièce. Le mouvement tournant opère feutré, il se découvre peu à peu avec les premières photos bêta ; la scarlatine, la varicelle, les oreillons ; les grands-parents en visite, de garde le week-end ; les fêtes obligées — anniversaires, arbres de Noël, départs en vacances. Anodins rituels qui ne m'engageaient guère, mais qui faisaient souffrir Silvia : je la laissais seule les soirs de Noël, sans même m'en rendre compte. Elle avait à Paris des amis, beaucoup, mais pas de famille : avantage pour la nuit du 31, handicap pour celle du 24. Stupidement, je ne doutais pas que Silvia pût endurer une heure de solitude ; ni de pouvoir moi-même résister à la croissante gravité d'une force inconnue, celle qui fait tourner un père autour de sa gamine et déconcerte un amoureux autant que les rondes d'une mère autour de son bambin.

Il n'y avait pas que les formes à sauver. Myriam me fit comprendre qu'elle pourrait toujours, le cas échéant, repartir avec la petite là d'où elle était venue, après tout, la

147

France n'était pas son pays. « Sophie's choice. » Je cédai. La crainte — fantasme ou alibi — de voir s'évanouir Céline comme une aiguille dans la botte de foin des llanos du côté de l'Orénoque m'empêcha, à plusieurs reprises, de franchir le Rubicon sur un « chiche! » qui eût tout simplifié. La dissuasion nucléaire (frappe invraisemblable mais non impossible) est une doctrine efficace, tout en creux. Je n'en connaissais pas alors les mécanismes, ni les moyens, fort conventionnels, de la contourner; ce sont les mêmes qui s'appliquent aux divisions blindées sur l'Elbe et aux petites choses de la vie. N'avais-je pas plutôt outré le dilemme pour éluder les vœux que murmurait Silvia?

La vie commune remise à plus tard, on décida de faire cause commune à jamais, et l'amour comme on pouvait. Je parais au plus pressé, le pire : la dérive, l'abandon de la plus esseulée. Courageuse, fiable et tenace — comme son ex-amie ne le serait jamais —, Myriam étudiait pour de bon et s'attelait à des recherches difficiles, mais elle avait à pâtir d'une famille fugitive ou disparue, d'une révolution qui chez elle avait tourné court, de diplômes manqués de justesse et par ma faute (ne l'avais-je pas enlevée à son université?). Le peu que je gagnais comme écrivain (en vain avais-je voulu revenir à l'enseignement mais on avait égaré jusqu'à mon dossier administratif au ministère de l'Education nationale) filait dans les poches vides de ma jeune mère et de notre fille. La matérielle était médiocre pour nous trois, leur moral assez bas, et le mien excellent.

Je m'arrête : ce serait à Silvia d'évoquer cette période. Le chagrin rend perspicace, et le bonheur un peu niais. Je fus à peu près heureux avec elle, donc aveugle; elle était plus lucide car plus malheureuse. Sans me le dire en face et en clair : je m'étais trop accoutumé à ses fuites en biais, à la souris du mensonge qui la grignotait de l'intérieur pour m'alarmer de ses souriants silences. Elle confiait sa peine à nos amis, qui ne m'en disaient rien. Délicatesse, pudeur virile, bienséance, rentrez sous terre. J'ai eu plusieurs fois rendez-vous avec moi-même, alors, par son truchement. Pourquoi ai-je décliné la grâce qu'elle m'a si longtemps offerte ? Faute d'affronter son irréalité. Je me regardais en elle, pour ne pas avoir à la regarder elle.

Je ne voyais qu'une fille de l'air qui enfourchait sa mobylette bleue, et nez au vent jupe en corolle voltigeait au milieu des embouteillages, se jouant des feux rouges, de l'heure, des soupirants et des lendemains. Je ne voyais qu'une vendeuse chez Agnès B., filant entre la rue du Jour et la rue d'Assas, toujours en retard et disponible, qui s'assumait toute seule, gaiement, et coupait même les amarres avec son organisation politique, le remords et les devoirs de révolution. Une femme libre et bien commode qui courait loin devant moi et répondait à la demande. Je ne voyais qu'une amoureuse un tantinet mythomane, qui manquait tous ses rendez-vous sauf ceux que je lui fixais, bien digne à ce titre de figurer dans mon « imaginaire de convocation », à la proue. Je ne me souvenais plus lui avoir dit, un soir qu'elle avait passé une robe longue pour dîner en tête à tête : « Au fond, tu es une femme d'intérieur, la femme d'un homme et d'un seul, tu aimes vivre à la maison,

tranquillement. » Ni de l'avoir subitement laissée le lendemain soir seule dans une gare déserte — « c'est quand le
prochain train pour Paris ? » — parce que Myriam venait
d'appeler à la campagne, qu'elle allait arriver dans une
demi-heure, chez elle. Je croyais au couple idéal : lui,
batifole, bourlingue et téléphone ; elle, attend. Je lui avais
donné mon mode d'emploi (un bon truc) : « Tu comprends,
les femmes m'intéressent — mais pas le sexe, c'est fastidieux ; seulement il faut y passer, sinon on ne devient pas
amis. » Nous nous comprenions à demi-mot, elle avait le
même : « Les hommes m'intéressent, l'ennui que veux-tu,
c'est qu'il faut faire l'amour... » (un truc aussi). De faux
affranchis : elle n'avait pas tellement d'amants, et je n'avais
pas beaucoup d'amies. La volante, je la devinais, peut-être
à tort, lestée d'identités collectives, amarrée à une famille,
lointaine mais contiguë, un père, un parti, un pays, une
Résistance. Elle avait chez les « pétroleuses » de grandes et
de petites amies. Bien que née dans une moyenne bourgeoisie, elle me semblait s'éclore dans la bohème, faite pour elle,
à l'aise et déplacée au four comme au moulin. Elle détestait
faire la cuisine, ne goûtait que les fruits de mer ouverts chez
l'écailler du coin, saveur de Pacifique chilien, froid et iodé,
se coupait un doigt en coupant une tomate, absorbée,
devant sa planche de pain, par les dix coups de fil qu'il lui
fallait passer au même moment pour décommander les trois
rendez-vous qu'elle avait donnés à la même heure à trois
endroits différents. Je croyais que les exilés ont une manière
à eux de se tenir chaud, en se déchirant, mais entre soi.
Bref, je la traitais en sœur-amante, en amazone quand il
aurait fallu choyer une enfant malade, donner un abri à
la femme trop libre qui se cachait pour pleurer. « Mais il

150

part tout de suite après, et elle amène alors le téléphone près de son lit. Elle a froid, tellement froid, l'âme et le sang glacés, quelle tristesse, vite un somnifère, les draps, l'oubli... »

« Ce serait à elle... » Mais l'évocation est là, devant mes yeux. La pièce pour moi seul accablante : son cahier de notes, où elle relate jour après jour, en un pur « fragnol », une crise cathartique de sang et placenta, mort de l'ancienne, la Cathita, la femme de Manuel qui ne pouvait vraiment m'aimer, et naissance d'une autre qui m'espère par-delà mes fuites et me met bas les masques.

« Je suis celle qui t'attend sous des châtaigniers. Oui, mon amour, on va se croiser indéfiniment, pour toujours. Rien n'est nouveau mais chaque amour est unique... J'ai connu trois Silvia jusqu'ici, si différentes : celle de la maison d'Antorcha-Carlos ; celle de la maison de Santa Fé — Manuel, celle, sans terrritoire, de toi... Maintenant oui, *ahora sí, la muerte dentro, integrante de mi vida...* »

C'était l'été, à Paris, la crise de renaissance. Typique d'un caractère, d'une « formation réactionnelle », d'une déformation que j'étais bien loin d'identifier, alors. Elle m'appela au secours à la campagne, à cinq heures du matin. Je finis par raccrocher, sans rien comprendre à son

151

délire. Elle parlait d'elle-même en mêlant la première et la troisième personne, comme dans le cahier d'alors :

« ... *Elle*, entière, née à l'instant, violente, te mitraille, te fouette avec son nouvel amour... et je suis sûr maintenant que ma force créatrice est assez violente, assez douce pour faire de toi, à tes côtés, ensemble, autre chose de la même chose, un autre homme du même homme... Fini le pessimiste actif — mais jusqu'à un certain point seulement, jusqu'à l'explosion de la bombe sur l'objectif... jusqu'au énième article du énième projet de revue... Fini le dynamisme brûlant suivi d'agonie lente, sans vraiment allumer la mèche... plus d'aller-retour, de pendule toujours à contretemps... je hais le conseiller de Cour, synthétiseur de la musique des autres... Tu dois assassiner celui-là que tu traînes après toi car si tu ne le tues pas maintenant, tu devras toujours lui donner à manger... »

Elle voulait en terminer avec le velléitaire, l'arriviste, le régressif. Elle avait ses ondes elle aussi... « Comme tu n'as pas eu le courage de le tuer, comme tu ne l'auras pas non plus demain, tu connaîtras la mort lente, un sale goût dans la bouche à traîner... tu vas te torturer indéfiniment... Pourquoi ne prends-tu pas en mains l'arme de la mémoire, pour tirer avec, une fois pour toutes... » Quelques années d'avance, l'extralucide... Etrange comme les malades entre eux dénichent le bon diagnostic. Un pool de névrosés ferait pour eux-mêmes une excellente maison de santé... Elle était ma pire maladie et mon meilleur médecin, poison et remède en un seul être joints...

Occupé à je ne sais plus quoi, le noyé pensif haussa les épaules et continua sa dérive en surface, sans rien voir ni entendre de ce que lui chantonnait sa Mélusine de loin, seule dans son studio, la nuit. Des chuchotis, ces bribes prémonitoires retrouvées en contrebas du temps (parce qu'elle lui a apporté son cahier de jadis pour lui rafraîchir la mémoire) :

« C'est cela le bonheur : une vie par seconde. Je vois, elle se voit avec lui dans la lutte politique, dans l'écriture, au lit, dans la rue, sur la terre humide, les armes au poing ou sans. Elle lui donne la main pour l'aider à se relever plus vite. A sortir de l'ornière. Elle lui dit que le chemin de " conseiller " ne débouche nulle part, qu'il doit tuer en lui les répliques et les gestes du passé, que le vrai est celui que j'aime et qui m'aime, qu'un accouchement partagé peut se vivre sans trop de douleur et déchirures... Mon accouchement d'aujourd'hui m'a épuisée : terrible ce qu'il faut se dépenser pour alimenter une nouvelle-née, moi. Je suis épuisée parce que je t'écris depuis cinq heures d'affilée — à toi qui es submergé, envahi par la Silvia d'hier. Je suis devenue somnambule, je sais. Je n'attends plus ton appel. La seule communication que je n'attendais pas est la dernière mais peu importe : j'ai réussi à te mettre au monde, moi la nouvelle ; j'ai trouvé les mots, la voix, la force pour déjouer tes pièges et renverser tes murs ; je me suis ouvert un chemin à travers ta jungle pour t'emmener avec moi. Je suis fière de mon pouvoir, de mon vécu, de ma lucidité, mais humble aussi parce que — là est le danger demain — même avec toute la force, le bonheur et la passion déposés en elle, la possibilité de la fin de notre amour existe. Et c'est, je sais, la fin qui a le plus de chances de l'emporter. Quel gâchis : toi et elle se quittent pour toujours (sans espoir, puisque tout espoir est un sédatif, un tranquillisant) au moment même où elle t'aime avec la passion qui la fait unique, personne, femme, unique. Alors, je n'attends plus, et si l'attente réapparaît, je dois la combattre tout de suite. Le danger est énorme, parce que l'espoir coule et pénètre par les pores et les portes que j'ai laissées entrouvertes en moi, que j'ai oublié de fermer, tout simplement. Le combat est terrifiant, à tel point dur que c'est maintenant où je sais plus proche, plus désiré, plus à moi le suicide. Parce que tu as compris, tu as vécu, mais tu ne réponds pas. Tu restes sans bouger, les yeux ouverts, toujours plus, écarquillés, et pas un muscle de ton visage, de ton corps ne réagira. Tu regarderas en simple observateur une créature qui naît et meurt. Je ne peux pas permettre que ton incapacité à réagir devant mon accouchement provoque la mort d'un petit être, tu comprends ? A présent, je ne sais, merde alors, je ne sais vraiment pas comment ni quoi faire. Je sais seulement que je dois le faire. Quand j'ai su que Manuel était mon homme et que j'étais sa femme, j'ai su que j'étais invincible et que rien ne pourrait m'empêcher. Je l'ai su avant même qu'il se sache amoureux. *Maintenant,* je sais que je suis ta femme et que tu es mon homme : qu'est-ce qui pourrait nous faire obstacle ? »

154

Comment ça se fait un couple un homme un « parcours » comme on dit dans les bios les nécros j'entends comment ça se défait pour se refaire s'enterre pour renaître comment ça s'invente chaque année à la sauvette de petites obsèques Borniol troisième classe miteuses fuyantes au coin d'une phrase à la porte d'un bureau aux lèvres d'une vulve une autre puis une autre tu es la première c'est toi que j'aime tout homme passé quarante ans est un charnier honteux une secrète hécatombe les plus malins font pousser une violette marguerite par-dessus une œuvre un nom une légende de quoi faire bonne figure se faufiler dans un dictionnaire un panorama ce sont les débrouillards les politiques les légionnaires des arts et lettres j'aurais voulu un jour revoir mes ombres en enfilade tous les must que j'ai dû faire tomber d'un croche-pied dans le fossé pour sauver les apparences ma peau ma petite gueule de rescapé d'homme arrivé à bonnes fortunes quelle réussite n'est-ce pas du mitard aux lambris en voilà un qui n'a même pas eu à retourner sa veste elle était doublée vison vous croyez vraiment cela vous n'avez pas décompté les pourrissants sosies qu'il porte en lui les avortés les laissés-pour-compte vous ne vous êtes pas vraiment mis à l'école des cadavres l'école des femmes si vous préférez chacun ses classes ; je ne vous parlerai pas du lauréat de quinze ans qui d'avance préparait son front faussement modeste et rougissant pour la galerie aux lauriers de bronze du Grand Ecrivain Français Phare et Conscience de l'Epoque ; du normalien de vingt ans qui vivrait incessamment sous peu une folle aventure avec Marie Laforêt dont il collectionnait toutes les photos dans *Match* et *Cinémonde* avant de se tuer aux aurores

155

avec elle en Aston Martin à 200 km/h sur l'autoroute de l'Ouest soit quatre pages couleur dans *Point de vue-Images du Monde* ; du commissaire politique de 25 ans délégué par la Tricontinentale auprès de la Ire armée de marche des territoires libérés de la Cordillère des Andes resucée du Komintern cette fois la bonne l'Internationale numéro cinq revanche de Shanghai Madrid et Berlin ; du gentleman-farmer de 30 ans ruminant ironique dans son manoir normand au milieu de ses roses et de ses chevaux son affectueuse-et-jeune-épouse au bras fondateur d'une belle famille nombreuse front dégarni moustache pensive conviant chaque week-end dans sa thébaïde une pléiade du meilleur choix (Michel Serres, Georges Pérec, Marcel Bénabou, Félix Guattari, Gilles Deleuze, etc.) Royaumont des créateurs le nouveau Pontigny ; le réalisateur de 35 ans d'un premier film qui aurait le succès d'*Un homme et une femme* et la tenue de *La Splendeur des Amberson* et qui après avoir pulvérisé tous les records de recette abandonnerait soudain les sunlights pour un atoll des Gambiers d'où il enverrait dix ans plus tard par la poste à Claude Gallimard quelque chose comme le manuscrit d'*Au-dessous du Volcan,* et après rien disparu évanoui ; le plus jeune ministre des Relations extérieures de la Ve République l'émule de Chateaubriand et de Tocqueville qui à peine âgé de 45 ans renonce à la carrière à toute vie publique pour aller vivre avec Silvia qui dit ne pas supporter les dîners officiels dans un studio romain Piazza di Spagna ; ces drolatiques ambitieux cette théorie de moribonds adolescents rose vert rouge bleu-blanc-rouge ces promesses un peu grotesques se sont au fur et à mesure mine de rien fait hara-kiri chacun de nous porte en soi son lot de défunts homonymes qui bougent encore d'ex-futurs héros qui ne sombrent jamais corps et biens qui refont surface de nuit entre deux rêves deux cils deux taches sur le mur ; mais ce qui m'importe à moi artisan-pourrisseur rafistoleur des songes demi-solde des légendes c'est moins la comptabilité de ce qui aurait dû être et ne sera plus jamais combien de mes doubles ai-je dû tuer en mon faible intérieur que de savoir un jour comment ces morts gigognes se sont empilés ou effacés superposés ou emboîtés comment ils somnolent bourdonnent s'injurient à voix basse comment chacun transige avec le précédent en lui prenant sa place comment les anciens donnent des gages au petit nouveau bref comment ça marche la collaboration après l'été 40 ; comment Dupont se bricole en douce pour pouvoir pérorer dans Paris occupé sa mini-liste Otto à usage personnel avec avertissement du genre : « Désireux de contribuer à la création d'une atmosphère plus saine, R. D., maître conseiller à l'Elysée des requêtes, a décidé de retirer de ses devantures les ouvrages signés du même nom qui par leur esprit tendancieux et sectaire ont systématiquement empoisonné l'opinion qu'il aimerait aujourd'hui qu'on se fasse de lui. Sont visées en particulier les publications de l'agent castro-communiste et du maurrassien attardé qui, trahissant l'hospitalité de cet esprit libre et libéral, épris de la Silicon Valley, de l'Etat minimum, rock et gentillesse, ont sans scrupule poussé à un conflit d'images et de valeurs qui nuit lamentablement à sa bonne réputation auprès du public postmoderne et notamment de la génération morale, etc. » ; dans quelle fosse commune et singulière s'entassent mes frères malchanceux en exil. Inconscient ou contumace ; les gêneurs les évincés les réfractaires où vont-ils se faire oublier et sous quel déguisement faux nez faux papiers et vrai remords... ? Les amis disent : il a mûri ; les Hindous : il transmigre ; les familles : il s'assagit ; les critiques : il se renouvelle...

Et moi, je murmure, non comme un Sieyès après la Révolution mais comme un régicide après la Restauration : « J'ai vécu. » Lisez : « Je me suis avili. »

Je voulais lui offrir un roman, en guise de consolation, sait-on jamais. Ce fut elle qui m'en fit don. Je la vampirisai par mes questions et recrachai de l'encre avec son sang. Sans chipoter, elle me livra le plus intime de son histoire avec Manuel, que je mélangeai (pour brouiller les pistes et apaiser mes scrupules) avec la mienne et celle de Monika à Hambourg. Longue douleur pour elle, écriture rapide pour moi. J'avais dédié *L'Indésirable* à Myriam, ostensiblement. Je me contentai dans *La Neige brûle* d'une épigraphe évasive mais rassurante : « S'il meurt un soir, le matin voit sa renaissance », tirée de la *Chanson du mal-aimé* d'Apollinaire. J'avais tort : l'amour n'est pas un Phénix.

Elle traînait encore sa peine de survivante, que j'avais éprouvée jadis à ma façon : « Si je n'avais pas été enceinte, Manuel aurait pu se sauver, rompre l'encerclement policier comme un autre camarade l'a fait. Il est resté dans la souricière jusqu'au bout seulement pour me défendre. » Remords sans objet : Manuel serait mort de toute façon, le filet s'était déjà trop resserré autour de lui. Loin de l'aider à effacer de sa mémoire cette faute inexistante, mon enquête, mes curiosités l'incrustaient plus profond. Elle devait bientôt raconter cet épisode, en français et à Paris, dans un livre pantelant et doux. Ainsi en a-t-elle fini avec ce remords, ces hallucinations, sa nuit à elle. Comme me disait Garcia Marquez un jour, à la Jamaïque je crois : « Rassure-toi, survivant ! Je préfère encore les morts bons vivants aux vivants moribonds. »

J'obtins le Prix Femina. Le soir, je persuadai Myriam de venir au cocktail rituel chez l'éditeur pendant que Silvia se morfondait seule dans une petite pièce glacée près de la rue Montorgueil. « Un tombeau », me souffla-t-elle au téléphone. Je me sauvai une heure pour lui apporter douze roses, et repartis. Avec l'argent que me procura la vente de ce livre, j'achetai un appartement à Paris pour ma fille et sa mère. Mais celle dont j'avais un peu volé la vie ne reçut presque rien en retour.

Autre échappatoire : la militance. Comme d'autres « somatisent », je politise. Me tenant à l'écart des luttes d'appareil au sein des partis, je briguais une place au soleil dans les luttes d'influence que se livrent les intellectuels entre eux sous le nom de « débats d'idées ». De là le projet de *Ça ira,* journal mensuel auquel Gilles Perrault et moi-même (j'avais été le débaucher à la Martinique où il filait des jours heureux et plus productifs) travaillâmes avec acharnement pendant un an, et ajouterais-je, un bel aveuglement : le vent tournait déjà parmi la gent de plume, qui à petits pas et grands déjeuners, le goulag aidant, ralliait la droite libérale. Le journal ne dépassa pas son numéro zéro, l'équipe se débanda. Alain Jouffroy, fidèle au cœur et assez dandy pour s'afficher à contre-courant et Gilles Perrault restèrent jusqu'au dernier jour sur cette galère avariée où ils n'avaient rien à gagner et tout à perdre, temps, argent et réputation. Avec ce naufrage, je perdis une confrérie de plus et gagnai un frère que je ne me connaissais pas un an plus tôt. Gilles n'est pas un guillocheur de mots comme les autres : il élève l'enquête à la puissance de la fiction et transforme en roman un banal document. Je lui envie cette façon de fermer la boucle du vrai et du faux. L'ami par excellence est celui qui ne pose pas de questions quand on lui demande de venir en pleine nuit enterrer un cadavre au bout du jardin. (Nous n'avons pas encore eu, lui et moi, à expédier cette petite formalité.)

Il en fallait plus pour venir à bout de ma pétulance. Petit-maître derechef en appétit d'influence, j'ai pompé l'air à l'envi ; monté des coups ; comme mes rivaux et collègues, aboyants parasites de l'air du temps, procureurs du bocal, faiseurs de vagues, courts en bouche et forts en gueule. Seul sous un ciel vide, dos au mur et les mains nues, solidaire et solitaire, optimiste de la volonté et pessimiste de l'intelligence. Plus c'est cliché, mieux ça résonne. Extase des rédactions, éternel zinzin passe-partout. Si j'avais su, s'ils savaient les pauvres, la radicale, totale inutilité d'une « intervention » ; au moins me suis-je fait, se font-ils, se feront-ils plaisir, nos imprécateurs, nos Ezéchiel Job Cassandre Antigone Prométhée, chacun son rôle, bienheureux passe-temps. Les futurs oubliés oublient en écoutant les échos de leur voix la mort qui les course. Tant mieux. Chacun sa course et sa montre.

Le suicide de Poulantzas vent debout me ramena au réel, aux vrais secrets des hommes. Nikos était tout le contraire de ses écrits où je ne voyais qu'académisme et galimatias. Baiseur et disponible, toujours sur un coup fumant, il adorait glander, son chapelet d'ambre à la main, aux terrasses de Montparnasse, courir les fêtes et les bouffes. Dans ce milieu calculateur, à double fond, sa spontanéité me faisait un havre de chaleur. En fait, ce Grec exubérant était pudique. Sous des dehors de joyeux drille, il couvait un rêve naïf et pathétique comme une nostalgie de résistant : réconcilier la vérité et l'influence. Pour avoir poursuivi la même chimère, je devine à présent sa douleur. Comme il ne pouvait se résigner au fait que la pensée ne sert à rien, que la vérité est socialement antipathique et pue-de-la-gueule, que le faux est fait pour régner sur la Cité, il s'indignait chaque matin de voir la camelote s'étaler dans les gazettes et prenait ses copains à témoin, avec force téléphonades, de ce pseudo-scandale. Croyant à la fois dans la puissance irradiante du Vrai et au devoir d'évangéliser les infidèles, il jouait des coudes pour rentrer dans la mêlée, répondre à la canaille, débattre avec le dernier histrion venu : le démon politique lui rongeait les sangs, il ne supportait pas la solitude du penseur de fond. Le vieux communiste, l'organisateur de réseaux, de cercles, de sociétés secrètes piaffait sous le philosophe. La fibre artiste lui manquait : pas de repli possible sur un projet d'œuvre, l'illusion des solitaires. Il hallucina son échec, ou sa méprise, sous forme d'un délire de persécution. Puisqu'on ne le suivait pas, c'est lui qui était suivi : partout des ennemis le pistaient, l'empêchaient de se faire entendre, s'ingéniaient à ruiner son crédit, sa carrière. Cette paranoïa l'amena à se lancer dans le vide du haut d'une tour, place d'Italie. Un traumatisme d'enfance, un accident cérébral ? Sans écarter l'aléatoire et le singulier de son « geste », je ne pus m'empêcher d'y voir la rançon d'une exigence morale incompatible avec le cours des choses. Un homme d'influence soucieux de rigueur, lorsqu'il ne souffle pas dans le sens du vent et des classes dominantes, n'a le choix qu'entre reconnaître son impuissance ou accepter de se trahir. Nikos ne pouvait s'accoutumer à l'impuissance et flaira peut-être un risque de trahison au bout du chemin (qui fut depuis le nôtre). Déraciné de sa Grèce, ce coin de tiers monde fiché au flanc de l'Europe, il ne se résignait pas à voir l'intellectuel, figure d'aube dans le Sud, comme précurseur, organisateur, alimenté en énergie par des colères collectives, devenir ce qu'il est aujourd'hui, crépus-culaire, dans l'Occident gavé : camelot, ou ermite. Il refusa de descendre sans pouvoir monter : pas d'issue. Peut-être fut-il à la fin *trop* lucide, c'est-à-dire fou, comme on appelle ceux à qui la réalité se dévoile un beau matin et qui savent faire leurs comptes mieux que nous.

Je ne faisais pas les miens : je croyais avoir une œuvre à faire. J'écrivais beaucoup et à côté. Ces années parisiennes, de 1973 à 1981, ma période d'homme de lettres, me plongeaient chaque automne en saison littéraire. Peu juteuses récoltes. Je m'appliquais à écrire de la tête comme on parle du nez. Un culte soigné des profils perdus, le sens des convenances et la terreur de l'impudique ; l'idée reçue que le moâ cher aux femmelettes, oisifs et autres littérateurs, est gnangnan et pleurard, indigne de militants virils ; le défaut d'une de ces anomalies sexuelles qui prédispose si bien aux aveux (handicap dont je n'ai pas à me féliciter) : banalement hétéro, normalement dragueur, sans souvenir de fessées troublantes ni d'excès masturbatoire dans l'adolescence, j'avais peu de secours à attendre de ce côté-là ; le sentiment qui ne m'a pas quitté que l'enfance, sortilège des sots, source ensablée, ne méritait pas dans mon cas une larme, la moindre complaisance ; une certaine prétention enfin à l'universel qui répugne aux détails physiques et d'emploi du temps, tout cela ensemble me prédestinait à la langue de bois. A le prendre de haut. Dans l'exhibitionnisme ambiant, le ton collet monté me paraissait le plus distingué, j'entends le plus sûr moyen de me faire remarquer. J'étais de gauche, et à ce titre interdit d'émotions en public (je disais : vapeurs, borborygmes de l'âme, glouglous du cœur). Ajoutez à cela que je ne suis pas un peintre à croquis, un écrivain à petits carnets. Je feuillette mes anciens agendas : ils me rappellent les courses à faire (Kleenex, dentifrice, encre), les « gens » à voir, rien sur les demoiselles et le fond de l'air. Introverti sans journal intime, apprenti mémorialiste amnésique et sans archives, j'ai laissé filer l'essentiel. D'où à présent la tentation de noircir le tableau pour se blanchir à moindre frais ; de plaider coupable pour mieux décrocher l'acquittement. Me manquait le sentiment que ce à quoi j'assistais valût la peine d'être noté. Si c'était important, pensais-je, je n'en

163

serais pas le témoin. Inutile de griffonner. Les choses sérieuses, c'était hier : guerre d'Espagne, Résistance, guerre froide. Je désertais les âmes pour me consacrer à l'époque, quand elle me semblait infiniment moins digne d'être vécue que toutes les précédentes (sans exception et avec quelques préférences : début du XIXᵉ et entre-deux-guerres).

Voilà comment on dort son temps debout en passant à côté ; échouant à faire œuvre d'intimiste comme de publiciste ; se dérobant au dur labeur de l'élucidation au nom d'une morale de l'engagement, comme au suivi des engagements au non du *vanitas vanitatum*. Ce ratage est banal chez les intellectuels qui s'en défaussent d'ordinaire sur les calamités du moment, illusion communiste ou fasciste, décadence, rêveuse bourgeoisie ou ogre prolétaire. De mes tout petits malheurs, je n'accuse personne et n'ai pas d'*isme* à vitupérer. J'étais assez grand pour vivre comme un grand.

Est-ce le souci clérical du vrai qui m'avait poussé à chanter faux, à mon insu ? A courir la Raison, à côté de mes pompes ? En bonne chronologie, c'est vraisemblable. J'ai senti avant de penser mais j'ai été à l'école avant de faire l'amour et n'ai jamais, depuis, pensé à ce que je sentais. On m'avait si bien appris à tirer mes idées au clair que j'avais laissé les émotions dans le noir. Tout comme certains explorateurs vont oublier au Kamchatka l'espace du dedans, je crois que c'est la vocation de la fuite qui m'a donné celle de la vérité objective. Timidité ou fausse modestie, je marchais dès mes premières culottes au canon de la raison raisonnante, comme un scribe à sang pauvre voué par son infirmité aux discours de la méthode, un preux chevalier du concept cachant sous sa cuirasse une chambre d'amour murée de syllogismes mais qui aurait fini par l'oublier, tel un pharaon des sentiments le plan intérieur de sa pyramide. J'ai joui des attirails scolastiques de la démonstration, pris une amputation pour une ascèse et la parade intellectuelle pour un sacerdoce. Ivresse des plans gigognes en trois parties, des intitulés prétentieusement académiques, comme *La Critique des armes* (en deux volumes et demi), un *Traité de médiologie* en trois tomes, opus magnum laissé en plan, *Le Scribe* ou la *Critique de la raison politique* (dont le titre-épouvantail n'était pas pour attirer le chaland). Snobisme de l'ingrat ou goût de la mystification ? Doctrinaire dilettante, je me déguisais en savant sans me donner les moyens et le temps d'un savoir authentique — ce qui rebute les journalistes sans duper le Collège de France. J'entendais me donner aux idées et me prêter aux êtres : c'était l'inverse, à mon insu.

Mon subterfuge avait cru se rassurer chemin faisant d'un porte-à-faux propre aux intellectuels de gauche depuis un siècle (du moins jusqu'en 68). L'immolation du littéraire au doctrinal, de la saveur à la rigueur, reflète, augmente celle de l'individu au collectif dans la pensée de cette gauche traditionnelle. Le délire intellectualiste des années soixante à Paris, qu'il se soit réclamé de Marx, Freud ou Saussure m'avait encore serré la vis. Mais relisant l'autre jour le volume des Mémoires d'Abellio intitulé *Les Militants (1927-1939)*, où l'auteur réserve une demi-page sur trois cents de débats d'idées à une fugace aventure féminine, je me convaincs que nos propres années rouges n'ont pas eu l'exclusivité du bluff. L'alliage de l'immaturité affective et de la virtuosité cérébrale — ce petit vice de fabrication a faussé alors plus d'un destin. Les plus fêlés, comme de juste, firent du défaut vertu : le retour de bâton les assomma en premier. Il en est résulté chez les rescapés des années soixante force dépressions et cures analytiques, beaucoup de palmes académiques, quelques suicides, dont un au carré déguisé en meurtre, celui de mon « père spirituel ».

« Pas facile » — soufflai-je un jour d'automne à Althusser, en taillant mes haies de buis, pendant qu'il binait un dessous de roses trémières. « Je ne peux pas vivre avec Myriam ni sans elle. Que faire, camarade ? — Si je savais, mon pauvre, je n'en serais pas là... », soupira-t-il en glissant un regard de chien battu vers Hélène, sa compagne, allongée sur un transat dans mon jardin à Vert. Je prenais alors pour une découverte la définition banale du couple. Il allait en payer bientôt le prix, rubis sur l'ongle, après avoir beaucoup rusé. Etrange appariement : ce beau colosse au front démesuré vivait sous la tutelle d'une femme aux traits chinois, plus âgée, haute comme trois pommes, maigrichonne et ridée. Séducteur dominé, Hercule était fragile, le Tanagra, décati mais robuste : assez pour le maintenir debout, d'une dépression à l'autre, bon an mal an. En apparence, rien n'assortissait ces inséparables qui ne se supportaient pas et partageaient le même psychanalyste : lui, cardinal libertin, aristocrate communiste, aimant jouer du violon, la peinture (il s'entourait chez lui de Klimt, de Soutine, de Cremonini), la bonne chère et les vieux bordeaux ; elle, militante un peu revêche, la voix blessée, sans humour, imperméable et béret noir, très « années quarante ». Lui, bon vivant, avait choisi l'abstraction, elle, aride, les faits et le terrain.

Il nous l'avait longtemps cachée, sa femme, à l'Ecole, dans les années soixante, lorsqu'il nous invitait à prendre un pot le soir dans son appartement du rez-de-chaussée. Des bruits de porte, une toux gênée, une ombre passait furtivement au fond d'un couloir. Il me fallut un an ou deux pour mettre un nom sur la mystérieuse, au regard aigu, toujours discrète et qui devint bientôt mon amie : cette célibataire sans enfants avait de la tendresse sous l'écorce, souffrant en silence des bruits malveillants qui faisaient d'elle le dragon et la marâtre de notre philosophe en chef, quand elle en était à la fois la garde-malade, le souffre-douleur et la grande sœur. Loin de le « chambrer », elle veillait à lui présenter les jeunes femmes nécessaires à son entrain, à susciter silhouettes, rencontres et escapades. Au lendemain de la guerre, Hélène avait initié Althusser, retour de captivité, à la vie politique et sans doute aussi à l'amour physique. Ancienne résistante, dissidente un peu têtue, elle avait été peu après accusée par les staliniens du PC de crimes imaginaires et rétrospectifs (rien de moins que d'agent provocateur à la solde de la Gestapo, à Lyon en 1944), chassée du Parti après un procès ignominieux. La cellule de la rue d'Ulm avait sommé Althusser de la quitter — en vain. Le Roy Ladurie et quelques autres libéraux, alors communistes ultras, cessèrent de serrer la main au renégat par alliance. Ces épreuves soudent. Le couple avait durci sans craquer, pétri d'amour et de haine, protégeant ses orages.

Le temps écoulé depuis mon départ, en 1965, avait

éparpillé mes anciens camarades d'Ecole, tout en aggravant le mal de Louis, fantôme à éclipses. On avait pris l'habitude de ne le voir qu'un mois sur deux, sans trop s'inquiéter. Cette névrose maniaco-dépressive, qui durait depuis vingt ans, faisait partie de notre folklore. Louis A. passait la moitié de son temps enfermé dans d'opaques cliniques, au fond de lointaines banlieues — ses périodes de dépression, où il n'arrivait même pas à lire le journal. Ses remontées maniaques le rendaient à la liberté, ludion meurtri du contretemps (il avait passé Mai 68 à l'ombre), juste le temps de refaire le monde en deux coups de cuillère à pot : il conspirait sous le manteau, au Vatican, de mèche avec Jean XXIII ou Paul VI (fidèle en cela à sa formation catholique), s'entremettait entre Mao et Brejnev, volait dans la rade de Brest un sous-marin atomique, convoquait rue d'Ulm le ban et l'arrière-ban aux assises mondiales de la Vérité scientifique (président de séance : Spinoza, premier intervenant : Hegel, etc.). Puis sombrait dans le cirage, hébété d'angoisse.

Les quelques visites que je lui rendis à mon retour dans sa « maison de santé », alternant avec celles qu'il me faisait le week-end à Vert en compagnie d'Hélène, resserrèrent des liens que mon séjour rue d'Ulm, dix ans plus tôt, n'avait pas réussi à tisser. J'aimais bien Althusser parce qu'il n'était pas althussérien, pressentant en lui des incohérences qui me semblaient plus dignes d'intérêt que les angles droits de ses textes théoriques (eux-mêmes fort secs au regard de ses cours d'agrégation : je ne me suis jamais senti aussi intelligent qu'en l'écoutant divaguer sur la forêt primitive chez Rousseau). Ce grand universitaire méprisait l'Université, se rêvant plutôt chef cuisinier ou garde forestier; cet obsédé d'histoire révérait la nature; ce Don Juan malgré lui, paniqué par les femmes, passait son temps à fuir les innombrables amoureuses qu'il levait par jeu, et pouvait se montrer aussi pingre que somptueux, attentionné que mufle. Ses aridités byzantines, à l'écrit, m'ennuyaient presque autant que ses disciples. Notre cercle de normaliens m'avait laissé le souvenir d'un sérail misogyne, où l'enfermement masculin fleurait un peu l'homosexualité, tout bruissant de jalousies, scènes de rupture et crises de nerfs. Tapi dans une douleur cruelle aux autres, du fond d'un bureau crasseux dont les fenêtres restaient éclairées très avant dans la nuit — lumière jaune qui rassurait les retardataires, — un sultan du concept aux firmans imprévisibles (et pour cause) écrasait sous la tyrannie de la rigueur une cohorte d'élèves prêts à tout endurer rien que pour en être. Il mettait la barre un peu haut : je ne pouvais m'incorporer pour de bon. Il y avait les penseurs et les autres — disons les journalistes, engeance-repoussoir dont le ridicule emblème s'appelait Raymond Aron. Sartre? Un bâtard en sursis. On pouvait à la limite lui pardonner ses romans et ses pièces, restait cette littérature subjective et frivole qu'il osait appeler philosophie.

L'intellectuel le plus médicalisé de France — quadrillé depuis 1946 par les psychiatres, criblé de cures, analyses, narcoses et molécules chimiques, avait élevé des murs entre lui-même et les autres, son corps et sa pensée, son esprit et l'Esprit. Ce cloisonnement s'est appelé la Science. Sadisme de l'intelligence, masochisme de la libido. Faut-il se brimer à ce point pour devenir un esprit supérieur?

Les concubines n'ont pas le droit de visite dans les maisons de santé, pas plus que dans certaines prisons. En

1976, Louis épousa Hélène — secrètement. Il ne m'en souffla mot.

Je la surpris un jour dans ma cuisine posant sur Céline, qui avait alors deux ou trois ans, un regard adulateur, pudique et fasciné. Je la vis partagée entre une folle envie de la prendre dans ses bras et la peur de se voir repoussée comme une vieille sorcière. Elle n'osa faire le geste. Toute une vie dans cette hésitation : un élan empêché. Louis détourna les yeux.

C'est dans une phase maniaque qu'il l'a tuée, peu après, dans son appartement de fonction, à l'Ecole normale supérieure. Il l'asphyxia sous un oreiller pour la sauver de l'angoisse qui l'asphyxiait lui. Belle preuve d'amour. C'est l'avantage de ce que les psychiatres appellent le suicide altruiste qu'on puisse sauver sa peau tout en se sacrifiant pour l'autre, quitte à prendre sur soi toute la douleur de vivre. Cela me paraît plutôt un inconvénient. Mais dans les lieux anonymes où il se et lui survit, la narquoise l'entoure comme naguère de sa maternelle et exaspérante sollicitude ; seul dans sa chambre, Louis écoute Hélène et sourit à son sourire.

En 1963, le maître d'Althusser, le philosophe Jacques Martin, fut retrouvé inanimé sur son lit. Avant de se suicider, il avait posé une longue rose rouge sur sa poitrine.

Certains collègues, sur qui je tombais dans la rue ou en vacances, me trouvaient mieux que ma réputation. Moins dangereux s'entend, plus sympathique. Quelques-uns, qui me détestaient pour m'avoir lu, sont devenus des amis. Je n'avais plus besoin de les rouler dans la farine. Plutôt marrant à l'oral, écrire maussade m'exaltait. Ondoyant, accommodant au possible dans la vie, je publiais du péremptoire, à dégoûter les plus sectaires. Brouillon, négligé, submergé chez moi par un bordel où je me perds autant que la femme de ménage, je faisais le maniaque de la référence, de la bibliographie impeccable, du chiffre en note vérifié dix fois. Le style n'est pas l'homme mais la revanche de ce qu'il se veut sur ce qu'il est. Tranchant, je l'étais par-dessus un grouillement de limaces. Un hésitant constitutionnel ne doute de rien ? Un tendre ferraille, un dévergondé s'endimanche ? Bravo : l'inhibitionniste était parvenu à ses fins.

Je crâne. Il faut bien. Le tour de passe-passe n'était pas si réussi. J'avais beau cloisonner imbroglios intimes et clarté d'exposition, ça communiquait encore trop entre cave et façade. La sécheresse permet au doctrinaire d'enfiler ses perles d'une main sûre, et la dense abstraction récompense les cœurs secs, à la longue. J'oscillais, mitoyen. Des rancœurs mal éteintes venaient troubler dans mes essais le fil du raisonnement comme certaines digressions dans mes romans le fil du récit.

Sans doute prenais-je de furtives revanches sur le mat des jargons sécurisants en volant un peu de strass ici et là. Je frayais du côté des vedettes auprès desquelles, sans penser à mal, Simone m'introduisait. A tu et à toi avec le show-bizz de la planète, elle présentait à son copain du cinquième, place Dauphine, les stars les plus inaccessibles, sans chichis, aussi simplement que des cousines de province. Dans le jet-set hollywoodien, à l'époque d'Angela Davis et de George Jackson, le « radical left » n'avait pas encore perdu son pittoresque : j'en profitai et de belles créatures, repos de l'érudit, venaient quelquefois égayer « la détermination en dernière instance ». J'idolâtrais les livres, j'effeuillais des idoles, n'affectant de voir dans ces brèves rencontres que des entractes. Je me cachais ainsi que l'empire du vrai en avait de moins en moins sur moi, et que l'empire des sens faisait au moins jeu égal. A la réflexion — le temps pour les ondes de choc de se propager — Joan, Bianca ou Jane ont fait dix fois plus, sans le savoir, pour saper mes convictions marxistes que la lecture de Soljenitsyne, Popper et Claude Lefort, auteurs fort prisés à l'époque. Les apories du socialisme inspiraient alors plus d'auteurs « sérieux » que les plaisirs innocents, et j'étais trop studieux pour soupçonner la puissance d'ébranlement politique libérée par certains contacts entre deux épidermes. Méprise propice à l'entrain, à la productivité des états-majors idéologiques. Il est bon que les fabricants d'idées continuent d'ignorer que les passions, non les idées, gouvernent le monde.

J'écrivais des chansons en cachette (pour Joan Baez, qui ne les vit jamais) ; le livret d'une comédie musicale d'actualité (pour la musique, qu'aucun musicien n'a composée). « En voilà un au moins qui n'a pas séparé sa vie de ses idées. » Je pratiquais le grand écart mais je laissais dire : « l'authenticité » sert de prix de consolation morale pour scribouillards méritants. Talent limité mais courage indéniable. Profitable bévue. Je donnais le pseudo pour l'authentique et vice versa. J'avais une excuse : mes œuvrettes qui sont passées le plus inaperçues sont celles où je me suis presque mis à nu.

Presque : je ne pouvais aller en personne à confesse. La grille du « nous » m'évita souvent de prendre mes péchés sur moi. Le pénitent de « gauche » a un art tout particulier de décliner ses turpitudes en collectivisant le sujet. S'il manque de corps à lui tout seul, comme un vin, il peut s'en prêter par incorporation à un ensemble plus flatteur. A travers sa minuscule et symbolique personne, un groupe s'exprime, une référence s'impose et en impose : Epoque, Parti, Classe, Ecole. Coup double : il fait alors l'important *et* le modeste, l'un par l'autre. Ecoutez-moi bien, je n'ai l'air de rien, mais vous ne savez pas à combien d'hommes en un vous avez affaire, je suis une âme collective incarnée. J'ai ainsi eu plus d'une fois recours à l'amplification pathétique de la Génération. Ce protoplasme élastique, en arrière-plan, confère au moindre enfant du siècle une gravité narquoise, parfois un ton désespéré à la Musset dont il aurait tort de ne pas abuser. Ce *nous*-là donne de *l'allonge*, comme disent les artilleurs, et augmente par ricochet la charge explosive du propos. Je m'adonnais également à l'hétéroportrait, forme honteuse mais commode de narcissisme : Pierre Goldman, Victor Serge, *Les Conquérants* et le Tintoret m'ont permis quelques impudeurs sans risques. Au fond, je n'ai osé dire *je* que dans mes deux précédents romans, c'est le propre, dit-on, des mauvais romanciers. Je répondrai que ce *je* était une autre, mon ennemie intime et mon alter ego. Quand je crève mes décors et rêve le monde pour de vrai, c'est à travers des yeux de femme.

Assez cocasse pour un bonhomme qu'on raccroche par paresse à la locomotive Malraux. La grandiloquence théâtralement, exclusivement virile de ce grand homme m'embête à la longue par sa monotonie. Son personnage le possédait, comme tous les grands acteurs. Je ne parviens pas à me prendre au tragique, ni même vraiment pour quelqu'*un* et ce, de moins en moins : je mourrai de pluralisme comme d'autres de pneumonie. En attendant, je me divertis. Dès que je pose, je pouffe. Si je devais en plus me promener avec un trépied pour vaticiner à la demande, je serais le premier augure à éclater de rire. Je préfère aux tragédies planétaires de plus secrets désespoirs. Cela me vaut un souffle court, mais un penchant pour l'humour dont il n'avait pas la politesse. Que pèse un Gotha de péronnelles à côté de son Panthéon ? Solange, Bianca ou Norma ne font pas le poids à côté de Gandhi, Mao, ou de Gaulle. Moi non plus. Il a choisi pour fabuler la planète des héros, cet astre de froides solitudes, je les admire mieux en compagnie des goules — nous n'étions pas voués au même sexe. Si l'on veut à tout prix m'assigner un monstre sacré en premier de ma classe, et pour s'en tenir aux figures de proue de notre entre-deux-guerres, ma période d'adoption, Drieu La Rochelle me paraîtrait plus indiqué. Otons la fascination de la force (rien à voir avec l'efficacité), et le fatras d'un esprit encore plus confus que son époque (légèreté philosophique plus propice à la création, au demeurant, qu'un bagage d'agrégé). Le reste en lui, sa part nocturne, m'est plus fraternel : le côté valise vide, la haine de soi et l'incapacité à se quitter, le goût de l'isolement et le remords des communions manquées qui oblige au va-et-vient entre le couvent et le forum, la curiosité de la mort, et l'impuissance à vivre le bonheur tout physique qu'on prône et appelle par ailleurs.

Je devine combien ces références littéraires apparaîtront prétentieuses ou déplacées. Disons même : sans objet. Les gens sont toujours étonnés d'apprendre que je publie des livres. Ce n'est pas leur faute, ils ne sont pas prévenus ; c'est un peu la mienne, qui ne sais comment le faire savoir. Je dois ma petite notoriété à des rumeurs d'Orléans : « le prisonnier de Camiri » (il y en avait d'autres), « le compagnon du Che » (j'étais celui de Fidel), « le conseiller de Mitterrand » (qui en a vingt-cinq et ne se fie qu'à lui-même) m'ont donné un peu d'avance sur ma classe d'âge et de talent. « Ecrivain politique français », signale le Petit Robert des noms propres. Moins généreux que le « philosophe, essayiste et romancier » auquel ont droit Nizan et quelques autres du deuxième rayon ; « c'est mieux que rien », m'a dit ma fille, surprise. Je ne me savais pourtant pas hagiographe ou propagandiste. Voilà l'embêtement d'avoir un nom avant d'avoir une œuvre. L'artiste s'avance incognito, la tête cachée derrière un livre grand ouvert devant lui ; moi, ma moustache et les cancans escamotaient mes écrits. Le coquet préférait le portrait de l'artiste en FTP, canadienne, béret, une Sten dans la main droite, grenade à la ceinture, Limousin 1944.

« Au fur et à mesure que je t'écris, je me rends compte des parallèles de nos destins qui devaient tôt ou tard se rencontrer. » Après son premier procès, Pierre Goldman en prison m'écrivait deux fois par semaine, en un argot vénézuélien qui nous abritait des indiscrétions. D'ami, il m'avait rapidement promu « frère de combat ». C'était beaucoup. Je m'étais marié en prison ; il se maria à Fresnes. Myriam fut le témoin de sa femme, je fus le sien, avec

Francis Chouraqui, son avocat et notre confident. Il avait accepté que je préface son livre et gère ses droits d'auteur. On se prenait l'un pour l'autre, pour avoir partagé des fantasmes identiques, philosophie, guérilla, mulâtresses et tumba. C'était, bien sûr, une illusion. Les caïds de Pigalle, le rhum et les putes de Bogota, dont le sexe, racontait-il, a un mouvement d'aspiration giratoire « absolument spécifique », ne m'ont jamais fasciné. Nous avions voulu avoir les mêmes souvenirs de jeunesse mais nos enfances nous séparaient : elles ont le dernier mot. Je ne suis pas un Juif polonais, il n'était pas un bourgeois parisien. « En prison, je m'étais éclaté en plusieurs morceaux, me confiera-t-il à sa sortie, chacun a pris le sien. » Et il ajoutait : « Je souhaite décevoir les gens. » Complices nous fûmes, jusqu'au bout, jusqu'à son assassinat par des inconnus dans une rue de Paris. Se déchiqueter soi-même, n'est-ce pas la plus sûre façon de désappointer les autres ?

Il y avait des élections en France en 1978 ; il y en a toujours, et toujours décisives. La gauche, qu'on donnait gagnante, fut battue de justesse. Ce non-événement, qui me laissa désemparé, nez à nez avec la sournoise normalisation, modernisation de la reine des nations, me rapprocha par contrecoup de Silvia, de l'outre-mer et de mon passé. Effet de bascule. Goldman m'avait prévenu, au fil de sa plume : « Il me semble qu'un même rêve nous a obsédés toi et moi : repeindre de pourpre révolutionnaire cette vieille Europe que nous n'avons jamais cessé d'aimer, même si nous sommes partis à sa recherche là-bas, sous les tropiques castristes... » Pour conclure : « Je pense qu'un jour nous serons heureux d'avoir eu vingt ans dans les années soixante. »

Cette année-là, la France se mourait, la France était morte. Le scorpion communiste avait simplement piqué la grenouille socialiste au milieu du gué. Je dramatisais la péripétie sur-le-champ, où je lus rien de moins que la fin de la politique — que je confondais avec ma névrose du même nom —, l'ultime soupir de l'Histoire de France — ce livre qui s'achevait à mes yeux avec le Temps des cerises et l'Affiche rouge. Je recrachai sur le coup une philippique pompeusement intitulée *Adieu la France* et heureusement abandonnée dans un tiroir. « Nous voilà ramenés, soupirais-je, au rang commun : provinciaux et conformes au stéréotype de ce que doit être une nation moyenne, à l'image de nos sœurs confédérées d'Europe : une Amérique de pacotille. » Avais-je confondu le livre et le chapitre, ou étais-je en avance de quelques pages ? Chaque décennie, il faut se débrouiller avec la dernière chance loupée, la jeunesse dépolitisée, l'oubli de l'Histoire, la disparition des lecteurs et la mort des idéologies. La ritournelle du désenchantement ne vieillit pas avec le siècle. Mais où sont les neiges d'antan ? Elles étaient alors en 68, qui les situait en 36, elles seront demain en 81, en attendant la nostalgie de l'an 2000.

Dans une *Modeste contribution aux discours et cérémonies du 10ᵉ anniversaire de 1968,* j'appelais — qui, je me le demande — « à prêter main-forte aux barbares en lutte contre la forteresse Occident » ; j'allai donner dans un tiers-mondisme qui n'était plus d'espoir mais de dépit. Puisque les sans-culottes avaient trahi Robespierre pour le loto et Intervilles, que les communards s'emboutissaient le week-end sur l'autoroute au lieu de dresser des barricades, il me fallait changer de monture au débotté. Les archaïsmes français m'avaient fait faux bond? Je me raccrochai aux miens. L'ancien Président Juan Bosch fêtait son soixante-dixième anniversaire à Saint-Domingue. J'en profitai pour sauter de là à Cuba, en louant un Cessna avec Garcia Marquez : l'heure des brasiers, de nouveau. Silvia était déjà à La Havane. Une instinctive solidarité me poussait vers les muchachos du Nicaragua. Comme la jalousie à l'amour, ou le gui aux gelées, la fraternité survit à l'idéologie. Je n'étais plus « marxiste ». Je savais qu'il n'y a ni « avant » ni « après » dans l'histoire et qu'un homme n'est pas chez lui partout sur cette terre. J'avais appris à mes dépens que la Révolution n'est pas une patrie et que je n'étais pas citoyen du monde — seulement de l'Europe. C'est surtout mes Mathilde, mes Pauline, mes Sofia d'antan, je crois, que je voulais retrouver — *in situ,* rouges et noires, telles qu'elles persistaient sur ma rétine. On fit tout pour me retenir ; je n'avais pas le contact avec la direction du Front, mais on suivait en direct, par radio, jour après jour, la bataille. Personne ne pensait, au mois de juin 1979, qu'elle déboucherait si vite. Finalement, après de labo-rieuses tractations et un crochet par Paris — pour la classique « couverture » —, on me laissa remonter la filière et à ma grande honte, je débarquai à San José la veille de la victoire, avec un lot de journalistes. J'arrivais juste à temps à Managua pour la liesse du 19 juillet. Dommage : Céline était née, je me sentais mûr pour une belle fin. Les terrains vagues de Managua fleuraient encore le cadavre brûlé ; on voyait quelques tombes toutes fraîches de terre remuée aux carrefours, des tranchées antitanks dans la rue, des fosses antiaériennes dans les patios, les maisons des faubourgs raccordées de l'intérieur les unes aux autres par des ouvertures à travers les murs ; des cratères ouverts par des bombes de cinq cents livres. On pillait, dansait, chantait ; tirait en l'air pour un rien. Au bunker de Somoza, je tombai dans les bras de vieux amis en armes, hirsutes et enroués. Les réfrigérateurs étaient encore pleins, les draps roses du dictateur défaits (il s'était enfui le matin), son carnet d'adresses traînait à côté du téléphone. Dans cette pagaille, Tomas Borge, le vétéran, pas encore ministre de l'Intérieur, me griffonna à la hâte sur une feuille d'agenda un sauf-conduit miracle : « Régis Debray es nuestro amigo ; puede entrar y salir a todas partes. » Fort de ce laissez-passer, je fis avec Francis Pisani le tour des casernes de l'intérieur, où les vainqueurs installaient les premières « commandancias » : Esteli, Matagalpa, León, Ocotal, le fief de Sandino qui en 1927 avait subi un bombardement de terreur de l'aviation américaine, le premier du genre, mais ce Guernica trop lointain n'avait pas eu son Picasso. Je vibre aux commencements, m'enflamme aux catastrophes, bâille aux entre-deux. J'eus la chance, en cette année zéro d'un nouveau pouvoir, de voir l'herbe pousser dans un pays, un Etat en friche. Les plus vieux des « commandants » n'avaient pas trente ans (Tomas étant l'exception) ; Daniel et Humberto Ortéga, timides, ne roulaient pas les mécaniques ; le caudillisme avait éclaté — le machisme aussi. De jeunes femmes, gavroches en treillis et cheveux longs, pistolet à la ceinture, donnaient des ordres sans affectation, leurs gaillards de subordonnés obtempéraient sans piper mot. Patricia, la commandante qui avait tout pouvoir à León, la deuxième ville du pays, avait vingt-trois ans. Au-dessus de son bureau improvisé avec trois caisses, un Christ en croix. Les notables, les commerçants font la queue devant la porte. « Commandante, le cinéma, faut-il le rouvrir ? — Oui. — Et la salle de billards ? — Euh... non. » Les jeux de hasard, c'est le mal ; comme la prostitution. Le soir, dans un bar à juke-box, je l'invite à danser. « Ça fait trois ans que je n'ai pas été " de fiesta "... » Elle est gênée ; moi aussi ; nous rions.

A Managua, je m'engageai dans le Bataillon Rolando Orozco, avec quelques latinos en rupture de ban. Nous étions cantonnés à côté du Bunker, dans les luxueux locaux des soldats du fils Somoza, les troupes d'élite de l'ancien régime. Les contras, déjà, harcelaient les environs ; nous pourchassâmes dans les montagnes quelques bandes éparses de la Garde nationale ; on marchait en file sur un sentier ; un camarade sandiniste tomba soudain à quelques pas, une balle dans la gorge : un tireur isolé ; le retour fut silencieux.

Une tristesse se faisait jour en moi, au fil des jours : ce n'était plus là mon combat. Sur la pente qui ramenait à contrecœur un bourgeois français vers sa France embour-geoisée, j'avais obtenu un répit : c'était des vacances. Silvia, qu'on avait dissuadée de faire le voyage avec moi, arriva peu après à Managua. Nous vidâmes ensemble des châ-teau-margaux dans la somptueuse résidence, hâtivement abandonnée, d'un ministre de Somoza amateur de grands crus. Mon ultime tentative de rattrapage finissait en galéjade. Le camarade Mauser, décidément, ne voulait plus de moi.

De retour au bercail, la « mauvaise foi » me reprit. Ce délicieux cancer consiste à être ce qu'on n'est pas et à ne pas être ce qu'on est. C'est un client bigleux et assidu des *Deux Magots* qui lui a donné ce nom de baptême, sous l'Occupation. J'aurais dû me faire opérer à temps. Je remettais de jour en jour. La longue et douloureuse maladie m'était devenue indispensable.

J'aimais qu'on dise : ils sont « ensemble », sans devoir l'être vraiment, à la colle jour et nuit. J'aimais croire qu'elle aimait être aimée de la sorte. Il n'apparaît pas qu'une sauvageonne qui fraye avec la gauche révolutionnaire aspire à ses casseroles, sa cérémonie à l'église, ses cartons « Monsieur et Madame... ». Ni qu'une féministe sans cesse en tandem avec son alter ego du moment, Fabienne, Marie-Laure ou Marianne, ait besoin d'un « mec » pour la permanence, réparer les robinets ou remplir le frigidaire. J'aimais visiter avec elle de grands appartements d'avenir, et additionner devant elle, à voix haute et désolée, le loyer, les charges, la reprise et les taxes diverses. J'aimais courir de ma grande à ma petite, Silvia et Céline, veillant à ce que mes deux indispensables se croisent le moins possible. De même m'étais-je arrangé pour que Simone Signoret et Louis Althusser ne se rencontrent pas : papa d'un côté, maman de l'autre, chacun son monde, les deux pour moi. Toujours deux fers au feu : deux références, deux Continents, deux métiers, deux amours. Je me plaisais aux situations fausses, parce qu'elles déchirent.

D'autres, c'est Napoléon, Arsène Lupin, Empédocle. Moi un garçon de café. Chacun ses étoiles. J'avais rencontré cet anonyme en hypokhâgne, dans une salle d'études du lycée Louis-le-Grand, et depuis on ne s'est plus perdus de vue. Je veux parler de ce funambule un peu trop empressé, au geste un peu trop vif et appuyé, qui danse un peu trop bien au milieu des consommateurs avec son plateau au-dessus de la tête, que l'on peut toujours rencontrer à la centième page de *L'Etre et le Néant*. On s'identifie à un héros, on se mire dans un compère. Entre nous, le clin d'œil fut immédiat parce que c'était lui, parce que c'était moi. Il jouait à être garçon de café, dans le quartier, au *Flore* ou aux *Deux Magots,* je jouais alors à apprendre le grec, non loin ; j'ai mimé ensuite le professeur, le détenu, l'écrivain, le technocrate, l'homme responsable, en me prenant assez au jeu pour en imposer parfois.

Il n'y en avait pas deux comme moi — Silvia approuvait du chef mes vanteries sans mot dire — pour être chaque chose et son contraire : hier latino, oui, mais français ; guérillero, non, journaliste ; guévariste, certainement, social-démocrate aussi. Marginal, mais au centre. C'est selon. A la demande. Et si vous me dites l'un je vous réponds l'autre, il court il court le furet. Mes rectificatifs étaient sincères. Je bondissais lorsque je m'entendais ranger parmi les politiques : « Horreur ! abominable engeance ! Vous ne savez donc pas, monsieur, à qui vous avez affaire :

à un écrivain, à un homme de lettres, oui monsieur, rien de moins. » Mais l'ingénu qui me réduisait à la condition de littérateur en entendait des vertes et des pas mûres sur la dérisoirement infâme République des Lettres : « J'ai à voir avec l'Histoire moâ, monsieur, et pas avec le gendelettre. » Quand je faisais de la philosophie, je n'oubliais pas, fût-ce par un exergue ou une dédicace à un ami tombé au champ d'honneur, de cerner ma logique d'un soupçon de pathétique, comme si un discours rationnel pouvait gagner du poids à se poser sur un socle d'épreuves personnelles dont la gravité s'indique à quelques allusions lourdes de sous-entendus. On appelle ça : jouer sur tous les tableaux, échanger ses casquettes. Ces clichés me soulageaient. C'est ainsi qu'on se fait un jeu de se passer la corde au cou. C'était des nœuds coulants, et je croyais faire le malin.

J'avais rencontré François Mitterrand au début de 1973, dans un meeting, à Bergerac. Nous avions sympathisé depuis mais si j'acceptais qu'on me dise « mitterrandiste », je rabrouais le péquenot encarté quand il me donnait du camarade. Je passais pour « un écrivain socialiste » : en réalité, je ne me suis jamais inscrit à ce parti, ni à aucun, mais me laissais au-dehors l'étiquette. Je ne l'enlevais que devant les militants de section — pour le plaisir, d'être « ailleurs ». Si je ne me sentais guère à l'aise dans les « milieux socialistes », trop composites à mon gré (m'estimant toutefois plus proche de Jean-Pierre Chevènement et de son courage désabusé), je dois à cette mouvance les très rares moments de fraternité et d'euphorie que j'ai vécus en France. En 1974, la campagne électorale du candidat du Programme commun m'avait fait goûter une communion amicale et populaire que je regrette encore. Quelque temps plus tard, lorsque Robert Badinter — qui ne fit pas peu pour me réformer l'entendement — regroupa chez lui des connaissances pour rédiger la *Charte des Libertés,* nous avons ensemble beaucoup lu, ri, et pas trop mal pensé. C'est à cette occasion qu'un beau jeune homme aux traits ronds, aux propos justes et mesurés, dont l'abord un peu gourmé et scolaire me déplut à première vue, entra dans notre cercle (j'ai mis quelques années pour apprécier à sa vraie valeur Laurent Fabius, devenu entre-temps un ami). Et que Michel Serres acheva de me séduire en m'étonnant à chaque rencontre : il a le génie généreux. Il est resté pour moi, dans notre milieu universitaire (auquel il n'appartient pas vraiment), le « maître et ami », je veux dire l'aîné dont l'intelligence ne brime pas mais réchauffe, dont l'ascendant fait monter au lieu d'humilier...

En quittant l'Amérique latine, j'avais renoncé à une certaine fraternité dans l'espoir d'exercer une certaine influence. Esseulé, je ne pesais, au sein de ce qui aurait dû être mon milieu, ni sur les esprits ni sur les événements. Dans une société dite de communication, où l'on ne communique que par en bas, le livre n'est plus un vecteur d'influence : une interview en technicolor laisse plus de traces dans les têtes qu'un méthodique ouvrage. Restait l'euphorie des élans populaires, de l'espoir malgré tout : je me jetai dans la campagne de 1981 avec un zèle de bleu. Distrait à tout le reste.

Place Dauphine, Simone gardait sur mes frasques un œil indulgent mais sourcilleux. Attentive au moindre nuage, au petit mot de trop, elle veillait sans relâche à la bonne harmonie du clan, vigilance qui en faisait à la fois le confesseur, le chroniqueur et le juge de paix. Yves (Montand), Bob (Castella), Chris (Marker), Costa (Gavras), les deux Georges (Semprun et Kiejman), et quelques autres protégés qui relevaient directement de sa juridiction, obtenaient sans peine l'absolution. Amie de Myriam — pour laquelle elle penchait, contre Silvia, sans me le dire ouvertement — elle m'avait coopté de bonne grâce. Ombrageuse affection des mères juives, absorbante : même si j'étais moins fils que neveu, tardivement adopté, j'avais quelque mal à me désenclaver. La « famille » avait sa légende, ses privates jokes et ses lieux obligés : l'été, *La Colombe d'or* pour les parties de scrabble ; le printemps, la terrasse de *Chez Paul* place Dauphine, ce restaurant voisin où l'obèse Mme Paul trônait énigmatique derrière son comptoir ; l'hiver, le sous-sol du *Caveau*. Et les week-ends au coin du feu de cheminée à Autheuil, le blanc manoir normand toujours ouvert aux amis en mal d'écriture ou de

185

retraite (c'est là que j'avais appris, par la radio, la nouvelle du coup d'Etat de Pinochet). Flottant sans métier, sans horaire ni raison sociale, ce petit monde fut longtemps mon seul monde en France, le point fixe de mes errances. C'est par Simone et non par mes relais normaliens que je découvris les milieux gauchistes ; elle forçait mes réticences et m'emmenait par la main à leurs grèves de la faim, conférences de presse, exhibitions et provocations qui les faisaient exister sur la scène sociale ; elle me révéla l'existence de Pierre Goldman, au début de son premier procès à Paris et me transmit la première lettre, SOS gribouillé, que je reçus de lui ; elle me fit connaître des dissidents de l'Est dont j'ignorais tout. Quand elle ne tournait pas, rien ne lui échappait — pas un entrefilet. Plus besoin de lire le journal, elle me tenait au courant des choses importantes — qui n'en étaient pas à mes yeux. Dédaigneuse de la « grande politique » et des idéologies, de même qu'elle prêtait dans la vie quotidienne une pointilleuse attention aux rituels d'amitié, aux menus égards pour moi insignifiants et pour elle décisifs que sont la carte postale en voyage, la rose rouge pour l'anniversaire, la visite à la souffrante, le mot gentil sous la porte, le brin de muguet du 1er Mai, Simone percevait l'histoire de son temps à travers la cousine de Bratislava, la voix grippée du « père Mendès », le gentil regard du « môme » à qui les flics faisaient des misères. Tant de scrupule, d'exigence, l'amenaient à ergoter, chipoter une heure au téléphone sur un mot si on lui demandait sa signature pour une pétition, réécrire trois fois trois phrases d'un rectificatif pour la gazette du lendemain, avec un sens des subtilités que je n'ai retrouvé depuis que dans la rédaction des communiqués conjoints entre chefs d'Etat. La diplomatie du cœur est plus exigeante que celle des chancelleries : j'ai fait sans mal l'apprentissage de la seconde, j'ai échoué à pénétrer les arcanes de la première, et ce ne fut pas faute d'avoir été à bonne école. Mon professeur eut beau me donner des cours particuliers, je me retrouvai à la sortie aussi mufle, débraillé et distrait qu'à la rentrée. Tatillon dans les idées générales, je reste approximatif dans les relations personnelles.

C'est fastidieux à la longue, les gens de cœur. Ils sont méticuleux. Simone réclamait de ses amis la même fidélité qu'elle leur témoignait, et sa mémoire d'éléphant ne passait rien aux petits étourdis. Bourrue, gouailleuse, la voix faussement vulgaire, elle exerçait sur nous une implacable délicatesse. « Allô je te dérange, Régis... ? Tu ne fais rien là maintenant... ? Alors descends l'escalier et viens voir ta vieille Simone, va... On va tout mettre à plat... je t'attends. » Ces coups de fil n'annonçaient rien de bon. Qu'avais-je encore fait ? Dit ? Pas fait ou pas dit ? J'allais frapper. « Qui est là ? » : derrière la porte du palier, une petite voix de fausset, soupçonneuse. Comme lorsqu'elle décrochait le téléphone en jouant la bonne espagnole : « Medem Signeurette y né pas la, cé dé la part dé qui ? » Elle m'ouvrait, dans sa longue robe d'intérieur noire à ruché blanc, et voûtée, d'un pas traînant, me conduisait au salon. Les bûches flambaient dans la cheminée, deux verres et des bouteilles sur la table basse. « Assieds-toi là. » Silence. Soudain, elle plissait le front, levait les sourcils et ses prunelles d'azur lentement écarquillées libéraient un deuxième regard sous le regard, laser de voyante ou d'outre-tombe. « Dis donc j'ai quelque chose à te dire... » Elle avait entendu par un copain à déjeuner que... Elle était tombée sur un article de moi où à la troisième ligne j'avais employé le mot de « redoutable », à la place sans doute de l' « inacceptable » qui s'imposait... Un tel allait bientôt mourir d'un cancer chez lui, c'était mon ami, et je n'avais pas été le voir depuis trois semaines... J'étais doucement sommé de m'expliquer. Je le faisais, mal. Non qu'elle voulût se mêler de ma vie. Non... « Tu fais comme tu veux... Alors, avec Myriam, ça va mieux? Tu t'occupes un peu de ta fille au moins...? Oui, bon... Et Silvia, tu la vois encore...? Fais attention Régis... Enfin tu fais ce que tu veux... tout ce qui brille n'est pas de l'or tu sais... Ta vieille maman peut se tromper... enfin... t'es assez grand... »

J'aimais le pouvoir qui ne m'aimait pas. Il aimait Simone qui ne l'aimait pas. Je me suis peu à peu éloigné de la place Dauphine et du petit clan, pour de bonnes et moins bonnes raisons. Une sorte d'égocentrisme collectif, de narcissisme à plusieurs pouvait lasser; comme cet anticommunisme un peu obnubilant propre aux grands anciens, militants ou compagnons de route, qui me semblait suranné, dérapant à la limite. Les faits d'armes de la gauche intellectuelle, teintés d'une lancinante obsession médiatique, me parais-saient trop farces, tel ce voyage-éclair à Madrid, sous Franco, en 1975, organisé par la « famille » pour défendre des Basques condamnés à mort. Foucault, Montand, Claude Mauriac, Costa, moi-même et quelques autres, nous avions posé en témoins héroïques devant les caméras françaises, dès l'aéroport, retour d'un voyage au bout de l'horreur : pas très sérieux.

La vérité est qu'ayant fini par trouver d'autres assises, affectives et sociales, j'avais moins besoin d'elle, que j'abandonnai un peu lâchement pour des protecteurs ou confidents indifférents à mon privé, plus lointains, moins harcelants, dont l'ésotérisme laissait rentrer plus d'air. Ils avaient seulement le malheur d'être « proches » du pouvoir, ou d'y prétendre. Simone me vit m'éloigner vers les milieux politiques avec tristesse, sans oser peut-être se dire à elle-même ce qu'il y entrait de pitié, voire de mépris. A ses yeux, j'en suis sûr, infidèle ou trop faible, je filais un mauvais coton, quelque chose comme une trahison. De quoi ? Des simples gens, de la tendresse, de moi-même. L'Etat, les lambris, les officiels : du toc, du costume. Interventionniste dans les détails, Simone cultivait une morale de la distance politique. Elle avait pour principe un refus affiché des hochets du pouvoir — Légion d'honneur, invitations, réceptions. « Moi, me disait-elle, je ne mettrai jamais les pieds à l'Elysée. Si de Gaulle, si Giscard, si Mitterrand veulent me voir, qu'ils viennent ici, à la roulotte : on s'expliquera. » Les saltimbanques poussent rarement la mégalomanie jusqu'à tourner le dos aux gardes républicains sabre au clair. Simone ne se méfiait pas seulement du Pouvoir parce que Yves et elle en avaient eux-mêmes beaucoup — dix fois plus qu'un quelconque ministre, sur le noyau dur de la chose politique, le sable baptisé « opinion ». En décrochant son téléphone pour appeler son copain Lazareff, Levaï ou Pottecher, elle pouvait si bon lui semblait déplacer les montagnes, arrêter ou déclencher d'abrupts glissements de terrain, faculté ou passion dont nous sommes nombreux à avoir profité, plus ou moins cyniquement. Pas seulement parce que dans son regard et sa mémoire un Staline sommeillait sous chaque gouvernant, un Aragon sous chaque potiche de tribune, et un Slansky sous le moindre disgracié... Parce qu'elle appartenait viscéralement, à l'instar des frères Prévert, dont *Les Visiteurs du soir* lui avait donné jadis son premier rôle, à cette fraternelle de bourrus cocasses qui seront toujours du côté des mômes, des paumés « qui se bécotent sur les bancs publics ».

En mai 1981, silencieuse et goguenarde, elle me regarda, de loin, passer du côté de « ceux qui pieusement, ceux qui copieusement, ceux qui tricolorent, ceux qui inaugurent... ceux qui chantent en mesure, ceux qui brossent à reluire... ». Nous ne nous étions pas même dit au revoir. Je ne la voyais plus que sur les écrans. Un nom, une amie sur la liste.

A la fin de cette année-là, ma secrétaire à l'Elysée m'assura qu'il était de bon ton d'envoyer à ses relations des vœux de nouvel an, et qu'une astuce fort appréciée permettait, par reproduction photostatique, de fausses cartes manuscrites. « Excellente idée. Tenez, prenez mon carnet d'adresses. » C'est ainsi que Simone trouva dans son courrier un carton à en-tête de l'Elysée avec, sous ma signature imprimée, un « vous adresse ses meilleurs vœux pour l'année qui vient » non moins manifestement imprimé.

Peu après, c'est moi qui reçus deux petites feuilles à carreaux arrachées à un cahier d'écolier, écrites à l'encre noire véritable :

« Dans un premier temps, j'ai eu envie de t'envoyer une vieille carte de visite " M. et Mme Yves Montand ", reliquat d'un stock jauni par trente années d'inactivité au fond d'un tiroir. Ce petit chef-d'œuvre d'orfèvrerie calligraphique avait été exécuté du temps où, saltimbanques-jeunes mariés nous pensions qu'il était bon de respecter les usages.

Et puis je n'ai plus eu envie d'être malicieuse avec toi. Il faut un peu d'amour et d'amitié pour pratiquer la malice.

Je n'ai plus d'amour et d'amitié pour toi et je pense combler tes vœux (sans jeu de mots) puisque tu as été capable de nous adresser ce petit document que je vais d'ailleurs faire encadrer pour le placer à côté de la photo prise aux temps heureux où tu avais du cœur.

Salut Régis !

Simone. »

Un mois plus tard, même cahier, autre lettre, à l'encre rouge :

« Allez, je te rends tout ce que je t'avais repris. Je t'embrasse comme je t'aime.

Simone

P.-S. J'ai décollé du mur l'objet incongru dont seul Marquez a profité samedi dernier.

P.-P.-S. J'aimerais bien cependant qu'on parle un peu. »

Ma photo s'est retrouvée à sa place, dans la roulotte, glissée sous le cadre noir du miroir au-dessus de la cheminée.

Je l'ai aperçue quelquefois, de loin en loin. On ne s'est pas « parlé un peu ». On a échangé des mots banals.

Un soir, la radio m'a appris en même temps son cancer et sa mort.

La saison des palais nous aura été fatale. S'agripper aux légendes ou bien rattraper une fuyante aux cheveux, il fallait choisir. Je le vois mieux à présent, n'ayant d'yeux que pour le révolu — infirmité héritée du révolutionnaire que je ne suis plus. Rétro je fus, et reste. Mais un révolutionnaire, passéiste du genre exultant et non marmonneur, ne remâche pas, aigre chewing-gum, ses secrets de décomposition. Il rate le coche et tourne gaiement la page.

Le fourvoiement commença au Panthéon. J'avais laissé seule ma rose pour aller rue Soufflot. Je l'ai perdue de vue devant le péristyle, quelque part entre Jaurès et Jean Moulin. Dans ce dédale de caveaux grandiloquents, vide temple du vide où elle a fondu au noir entre deux coups de cymbales.

Rien de nouveau. Pourquoi dater un abandon, à quoi bon ces chronologies, ces alibis, si j'ai le délaissement génétique, la vocation de l'égarement ? Elle avait déjà failli se retrouver aux objets perdus, quand je chantais *Ça ira*. Ç'a été. Fort bien. L'exaltante embardée du 10 mai 1981 — fastes publics, déroute privée — ne fut qu'une rechute, une mauvaise fièvre de plus, l'exaspération de cette *libido dominandi* qui me met à la traîne des grands voiliers de passage. Pas compliqué : suffit de se délivrer en douce un ordre de mission plus ou moins authentique et en avant! Crises de mystère, air affairé, sourcils soucieux, refrains sonores. N'importe quoi pourvu qu'on puisse se mettre *à couvert*. La Révolution, le Libéralisme, la France, le Tiers Monde : majuscules douces aux timides. On peut se planquer là derrière. A droite comme à gauche. Ces grands mots bombent le torse à notre place.

Les personnes autorisées ont sur les autres l'avantage de pouvoir devenir quelqu'un tout en s'abîmant dans l'impersonnalité. Parmi les à-côtés des fonctions officielles : un destin de location, comme un smoking ; un signe distinctif : le *nous* de componction (« nous allons y réfléchir », « nous estimons que », « nous n'hésiterons pas à ») ; le branchement sur agenda automatique (plus besoin d'inventer ses journées, ses réparties, ses angoisses, ses bonheurs). Prise en charge intégrale : régime du tiers payant, pensant, rêvant, baisant. Vous déposez vos valises sous le porche du Château, vous ne vous occupez plus de rien, le service des voyages officiels fera son travail invisible de fourmi, et vous retrouverez votre brosse à dents le surlendemain à sa place sur sa tablette dans la salle de bains de la chambre du palace de Los Angeles, Dar-es-Salam ou Kuala-Lumpur, où vous attendent aussi de toute éternité *Le Figaro* du matin même, le dossier confidentiel égaré dans l'avion, et votre programme du jour imprimé à la minute près. Le dossier, encore une chance, contient d'ailleurs tout ce qu'il conviendra de penser des interlocuteurs programmés, leur dire et leur taire. L'état de grâce républicain nous a porté le coup de grâce et nous étions contents.

Je n'ai pas entendu ses silences, ni vu ses éclipses. J'avais une note à préparer le lendemain sur le énième projet de Sommet francophone, tel qu'entre Ottawa et Dakar je le sentais se profiler. C'est à l'intérieur que je la plaquais, renégat de l'intime. Je la caressais sans chercher son regard. En s'habituant à un corps, on lui ferme les yeux. On croit l'âme à fleur de peau, comme un parfum. C'est facile : on hume et on possède. Trop facile. Je perdais prise sur sa vie parce que la mienne aussi m'échappait (et quand cela arrive, vous n'en savez rien). Pour l'amour à la sauvette, l'escalier de service. Pour faire l'histoire, il fallait passer par le portail, et montrer patte rose. Que me suis-je donc cru pour lui faire jouer Back Street ? N'étais-je pas moi-même entré dans la Maison du Roi par une porte latérale ?

Personne ne m'avait convoqué à la Cour, ni le Prince ni ses futurs ministres. Ils n'étaient pas demandeurs. J'ai grimpé au culot dans le char de l'Etat, déjà chargé à ras bords. In extremis. Une semaine après le 10 mai, je m'étais retrouvé au dernier étage de la rue de Bièvre, celui du bureau déjà présidentiel, avec Paul Guimard, mon vieux complice des campagnes de France — pour autant qu'un briscard peut l'être d'une marie-louise. Etant monté au feu en 65, Paul avait trois galons, des vrais ; je n'en avais que deux, par raccroc : dans les moments charnières, on sait qu'il suffit de savoir coudre. Au fond de sa cambuse, Marie-Claire, sous les combles, suait à grosses gouttes, repoussant

194

à coups secs, par monosyllabes, des vagues d'assaillants téléphoniques. Un général d'aviation un peu dépaysé patientait avec nous, debout, dans cette cabine de bains. C'était bien la première fois de ma vie que j'écrasais les pieds d'un officier général. La porte coulissante s'entrouvre. François Mitterrand nous arrête, Paul et moi, d'un signe de main — « l'Armée d'abord ». Soit. Le général ressortit du bureau quelques minutes plus tard, impavide mais j'imagine surpris : il serait le chef d'état-major particulier. A notre tour. Le trac. C'était la fin de la journée ; le plus gros une fois expédié, le chef de l'Etat et le nôtre pouvait bien se détendre.

« Alors, ça vous intéresse tout ça ? » nous lance-t-il de derrière son bureau, un peu las.

Un geste de la main désignait la paperasse — J.O., dossiers, télégrammes.

Paul gardait le silence. Avisé ou prudent.

« Certainement, Président, dis-je en fermant les yeux. Ça me passionne même.

— Vous êtes sûr ? »

François Mitterrand me parut déçu, sans doute s'attendait-il à mieux. Il épluchait des petits papiers où s'alignaient mystérieusement des colonnes de noms illisibles : en rayant un ici, en ajoutant un autre là, rêveusement. A quoi tient une carrière... ? Un portefeuille, une place dans le journal sinon dans l'histoire...

« Vous avez pensé à votre indépendance, votre liberté... ? Les astreintes, les contraintes d'une position officielle... ? N'allez pas le regretter plus tard... » (Du ton : qu'allez-vous faire dans cette galère ?)

Nous ne savions pas ce qu'est un travail de cabinet. Lui,

195

oui. Conseiller, il nous conseillait plutôt de ne pas le devenir. Mais si nous y tenions après tout... Paul n'y tenait qu'à moitié, j'étais plus pétulant.

On se mit à parler beaux-arts, grands travaux, nominations.

« La culture, Président, très peu pour moi... »

Ce serait Paul.

« Et vous, Régis...? Il ne reste plus grand-chose... Qu'est-ce qui vous tenterait...?

— La politique internationale, répondis-je, imperturbable.

— Ah bon! Vraiment? »

Le Président élu, qui n'était plus, venant de moi, à une incongruité près, leva les bras au ciel. Le sourire fut indulgent mais sceptique. Il prit son gros stylo, sortit une fiche de sa liasse et ajouta deux noms à la liste, sans mot dire.

Je reçus le surlendemain ma feuille de route de la rue de Solférino où s'était installée « l'antenne ». En bonne et due forme. Au-dehors rien n'avait encore filtré. Le chef du protocole de l'Elysée — délicat extraterrestre —, qui prenait note discrètement des nouvelles recrues leva un sourcil charmant à l'appel de mon nom.

La veille de l'investiture, descendant l'escalier de la rue de Bièvre avec un François Mitterrand de bonne humeur, farceuse même, il me mit affectueusement la main sur l'épaule :

« Alors, vous allez envoyer la flotte en Amérique centrale... et il faudra en envoyer une autre pour aller vous chercher là-bas... Vous allez nous mettre dans de beaux draps, Régis...

196

— Je ferai mon possible, Président. »

Il avait l'air de s'amuser.

« N'en faites pas trop tout de même... On n'a pas tellement d'escadres... »

Cet homme qu'on dit de marbre ou d'ivoire aime la cocasserie. Je l'ai souvent vu rire comme un enfant, spontanément, à gorge déployée.

Au grand déjeuner suivant la prise de fonctions à l'Elysée, Mme Allende, la « Tencha », était assise à sa droite. Silvia n'était pas sur la liste des invités, mais c'était comme si. Je voyais l'une tout près en regardant l'autre de loin.

Un frémissement d'horreur parcourut salons et rédactions lorsqu'on aperçut au Château le bout de mon nez. Washington fit savoir son courroux, sans ménagements. (Quand on m'envoya à l'ONU à New York pour la traditionnelle session d'automne, le chargé d'affaires américain vint signaler que c'était par erreur qu'un employé m'avait accordé un visa.) Dans *Le Figaro-Magazine*, Jean d'Ormesson prévint les notaires, sans ambages : ils auraient beau fermer coffres et portes à double tour, il leur faudrait s'endormir chaque soir avec un Trotski caché sous leur lit. Un ancien ministre et candidat-député à Paris fit observer à ses électeurs, peu après, dans sa profession de foi imprimée, que « les socialistes n'ont pas d'autre choix que

197

de mener une politique extrémiste et gauchiste ; la présence de Régis Debray, terroriste bien connu, aujourd'hui conseiller de Mitterrand, en est la preuve. » Ces joliesses me firent regretter mon insouciance passée, et de ne pas avoir « travaillé l'image » quand il en était encore temps. Saumâtre contretemps : au moment des projecteurs, je devais m'éclipser ; au sommet du décri, motus et bouche cousue. Qu'importe, lorgner la grande politique par un trou de serrure suffisait à mon ravissement.

Après tout, ceux qui ont été à la peine, me disais-je, doivent être à l'honneur. C'est justice, non ?. Les honneurs vite passés, restait à surmonter les affres d'un emploi déconcertant. Un serviteur de l'Etat n'a pas d'état d'âme ? A la bonne heure : je ne larmoie pas tous les quatre matins (seulement une fois tous les quarante ans). Un sbire de cabinet n'a pas de visage et reste coi au pilori ? Je n'ai pas le cuir épais, mais n'excelle pas dans le show-biz.

Paul et moi étions les seuls hurons au milieu d'une cohorte d'énarques rompus au bordereau d'envoi, au « cher ami » préventif, au dosage exact des formulaires. Un normalien, un écrivain, ça sert à faire des discours, depuis un siècle ; est-ce que ça peut rédiger des lettres à en-tête, et les signer ? Je relevai le défi en mettant les bouchées doubles. J'avais un métier à apprendre, une langue dont j'ignorais le b.a. ba. Hubert Vedrine, le conseiller diploma-tique, mon cadet, mais administrateur civil et dix fois mieux formé, m'y aida généreusement. Je n'avais pas de territoire et j'en avais trop : le Sud, les marges, l'officieux — tout ce qui gisait en dessous de la ligne de visibilité. Avantage : peu de lettres à en-tête. Inconvénient : peu de moyens. J'avais l'habitude du bricolage, j'acquis peu à peu celle de la conscience professionnelle. Oserais-je dire comme Chateaubriand, au chapitre « Présomption » des *Mémoires,* où le diplomate amateur se vante d'en remontrer aux « pros » en rappelant le sérieux de ses dépêches et l'astuce de ses politesses : « Pour être un homme supérieur en affaires, il n'est pas question d'acquérir des qualités, il ne s'agit que d'en perdre. » Je ne suis pas sûr, comme lui, que les gens de lettres aient naturellement plus de mérites que les gens de diplomatie, de comptoir et de bureaux. Je donnerais en revanche raison à notre ancien ministre des Affaires étrangères lorsqu'il déplorait, dans la dernière fraction de son âge, la manie qu'ont certains écrivains de « dédaigner leur talent littéraire pour suivre leur talent politique ». Rond-de-cuir, non pair de France, je me suis allégrement laissé aller à cette dangereuse gloriole. Je pus sans trop de peine acquérir ces manières de caméléon hâtif qu'impose dans chaque emploi le torrent des affaires, mais non perdre ce défaut de l'âme où achoppe à la longue le plus sincère des arrivistes : l'ennui de tout.

Je ne fus pourtant pas indifférent mais, dans la ferveur des commencements, curieux de tout et des riens. Je me jetai sur mon sujet, d'un seul élan, ébloui et captif. Il y eut d'abord l'exploration des recoins, couloirs, bureaux exigus, escaliers détournés, portes dans le mur qui donnaient à l'Elysée alors vétuste et défraîchi le charme d'une sous-préfecture ; la découverte des armoires aux dossiers au fond d'un cagibi jalousement gardé par une vieille secrétaire commise aux archives stratégiques depuis Vincent Auriol et qui s'en allait chaque soir prendre le métro en trottinant après avoir collationné d'un air bougon toutes les notes confidentielles, secret-défense et dépêches du jour comme une femme de ménage qui a rangé son placard à balais ; l'enivrement des trois collections quotidiennes de télégrammes diplomatiques en provenance des postes du monde entier, banales chemises vertes et roses qui déposent heure par heure comme un pain encore chaud la planète sur votre table ; le vertige des lignes directes avec toutes les directions géographiques du Quai et les centres vitaux de l'Etat. Au charbon ! Adieu ma mie, je travaille ! Comment ? Je pourrais encore le dire. A quoi, je ne sais déjà plus très bien. Pour quel résultat, je l'ignore — ou ne le devine que trop.

Brave petit cœur broyé par l'histoire... René immolant sa sylphide à la raison d'Etat... faisant don de ses soupirs à la cause des peuples : je vous épargnerai ce coup-là. Joli, flatteur mais mensonger. Le Christ ne m'a pas ouvert les bras et j'ai besoin de me lier à plus grand que moi.

J'ai toujours eu plaisir à croiser mon siècle, pour un brin de causette. Un bout de chemin ici et là. Brèves rencontres. Quelques pas dans le parc bras dessus bras dessous avec les titulaires. Je ne traite pas de pair à compagnon, j'emprunte la voie hiérarchique. Elle me contente. La vocation du service. Ce n'est pas modestie (la vanité n'étant pas, comme s'en flattent les vaniteux, en raison inverse de l'orgueil, je crois cumuler assez bien les deux), mais incapacité. Délicieusement solitaire dans les idées, jouissant du contre-courant (m'en donnant l'air à tout le moins), je serais plutôt suiveur dans l'action. Un égocentrique qui ne roule pas pour lui-même doit souffrir d'un certain manque de personnalité pour manquer à jouer sa partie, en suant sang et eau pour aider tel ou tel à gagner la sienne. Je ne suis pas excessivement fier de prendre aussi à cœur les ambitions d'autrui, sous prétexte que nous partageons les mêmes idées. Mais que puis-je faire d'autre ? Mes amis soixante-huitards (et pas seulement Chris Marker) me reprochent mes mauvaises fréquentations : toujours du côté des chefs — du manche, précisent les ennemis —, rarement dans la rue, au coude à coude. Je le confesse : je n'ai pas d'oncle tonnelier, ni de grand-père maréchal-ferrant, et je ne saurais sans rire évoquer la dignité des « miens » avec l'ombrageuse emphase d'un Juste patenté. Je n'ai pas non plus l'entrain mégalomane du Zorro des idées, du Pardaillan des *Mots* assez sûr de lui pour prendre sa plume pour une épée, croiser le fer avec les Princes et rallier une armée à la force du poignet. Que peut un homme de mots épris d'action lorsqu'il n'a pas l'âme d'un chef et ne croit guère dans le pouvoir des mots ? S'insinuer dans le circuit de la décision, même de côté ou en contrebande. La langue de vent, langue maternelle de l'homme de plume dès lors qu'il suit sa pente en direction de la chose publique, me fait malheureusement sourire. Nous sommes peu dans ce mauvais cas. Le songe-creux péremptoire fait florès à toute époque, le public raffole des poses de Palotin qui n'engagent à rien. « Pour l'homme je veux tout et tout de suite. » So what mister Camus ? Cela posé, qui est bien beau, qu'est-ce qu'on fait ?

Une jolie chanson dure plus qu'un bon éditorial, mais « une révolution, disait, je crois, Napoléon, est une opinion qui trouve des baïonnettes ». J'ai mes opinions comme tout un chacun, et l'orgueil de vouloir en faire autre chose que des lettres de lecteur. Je vais donc là où pointe le métal. Entre deux chansons. Têtu comme un mulet. Comme cette espèce hybride de sentimentaux actifs, rêveurs affligés de sens pratique, aussi mal vus des âmes sensibles que des apparatchiks. Un intellectuel accroît son pouvoir en s'opposant à, le galvaude en se compromettant avec. Je trahissais ma famille de jeunesse — la gauche des pétitions — qui vit d'échecs et succombe sous la victoire, cet entracte suspect entre deux fours. C'était juste qu'elle me renvoie la note : lorsque les socialistes, ces éternels perdants, ont la malchance de gagner et qu'on reste avec eux dans cette mauvaise passe, on se perd soi-même de réputation auprès des gens de plume. Qu'attendre d'un courtisan, d'un sous-chef de bureau, d'une voix de son Maître ? La gestion des affaires ferme aux louches domestiques de l'Etat tous les champs d'influence, obligation de réserve oblige. A d'autres d'occuper l'opinion : ceux qui parlent ne savent pas, ceux qui savent ne parlent pas. La nouvelle division des tâches dans la gent intellectuelle, après la surprise de 1981, écarta les Narcisses des bureaux et y regroupa les masochistes. Comme les premiers purent mépriser les seconds sous le nom d'opportunistes et les seconds les premiers sous le nom d'irresponsables, chacun faisait bonne figure. Masochiste comblé, Narcisse bâillonné, j'allais au charbon mi-figue mi-raisin.

Au Château, dans mon lot d'impétrant, j'avais reçu en charge, recueilli en quelque sorte les pauvres de « l'Amérique latine », d'où tout m'aurait éloigné, mais à quoi me ramenait — ultime attache — l'illusion de plaire. Comme ces « médecins du monde » qui se ruinent la santé à soigner des quidams éthiopiens ou afghans, je perdis trace de mon Indienne en courant les Indes occidentales. Livraison spéciale de blé, arrêt des livraisons d'armements, déclaration franco-mexicaine, envoi de représentants à je ne sais plus quelle cérémonie, renégociation de la dette au Club de Paris, nouvelle ventilation des crédits de coopération avec le Chili, parrainage de la résolution des Droits de l'Homme à l'ONU, élargissement géographique du Fonds d'aide et de coopération, que sais-je encore, tout ce que j'aidais à faire de ce côté-là c'était un peu pour une autre mais à vouloir trop bien faire je le faisais tout seul. Lourd de secrets futiles, je ne devinais rien du sien, qui naissait sous mon nez. Je me vantais de transformer le planisphère en stratégie — mais la France dans le monde me cachait Silvia en France. Papillon planétaire, les antennes orientées vers le Pacifique et l'océan Indien, je ne captais plus la région parisienne. Tourmenté par Pétaouchnok — vous avez vu ce radar géant en construction et orienté au nord en plus, les Sov' se moquent de nous, non ? — comment me serais-je occupé de ce qui se passait à Pantin rue Gutenberg ? Silvia, un quatre-milliardième d'humanité... En termes de mégatonnes et de mégamort, pas très lourd. Intoxiqué j'étais. Géopolitisé. Neutronisé. Stratégico-délirant. Des photos satellites plein la vue et les yeux dans la poche. « Ah les enfants si vous saviez comment va le monde, disais-je aux amis le soir, voix caverneuse et regard vague... je ne peux pas tout vous dire mais c'est inimaginable... Ils nous ont bourré le mou, les pontifes... » De fait. Chaque dossier ouvert jetait à bas une piété ancienne. Découvrir noir sur blanc que la Chine populaire marxiste-léniniste vient de refiler secrètement quelques kilos d'uranium enrichi à l'Afrique du Sud raciste, quand on a comme tout le monde pris au sérieux Mao Tsé-toung, ça vous donne un petit air de supériorité triste. « Les choses sont plus compliquées que vous ne pensez, les copains, faut y regarder à deux fois. » Ils auraient pu me répondre que mes choses à moi étaient plus simples que je ne le pensais et que si Silvia n'était pas là, ce soir-là à table avec nous, ce n'était pas parce qu'il lui fallait terminer au plus vite le commentaire d'un témoignage filmé sur le Chili, mais plus bêtement parce qu'elle couchait avec le caméraman, qui avait à Pantin une grande et belle maison vide. Ils auraient pu mais ils ne l'ont pas fait. Me débriefer sur ce petit secret de rien du tout. Ayant la chance de ne pas lire les « confidentiel-défense », ils ne prenaient pas les arcs de crise de l'Asie centrale pour leur zone d'existence, ni la ruine des pays africains de « la Ligne de front » comme seul motif d'insomnie. M'étais-je mépris sur les informations dites « sensibles » ? Etais-je devenu presbyte ? Ou l'obsessionnel que je suis ne peut-il combiner deux obsessions à la fois ? Que l'Afrique du Sud ait la Bombe, avec l'appui de la Chine populaire — cette stupéfaction laissait peu de place au soupçon amoureux, et encore moins au décryptage des potins qui, quoi qu'on dise des on-dit, vont toujours droit à l'essentiel (car aux apparences il faut se fier). Comme si mon bonheur était directement fonction du nombre de kilotonnes emmagasinées par Pretoria... Telle est l'aliénation politique qu'elle vous rend familière la chose lointaine qui ne dépend pas de vous et comme étranger à l'être trop familier dont vous dépendez. On ne me fera plus le coup de *L'Hymne à la joie*. Grands moments, grands hommes, grands mots, je voudrais vous haïr. La grandeur est un piège, et spectacle, époque ou rêve, il faut tuer en soi, illico et sous les rires, tout ce qui peut se qualifier de grandiose. Quand retrouverai-je le sens des proportions, le vrai prestige du moucheron bruissant au soleil, voire de la puce dans le lit? En matière d'intérêts vitaux, j'évaluerai désormais les risques à partir du point zéro, moi.

Sans doute me convenait-il de m'éloigner. De ne pas trop remarquer ses absences. Pour un néophyte du conformisme bourgeois, cerné d'échos malveillants et de provocateurs, elle était une femme dangereuse avec des fréquentations impossibles : son studio, plus passant que la gare Saint-Lazare, servait de point de chute à tous les illégaux, marginaux, clandestins d'Amérique latine. Cette faune — mes anciens camarades — nuisait à ma déjà mauvaise image, vexait ma nouvelle arrogance. J'avais ouvert les « grands dossiers », frayais avec des Directeurs, les écoutais traiter d'affaires sérieuses, entre Grands : « Est-Ouest », « Désarmement », « Alliance Atlantique ». Au diable les petits traîne-misère, ces farfelus méli-mélos qui comptent pour du beurre sur « l'échiquier » mondial (comme disent ceux qui ne jouent pas, mais commentent). Pinochet, combien de mégatonnes? PNB de l'Uruguay? Réserves de la banque vénézuélienne? Je ne perdrais rien à la perdre, *Le Figaro* en moi avait gagné : j'étais devenu à la fois cynique et comme il faut.

On m'avait finalement laissé rentrer au cœur de l'Empire, entrouvert des portes à Washington. Que dirait-on en haut lieu ? Comment la redoutable et charmante Mme Kirkpatrick, l'ambassadeur US aux Nations unies, pourrait-elle avoir de longs tête-à-tête à New York avec l'ami d'une « ultra-left underground chilean girl », de l'habitué d'un « nid de terroristes latino-américains » ? Qu'en penserait le « National Security Adviser » de l'époque qui un jour de septembre 1981 avait reçu en audience à la Maison-Blanche le « former advocate of violent revolution » ? C'était un samedi, Ronald Reagan n'y était pas, mais on m'avait fait voir le bureau ovale. « Not exactly a secret visit, devait préciser une semaine après le porte-parole puisque dans une démocratie tout finit par se savoir, but a very private and short one. » L'heure n'était pas aux sentiments, mais au réalisme.

Avais-je baptisé « apprentissage du réel » la molle abdication des rêves ? Etais-je en train de trahir mon passé et le nôtre, de devenir un énième « ex » saisi par la décence, allais-je passer « de l'autre côté » — celui où son ombre et sa tribu de va-nu-pieds n'auraient pu faire que fort mauvais effet ? « Non, répliquais-je, agacé, laisse-moi faire, ne me gêne pas, je passe des compromis, mais c'est pour la bonne · cause. — A propos, Max est de passage, tu ne veux pas le voir..., me demandait-elle, timidement. — Non, pas maintenant. Il a la DST sur le dos, toi aussi d'ailleurs. Tu me diras ce qu'il veut. — Tu as peur de te compromettre ? — Non, il faut être efficace, c'est tout. Et puis Max et moi on n'a rien à se dire. Ses histoires de révolution m'emmerdent. D'ailleurs tes amis m'emmerdent. Ils font le jeu des Soviétiques. Toi, d'accord : vie privée. Mais sans eux. »

C'est ainsi qu'on maquille un reniement en ruse. Vieux coup des « retraites stratégiques ». On commence par se dire : « Il faut prendre le pouvoir pour faire triompher ses idées », c'est le pouvoir qui vous prend en douce et triomphe lentement de vos idées. Le traditionnel écran de fumée ne me piquait pas les yeux ; elle l'a mis à profit pour prendre la poudre d'escampette. Tel est fui qui croyait fuir.

Je prenais pied dans l'histoire contemporaine, et perdais pied dans la nôtre. Ceci explique-t-il cela ? Elles avaient pourtant un air de parenté. Les dangers du « découplage » n'eurent bientôt plus de secrets pour moi — je veux dire, entre les arsenaux centraux et les missiles de portée intermédiaire. Je peaufinai force notes confidentielles — impeccables à la relecture — pour parer au péril suprême, stratégique et technologique, qui pouvait creuser l'abîme non pas hélas entre la rue de Seine et la cour du Commerce, où chacun avait son repaire, mais d'une rive de l'Atlantique à l'autre. Je ne fis guère d'efforts côté rive gauche : un effort de défense spatiale européen me semblait bien plus urgent pour faire pièce à cette ridicule « Initiative de Défense Stratégique » (IDS) que Reagan avait lancée de Washington et qui se déversait à gros bouillons sur nos ondes et nos journaux, comme à l'accoutumée. Fébrile en matière d'actualité, je nous croyais éternels. J'ignorais qu'il y a toujours urgence en amour et qu'il y en a rarement en politique. Tempêtes, lubies collectives, sigles à la mode retombent d'eux-mêmes : le temps en ces matières fait de lui-même le tri, il suffit de s'asseoir devant sa porte. Qui parle encore de l'IDS ? Toutes affaires cessantes, je fis pour aider à démonter le piège moult conférences, consultations, voyages aux Etats-Unis, en URSS et ailleurs. Ces sottes démangeaisons m'engloutirent des mois, des trimestres entiers. Je n'ai pas non plus ménagé ma peine pour réunir ce qui était séparé, faire se parler ceux qui en avaient assez de se mentir. Je veux dire le MPLA et l'Unita, le Nicaragua et le Costa Rica, Sihanouk et le Vietnam, Trudeau et Lévesque, les Kurdes d'ici et les Kurdes de là-bas. Toujours disponible pour jouer les bons offices, inventer la formule attrape-tout, trouver le point médian. Je me croyais un médiateur hors pair, un marieur-né, un entremetteur plein de délicatesses.

J'aurais dû suspendre le tumulte, me retirer de la course bruyante et décervelante que se livrent les gens dans le coup parce qu'il suffit d'en manquer un seul pour se retrouver dans le fossé, en rade ; comprendre ses départs subreptices, remplir ses pointillés : « Combien ne faut-il pas de précautions pour ne pas mentir », disait Stendhal. J'étais brouillon et faisais dix choses à la fois. Un homme pressé ment et se ment. J'aurais dû m'arrêter et faire silence à mon tour pour déchiffrer les petits mots qu'elle déposait sur ma table de nuit, sur mon bureau, ceux qu'elle écrivait en m'attendant, ceux qu'elle me laissait après mes irruptions en coup de vent cour du Commerce-Saint-André, au lieu de les parcourir en zigzag, d'y répondre à la va-vite.

« Quel plaisir prends-tu à cette folie qui est la tienne, tous ces derniers jours, et qui me fait mal ? J'ai annulé mon voyage, liquidé mon travail, une équipe, j'ai abandonné Maria, et me voilà ici, clouée au sol d'un appartement glacé, à peine meublé, j'aimerais encore mieux des murs blancs et aucun objet, à t'attendre. Un signal, une voix, quelque chose qui me dise : j'ai besoin de toi, je me souviens de toi. Rien. Pas un appel, pas un signe. Manque de respect, à nouveau. Je crois avoir surmonté l'épreuve d'amour que tu me réclamais : je ne te quitte pas. C'est tout. Le reste, tout, sera à refaire. Difficile.

« J'ai envie de fermer la porte et que ce soit la séparation, une fois pour toutes. Je ne vois pas ce que tu proposes, quel travail à tes côtés peut rendre possible entre nous une vie quotidienne : vivre ensemble, tu ne sais même pas ce dont tu parles. Tu m'offres seulement : ménagère et amante intermittente. A propos, Gabrielle a appelé qui t'embrasse et t'attend. La Dominicaine aussi, qui attend impatiemment de tes nouvelles et qui « t'embrasse, chéri ». Pourquoi diable me déclares-tu ton amour si tu as déjà préparé avec une autre un voyage à Venise, et après le Québec avec Marilu ? Ou plutôt dans cette déclaration d'amour qui les inclut elles, tout ce qui fait tes jours et tes rêves, où suis-je moi ? Sans travail, sans Chili, sans l'énergie de mon Continent et les bras de Maria ?

« En plus, tu me fais perdre mon temps à t'écrire des lettres au lieu d'écrire tout court.

« Je suis triste, désanimée, pleine de la douce mélancolie de l'au-delà.

« Je t'appellerai, ici ou là, je ne sais où. »

Une lettre parmi tant d'autres, envolées, oubliées au fond d'une poche, déchirées. Pourquoi celle-ci ? Elle a échoué là, dans un tiroir, par hasard.

Je faisais l'important que je n'étais pas. L'homme invisible, injoignable courant d'air. « Demain sans faute... Tu peux rappeler un peu plus tard, j'ai du monde dans mon bureau... ». « Ecoute, j'avais oublié : demain je suis aux Philippines... Je ne te l'avais pas dit ?... mais si mais si souviens-toi, je ne peux pas faire autrement tu comprends. » Sapajou fébrile sautillant de Djakarta aux îles Tonga et de Nicaragua en Tanzanie, des centrales nucléaires aux attachés culturels, de réunions en télégrammes urgents, et d'une belle qui débarque à une belle qui repart ce soir. Tu m'attendais car tu m'aimais encore, je te faisais attendre car j'étais « au pouvoir » Vicieux redoublement. Il est difficile d'aimer à la hauteur quand on a une quelconque position car on ne peut pas aimer, me semble-t-il, sans chérir les souffrances du poireautage, et les gens haut placés croiraient déchoir s'ils faisaient le pied de grue pour quelqu'un d'autre que Monsieur le Président, Monsieur le Secrétaire Général ou Sa Sainteté. Ils en oublient le vice délicieux, perdent les bonnes habitudes. Encore heureux s'ils répondent de temps à autre, à la va-vite, au désir aigu qu'ils suscitent eux-mêmes, à cette envie teintée de rancune (ou l'inverse) qu'inspire le guet dans une antichambre, une chambre en ville, ou un hall d'aéroport. Les hommes en place, s'ils accumulent intérimaires, intercalaires et passades, ne peuvent que faire semblant en amour, politiquement dangereux et matériellement impossible en raison des contraintes horaires.

Dans le cas d'espèce, l'énergumène était fat ; il brassait et embrassait, en veux-tu en voilà. Pris dans un tourbillon somme toute futile puisque ainsi doivent s'appeler des occupations sans incidence objective sur le cours objectif

210

des choses — et les choses de la vie internationale auraient de toute façon suivi leur cours lent hasardeux anodin gélatineux ingérable imprévisible et finalement inimportant, avec ou sans mes fouettements de cil. Mais ce qu'il y avait de paresse dans mon activisme, de dérobade dans mes coups de menton explique ces fuites en forme de raids tous azimuts. Qu'est-ce qui faisait courir l'inconstant sapajou ? La France, disait-il. Son universelle mission, héritage, vocation, etc. Je me demande si ce n'était pas aussi, outre la vanité de fanfaronner dans les coulisses, la crainte de comprendre. Nos quatre vérités, ce que nous avions fait de nous.

Entre tous les divertissements à ma portée, pas de quoi rougir de celui-là. Autant se fuir vers le haut. Je n'ai pas infléchi le cours des choses mais j'ai cheminé parfois sur des crêtes, fidèle, en attendant l'Europe, à une certaine idée d'Astérix. Narguant les Empires avec son sac à malices, braconnant sur leurs marches en foulant les ukazes, pays de l'isthme, pays de l'est. Déminant ici les ports et là des sentiers de montagne. Mines flottantes américaines, grenades piégées soviétiques. Corinto, Khyber Pass. Désiroire, le petit chargé de mission ? Il la rêvait parfois mystique, sa mission : comme s'il était chargé de reconduire, le temps d'un clin d'œil, allons tant pis pour l'emphase, le pacte vingt fois séculaire « entre la grandeur de la France et la liberté des hommes ». Faire coïncider son peu de réalité avec une vraie légende : où mieux que là aurais-je pu tâter de cette gageure ?

On reconnaît ceux qui sont absents à eux-mêmes à une certaine façon, plus emphatique qu'empressée, de se rendre

211

présents aux autres. La politique étourdit ses drogués par une imperceptible accoutumance à l'inauthentique qui finit par les brouiller avec le réel de la vie. La jouissance du pouvoir est-elle de nature délirante ? Au moment où l'on a tous les tuyaux possibles et sur tout le monde — et donc le genre de désabusement qui assombrit la voix des préfets de police lorsqu'ils évoquent la nature humaine ou tel de leurs contemporains —, tous les montants, courbes et taux devant son nez, on s'enferme dans son petit nuage tel un enfant autiste traquant ses coquecigrues et se repaissant chaque jour de faux bruits. A l'échelon en dessous, satellites et parasites, béatement mythomanes, frétillent à l'envi, chacun faisant des mines sur son cumulus de poche. On a dit cent fois l'effet magique de la puissance, la comédie des rites, la mascarade des hommes de cour, l'art de la feinte et du faux-semblant. S'est-on avisé que les gens de pouvoir, qu'il ne faut pas confondre avec l'espèce précautionneuse et ruminante des hommes d'Etat, se distinguent à ce qu'ils montent les escaliers à toutes jambes, avalent les mots, signent presque n'importe quoi, dévorent les best-sellers, vous torchent un livre, survolent les journaux, forniquent au galop ? Ces cavaleurs n'ont jamais de temps à perdre : ce sont des hommes en fuite, des faux fuyant leur vérité et gobant tous les bobards. Un homme qui court est un mytho qu'il est facile de mystifier. Je l'invitais chaque jour à la supercherie. Comment lui reprocher de m'avoir répondu ?

« Mensonge, ton nom est femme » ? Non, ton nom est personne, moi, toi, lui. Il n'y a pas d'armes offensives ou défensives par elles-mêmes, c'est selon. Il arrive que l'imposture serve aux plus faibles : femmes, colonisés, détenus.

J'ai obtenu la libération avant terme, au bout d'une nuit de discussions en tête à tête avec Fidel Castro, d'un poète cubain paralytique condamné pour délit d'opinion. Sa détention était cent fois trop longue mais le délit n'était pas d'opinion, l'homme n'était pas poète, le poète n'était pas paralytique et le Cubain est aujourd'hui américain. Ce militant simulait l'hémiplégie sur sa chaise roulante depuis des années : ses geôliers le savaient, il savait qu'ils savaient, la partie de bras de fer n'en finissait plus. « J'ai bien peur d'escroquer François Mitterrand, me dit Fidel. Comme s'il me réclamait une marchandise et que je lui en donne une autre, de moins bonne qualité : je ne suis pas épicier mais ce n'est pas honnête. Il va être déçu. » La police cubaine l'avait filmé à son insu le soir dans le cabinet de toilette de sa cellule, après la fermeture des portes (violation de la vie privée) : l'athlète sautait de sa petite chaise et se livrait à une gymnastique impressionnante, avant d'aller se coucher. Quelle discipline ! Quel aplomb ! A son arrivée en avion spécial à Orly, il refusa de sortir de la carlingue : trop de personnalités des arts et des lettres l'attendaient au bas de l'échelle qui sans le connaître avaient cru de bonne foi sa légende. Le commandant de bord me fit appeler à l'Elysée pour que je vienne le convaincre de surmonter ses inhibitions. Après avoir bataillé à La Havane pour qu'on lui ouvre les portes de sa prison, je dus batailler à Paris avec sa mauvaise conscience pour qu'il les franchisse. Ce ne fut pas

213

sans mal. Il finit par se montrer, descendit l'échelle de coupée quatre à quatre, et tout se passa le plus naturellement du monde. Silvia, le lendemain, n'en revenait pas. « Comment peut-on mentir à ce point ? me dit-elle. Il doit en falloir, de la force de caractère. Moi, je n'aurais jamais pu : c'est du dédoublement. » Le lendemain, pas un mot dans les journaux : les mêmes qui avaient longuement spéculé sur l'infirmité d'un malheureux cloué sur sa chaise par d'abjectes tortures virent bouche bée l'hémiplégique s'avancer vers eux à grandes enjambées, et une heure après ne se souvenaient plus de rien. Les faits sont ce que la croyance veut qu'ils soient : ceux qui se gargarisent de la mort des idéologies marchent comme les autres à la passion de l'idée fixe qu'on appelle « idéologie ». Les anciens communistes qui ont crié l'innocence des Rosenberg pendant la guerre froide ne veulent pas aujourd'hui lire le dossier — et ils ont raison.

Valladarès est un homme de conviction. Il milite à présent pour les contras nicaraguayens, aux côtés des ultra-conservateurs nord-américains. Silvia a la double nationalité, vitupère les « contras » aux côtés des révolutionnaires, présente aux journalistes du Chili son « nouveau compagnon, le cinéaste Paul Devavre », dont elle-même n'a jamais vu un film et qu'elle me présentait un mois plus tard à Paris comme « un vague copain ». Personne n'en veut à personne : chacun son combat, comme il peut.

Le Palais, les Mystère 20 et les motards, je m'en suis peu à peu lassé. Ce vice d'enfant gâté, la lassitude. N'ayant jamais su choisir entre l'honneur et l'horreur des responsabilités (tout en préférant recevoir des ordres qu'en donner), j'avais du mal à garder la bonne distance — à tenir du même coup la distance. A vue d'agonie, par le gros bout de la lorgnette, les affaires du jour rétrécissent assez comiquement pour que mon pire ennemi reprenne le dessus, l'ainsi va toute chair... Nul désenchantement, un décrochage. Je me lance à cœur joie sur les choses positives, et une invincible faculté d'absence coupe bientôt court aux convoitises d'avancement, à l'ahan du sapeur taillant son chemin dans les ronces de l'entourage et les tranchées de l'administration. Trop sensible à son insignifiance finale pour me joindre sans rire à la partie de crocs-en-jambe, mais encore trop captivé pour épingler les grimaces, numéroter les tabourets, emmagasiner les canailleries d'arrière-boutique en vue des vengeances de l'automne. Ne tirant de ce trop quotidien remue-ménage ni les bénéfices de Vergennes, ni ceux, différés, de Saint-Simon. Trop mal-pensant pour faire un ministre, un télévisuel, un faux de faux, trop service-service pour faire un insoumis, un irrégulier, un vrai de vrai : quoi de moins attirant qu'un réfractaire qui reste dans le rang ?

J'avais misé sur le gris pour faire plus éminence. Cette couleur muraille blousait quelques gogos sans me duper moi-même. Passer pour un homme d'influence lorsqu'on n'en exerce guère est une espièglerie assez inconfortable. De ce porte-à-faux, je n'ai pas tiré, une fois n'est pas coutume, un trop mauvais parti. Il m'épargne du temps et d'inutiles révérences : rapports pignochés sans grand effet, réunions oiseuses où « je n'ai rien à ajouter à ce qui vient d'être si bien dit », cohues princières où l'on joue les utilités. Ce statut incertain au sein de ce qu'il est convenu d'appeler la Cour préservait mon franc-parler sans amoindrir ma loyauté. Il ne me déplaisait pas d'être un proche souvent lointain, un sujet indocile. J'ai de la fidélité à revendre. En politique, c'est ma première vertu. Elle passe pour morale mais elle n'est que sentimentale, même si je la réserve aux hommes (les sexes entre eux sont amoraux, heureusement). Encore que je m'y entende assez bien pour thésauriser les affections féminines, qui sait de quoi demain sera fait — un bas de laine érotique permet de voir venir. Fidélité ! Paresse du cœur, instinct de conservation des émotifs... Cette faiblesse de caractère, qui gagne à jouer la noblesse d'âme,

216

me vaut en retour l'indulgence de mes employeurs. Vassal impénitent, je me garde cependant de statufier mes suzerains. Par amour-propre ou pour éviter d'en rabattre, le moment venu du déboulonnage? Mes rois de Prusse, ces moindres maux, je les sers sans les serrer de trop près ni les idôlatrer. A un moment où la flagornerie ne pouvait payer, lorsqu'il n'était encore qu'un cheval de retour donné pour battu par tous les augures, brocardé à l'envi par nos « grands intellectuels », je pris un malin plaisir à expliquer dans *Le Monde*, au début de 1981, le respect que m'inspirait François Mitterrand en suggérant qu'il était temps que cette sobre vertu, républicaine par excellence, caractérise une nouvelle période des relations entre gouvernants et gouvernés. Cet article prématuré, infraction aux règles du sarcasme, m'en valut beaucoup, sur le moment. Relisant sept ans après *Le temps du respect,* je n'en retrancherai pas un mot. Qui le ferait? Il est communément admis que le Président qui a supprimé la peine de mort en France (au détriment de son droit de grâce) est un homme respectable.

N'ayant jamais postulé au premier cercle de ses amis, ceux des mauvais jours, j'ai trop le sens du ridicule pour aller, en jeans et baskets, jouer des coudes devant les caméras parmi les apôtres de la Pentecôte à Solutré. Mes impostures ne sont pas assez nouveau riche, trop fine mouche pour feindre en public une familiarité qui n'existe pas en privé. Si à Latché je me sentais à l'aise, avec Danielle et la famille, à l'Elysée, je ne me comptais pas au nombre des chouchous, et les favoris, à bon escient, auraient mis le holà à toute tentative d'ascension indue : l'esprit d'équipe n'était pas notre fort (il y avait plusieurs équipes en une). Le bureau du Président ne m'était pas ouvert jour et nuit, mais il ne m'était pas fermé quand je frappais à sa porte. De même qu'il ne me posa aucune condition lorsque je m'incorporai à sa Maison (moi non plus, si j'ose dire), il me laissait les coudées franches dans mon coin. M'étant toujours refusé à me faire élire à quoi que ce soit, Comité directeur ou mandat public, j'étais d'entrée de jeu exclu du peuple élu des élus du peuple ; pas même au nombre des catéchumènes que sont les aspirants à un conseil municipal. Cela n'empêche pas l'affection — que n'attiédissent pas ses intermittences. Elle était de sa part plus mesurée que ma considération, et peu politique. S'il ne m'aime pas, il m'aime bien et il a du mérite : ma présence dans son entourage ne lui a pas valu grand bénéfice. Il ignorait la hargne que j'inspire à la majorité des leaders d'opinion, qui m'étonne à chaque salve et que lui révéla ma relative sortie de l'ombre en juin 1981. L'acharnement de la grande presse en aurait démonté de plus pusillanimes. Si c'est à moi qu'il faisait mal, c'est à lui qu'il portait tort. Avoir laissé entrer dans le saint des saints un « furieux », au pire un « agent communiste », au mieux un dangereux sectaire ne témoignait pas aux yeux de la meute bien-pensante d'un grand discernement. Il fit la sourde oreille, muré dans une olympienne ironie ; et la caravane passa.

Peu d'atomes crochus au départ : nos univers, comme nos amis respectifs, se croisaient sans se voir. Il a le flegme provincial, je suis parisien, donc énervé. Il ne goûte guère, quoique s'y étant usé les yeux pendant vingt ans (les « bien que » sont souvent des « parce que »), les spéculations et débats scolastiques chers à la gauche d'Eglise et dont je passais pour un dévôt. Le monde hispano-américain, dont il a longtemps ignoré la langue, les romans, les hommes, et

218

je le crains les femmes, ne l'intéressait auparavant que de loin. Cent fois moins que la Bible et la spiritualité juive qui subjugue l'ancien élève des maristes de Vaugirard, plus encore depuis qu'il a arpenté les camps de concentration à leur ouverture ; dix fois moins que le monde anglo-saxon et son *habeas corpus*, lui l'homme de loi pour qui, les souvenirs de guerre aidant, Etats-Unis et Royaume-Uni demeurent les champions de la Liberté. Aujourd'hui à ses yeux le monde latin ne s'arrête plus à l'Italie ni l'Asie à la Chine. Ai-je au moins contribué à élargir ses horizons ?

François Mitterrand a un tempérament de gauche et une culture de droite — tout à l'envers, je le crains, de ma constitution. Qu'est-ce à dire ? Qu'il admire les vues de Jaurès mais s'émeut au style de Chardonne, préfère le mot juste à l'idée riche, le trait à l'envolée, et la flûte au tambour ? Qu'il dédaigne le rhéteur en Malraux, bâille au prêchi-prêcha des Camus, boude l'idéologue dans l'écrivain des *Mots*, et trouve plus de goût aux hussards ? Qu'il se sent plus à l'aise avec Françoise Sagan qu'avec Lévi-Strauss ? Pas seulement. « Droite » et « Gauche » ne désignent pas des camps mais des sensibilités. J'appelle excellence de droite le penchant pour les herbiers, la notation sèche et pointue, le coup d'œil psychologique. François Mitterrand, ce socialiste qui se méfie des projets de société et que le charabia des sociologues excède, ne traîne pas les valises critiques de « l'intellectuel de gauche » qui m'ont démantibulé l'épaule. Il prise plus le détail sur le vif que l'explication générale, un aperçu qu'une théorie, les gens que les mythes : sa sagesse s'est délestée, chemin faisant, du savoir. Ses meilleurs amis sont des écrivains, non des professeurs. « Engagé » dans la vie, il ne ressent pas le besoin de l'être

219

dans ses choix. Ceux qui aiment interroger un ciel, un paysan des environs ou leur concierge plutôt que les oracles attitrés de la condition humaine font à l'ordinaire des sceptiques, indifférents et ricaneurs : hommes de droite. Mitterrand croit dur comme fer dans le Progrès, les bienfaits de la science et le triomphe du droit sur les rapports de force. L'ordre des choses peut et doit être changé : vocation de gauche. Je m'y entends plus en métaphysique qu'en botanique, et il me semble que seul l'équilibre des douleurs en ce monde peut être modifié, la somme totale demeurant constante. Optimiste, il peut être féroce dans l'ironie gaie ; pessimiste, je me défends par l'humour, plus tristement. Je me donne assez de mal pour être malheureux, quand il est de ceux qui s'imposent la discipline du bonheur : deux races. Mais l'homme est-il fait pour le bonheur ? A cette question fondamentale bien que rarement posée, qui n'admet pas de réponse démonstrative et rationnelle, certains répondent oui — instinct de gauche —, d'autres non. Le corps en décide et les discours suivent.

Je ne saurai jamais ce qui m'aura valu la bienveillance d'un homme planté droit sur terre, qui ne prend pas de somnifères pour dormir, ni d'excitants le matin, ignore les dépressions et les indigestions, et pour qui chaque journée, cette course contre la mort, n'est pas une course contre la montre.

Un homme, non le Président. Charles comptait peu en de Gaulle, même à ses propres yeux. François existe en retrait, à côté de Mitterrand. Il le surplombe, le tient à bout de gaffe. De Gaulle dormait à l'Elysée, le Palais était sa maison. Mitterrand rentrait le soir à son domicile, dans son privé. De Gaulle avait mangé Charles ; le personnage ni la fonction ne risquaient pas d'avaler François, plus coriace et peu sensible, me semble-t-il, aux vicissitudes du politique. Fureter le matin chez les bouquinistes et passer la soirée à lire dans sa chambre — pas de dîner en ville —, ce recul donne du jeu et au-dehors, parfois, un masque de Pontife à col raide. S'il n'y avait, sous ce marbre d'imperator, un narquois aux regards en coin qui préfère la ville au théâtre, il y aurait en effet de quoi s'écarter. Le noyau dur de ce singulier homme d'Etat, c'est l'homme, non l'Etat ; ce qui est caché, non ce qui est représenté. Si à l'Elysée j'avais été moins étourdi par mon prurit missionnaire, j'aurais peut-être appris du maître des lieux une maîtrise plus secrète qu'une simple expertise stratégique, une économie très personnelle, plus utilitaire qu'une bonne politique étrangère (à laquelle elle peut au demeurant prédisposer) puisqu'elle concerne le gouvernement de soi. Mouche du coche, j'avais une vie en morceaux ; le Président de la République avait dix journées en une et en sortait intact. Loin de le désagréger, le carrousel des audiences, le décousu des affaires, les conseils et les cérémonies, ne paraissaient pas entamer son quant-à-soi. L'unité de vie résistait en lui aux distractions publiques — sans doute parce que sa vie profonde ne s'y réduisait pas. J'ai bien tort de balancer la constance de ses amitiés par la distance qu'il y met parce que cette distance est d'abord avec lui-même. S'il ne l'avait pas, il ne tiendrait pas la distance avec les autres — ni dans les affaires. Constance, opiniâtreté — ces vertus manquent aux hommes pressés. François Mitterrand n'a pas le téléphone dans sa voiture — quand un homme de pouvoir ne saurait s'en passer. Il monte devant, sans affectation. De Gaulle non plus n'aimait pas le téléphone, mais je ne l'imagine pas dans sa DS noire assis à côté du chauffeur.

Je me jette au cou des premiers venus quitte à les oublier le lendemain, et pour cause : je ne suis pas vraiment là quand je les embrasse trop. Une certaine assise intérieure oblige à la réserve et permet de se disperser sans s'éparpiller, de passer sans fausse note d'un genre à un autre. Comme on le voit lui-même passer patiemment, posément, minutieusement, d'une existence à une autre, lorsqu'il remet, en fin d'après-midi à l'Elysée, sous les pâtisseries du salon des fêtes, la légion d'honneur à un pot-pourri d'impétrants intimidés, alignés debout en rang d'oignon. Pas de fiches, pas de notes ; et pas d'allocution-accolade, façon dîner de têtes à l'Elysée, courtoisement attrape-tout. Cinq minutes pour chacun de souvenirs personnels, circonstanciés, sans tournis apparent, et il y a, à la file, une architecte italienne, un coureur cycliste d'Albertville, un vigneron de Saône-et-Loire, un professeur américain de littérature, un vieux journaliste et un garagiste bourguignon. Il parcourt, arpente les paysages individuels à voix haute, comme s'il avait eu autant de vies antérieures comme décorateur de théâtre, dégustateur de crus, réparateur de voitures, organisateur du Tour de France et lecteur de Samuel Beckett. J'aimais assister à ces cérémonies-promenades, en touriste, suivre le guide, découvrir par le menu la comédie humaine de mon siècle, de mon pays, moi qui, convaincu de l'unité de la France, avait trop négligé la variété des Français et des étrangers qui fait son prix. On m'avait enseigné jadis qu'un homme de l'Histoire ne s'intéresse pas aux petites histoires, qu'il n'y a place, sur les sommets, que pour des vues cavalières, aphorismes et sublimités — « l'accent du Destin ». Un souverain démocrate me faisait découvrir le bonheur des collectivités locales. En fin de compte, ce sont des individus, non « les masses », qui font l'histoire du monde, et que ne faut-il de rase-mottes pour un piqué au bon moment ! A travers un homme plus mordant que lyrique, qui n'est ni prophète ni visionnaire, je retrouvais une certaine qualité de civilisation — la mienne, la nôtre. Elle distribue autrement le grand et le petit, les entractes et les « choses sérieuses » ; elle colle au terroir, épouse les reliefs, prend les hommes avec leurs circonstances ; ne les pèse pas à leur poids de titres ou d'argent, ne les range pas d'après la hiérarchie d'un parti ou les échelons de la réussite sociale. Sartre s'était fourvoyé en brocardant, vers les années soixante, « le Petit Chose » de la politique. Il lui en a fallu, c'est vrai, des poignées de main et des petits pas, des labours et des notables pour forger sa grande querelle. De Gaulle a fondu vers la France à partir des sommets, en tir plongeant. Il n'a pas eu à faire sa cour, à rendre visite aux parents, à endurer de longues fiançailles : il épousa à la hussarde, du premier jour, un 18 juin. Son vis-à-vis dans cette République est monté vers la France par une route départementale à lacets, sur un petit vélo de résistant à guidon chromé. J'avais moi-même rangé Mitterrand, de loin et dans le même temps — qu'on est bête à vingt ans — parmi les « politiciens » —, les trotte-menu de la plaine, ceux qui ont l'ambition sans la foi. Ignorant que la grâce peut venir avec les œuvres. Clemenceau aussi a commencé en politicien, et Gambetta. Jusqu'au jour où l'événement qui les jette dans l'Histoire leur allonge le pas,

223

aussi bien, sinon mieux qu'une vocation précoce. Faire la différence entre les quidams, doser la confiance et les compliments au plus juste, cela s'apprend à l'entraînement, sur la longueur. C'est une gymnastique très salubre, un mélange d'ascèse et de délectation qui rend ce Sphinx avenant en société, et plutôt disert en petit comité. Le meilleur remède contre l'indifférence de tout, cette vanité de faux aristocrate, n'est-ce pas l'attention aux autres, à chacun d'eux ? Oui, au lieu de m'agacer de ces déjeuners cocasses « en toute intimité », de ces tables d'Arlequin où l'on se retrouve coincé dans la blanche salle à manger privée du Palais, sous un lustre pompidolien façon mobile cinétique, entre un général d'armée cinq étoiles, une théâtreuse art déco, un gandin des Belles-Lettres, un conseiller général de la Nièvre, un champion automobile et un prix Nobel de physique, j'aurais pu apprendre du maître de maison l'art de butiner sans papillonner, de ne pas se perdre dans les labyrinthes, et de coaliser, en soi et alentour, les plus incompatibles. Il y a beaucoup de Français dans la France du père, parce qu'il y eut beaucoup d'êtres dans la vie de cet homme plein, pas facile à tournebouler, économe de gestes et de mots, et dont la forte retenue — comme une masse d'eau dans un barrage ou de mémoire dans un écrivain — alimente, en aval, l'énergie.

Plutôt brouillard que mercure, cette densité m'est interdite. Que me reste-t-il de nos années de stuc ? Des floches de brume grises et roses ; évaporées à mon insu dans mon dos. Où donc retenues ? A me demander si le plaisir des « responsabilités », qui ne se réduit pas aux seules jouissances physiques du pouvoir (comme la miraculeuse escorte de motards, sirènes et gyrophares, qui, telle la mer Rouge devant Moïse, refoule sous votre nez le flot des voitures à sept heures du soir), n'est pas pour ma part d'abandon à une maléfique et mélancolique frénésie. Le travail politique n'a-t-il pas l'amertume du temps perdu, même pour les gagnants, ces hommes sans œuvre et pour cela même comblés d'honneurs ? Qu'est-ce qu'ils gagnent, nos heureux élus, et pour combien de temps ? Mais comment le sauraient-ils ? Telle est la magie du pouvoir que, sitôt remplacés, présidents ou ministres passent, en une minute, de l'état de monarque inaccessible et obsédant à celui de zombie qu'on s'arrange pour ne pas saluer si on le croise dans la rue (tel un Swann de cabinet apercevant son ministre dix ans après : « et toute cette folie pour un type aussi ordinaire »). Collapsus d'autant plus cruel pour eux que derrière leur bureau Louis XIV, et les rideaux de l'entourage, la planète sur leur clavier téléphonique, et tant d'éminences faisant tapisserie, ils n'ont pas senti passer les minutes, les mois, les années. Les positions officielles font des vies suspendues, comme les jardins des mille et une nuits, au-dessus du néant. C'est le sortilège des palais auquel nul ne paraît échapper (comme celui du cancer qui au fur et à mesure qu'il progresse dans le corps d'un malade s'efface de plus en plus de son esprit au bénéfice d'autres maladies plus bizarres, encore mal cernées, ressemblant au cancer sans en être vraiment), qu'ils suppriment peu à peu la réalité du monde extérieur, celle des pékins — métro, embouteillages, prix du kilo de carottes — en même temps qu'ils effacent, même si l'esprit reste vif, les échéances qui viennent à expiration. Responsables et militants se croient immortels et vivent dans la fièvre. Se sentir inamovible et avoir la bougeotte, ce n'est pas ainsi qu'on triomphe de la mort. Le démon du pouvoir joue à qui gagne-perd avec les écumeurs du temps perdu, promis à la même trappe que ministres, rois et préfets. Voyez nos Romain Rolland, nos Maurras, nos Barrès, embrasseurs de vent que le vent emporte, un seul pas de l'allumeur de feux au tas de cendre. Pourquoi donc me suis-je si fort intéressé à tout ce qui intéressera demain moins qu'aujourd'hui? Télégrammes, dossiers, messages, notes à l'intention et sous couvert de?

Grâce à ma frauduleuse, ma décapante, je touchais enfin au port. La passion politique ne ferait pas mon bonheur. N'avait-elle pas plutôt été ma malédiction, le sortilège qui, en me détournant des courages essentiels, m'avait gaiement jeté dans la course au néant? Ces dernières années il est vrai, au bureau des pleurs du Château, j'avais vu défiler trop d'éclopés du tiers-monde, damnés de la terre déchus ou oubliés. Souvent commis aux enquiquineurs, aux bonnes paroles et aux tapes dans le dos, je m'étais retrouvé aux premières loges non pas du Pouvoir mais de l'impuissance amère, du quotidien « mon Dieu que ce monde est injuste ! » La gloire m'est apparue réglée comme une horloge, sur la richesse et la force, et l'infamie réservée aux miséreux. Mais sous les moments d'euphorie eux-mêmes, loin des lambris, se planquait du chagrin. Chaque fois que j'ai cédé à l'exaltation collective, qu'un effet de foule m'a donné la chair de poule, j'aurais dû me dire : attention danger ! Les illusions lyriques ont-elles comme les amphétamines des « effets secondaires éventuels » : rougeurs du visage, état nauséeux, pertes de l'appétit ? J'ai senti plus d'une jubilation « historique » dans le passé : La Havane 61, Santiago 71, Paris 81. Mon cœur n'a pas battu pour de vilaines causes et j'ai le plus souvent gardé la tête froide : je ne battrai pas ma coulpe.

J'ai pu me tromper mais n'ai couvert aucun crime, justifié aucun holocauste, truqué nul témoignage. Simplement envie de sourire, à distance. Ce n'était pas si important. Cela n'a pas changé ma vie. Cela m'a plutôt détourné de ma petite guitare. Pas d'autre aberration à expier qu'amoureuse. Mais c'est l'intoxication politique qui a fait l'amour aberrant. Le sommeil du cœur, lui aussi, engendre-t-il des monstres ? Au fond, ce qui a résisté le mieux à la déconfiture, au petit sourire des quarantaines contrites, ce n'est pas tel ou tel visage de Chef mais quelques silhouettes de passantes. Tenaces, les éphémères. L'importance est rarement du côté des Importants, mais quand on s'en rend compte les passagères ont filé depuis belle lurette.

« Une grande histoire d'amour est-elle compatible avec l'amour de la grande Histoire? Et si oui, à quelles conditions? » Cela ferait un joli sujet de baccalauréat, avis aux Recteurs. Reconnu d'utilité privée. Pour ne pas entrer dans sa vie à reculons.

Sans rancune. Mon idéal : prendre mes distances tout en gardant mes convictions. Absent à nous hier, je ne voudrais pas demain, si un nous venait à renaître, fermer les yeux sur tout le malheur du monde. Pas circonspect, circonscrit. Il ne faut pas jeter la politique par-dessus bord mais l'intercaler à sa place entre une nuit d'amour et une page d'écriture. Faire la part du feu. Puisque deux forces essentielles se disputent la planète et nos cœurs sans relâche, l'appétit de puissance et la recherche du bonheur, une paix de compromis paraît la seule issue honorable. Il ne serait pas sensé de vouloir mettre à genoux l'une des deux. Faudrait-il pour roucouler se boucher les oreilles aux cris des torturés? Siéger au plafond, au-dessus de la mêlée, ailleurs? La mêlée, je l'aurais voulue tout contre, à côté, mais non lui céder la place, ma fille, ma femme et le Tintoret. Il se peut que mon bonheur ne dépende que de moi, mais ce serait encore une duperie que de vouloir s'y barricader pour ne défendre que lui. C'est entendu : je ne vois pas quelle cause peut valoir, aujourd'hui ou demain, qu'on prenne pour sa défense le risque de voir Venise engloutie, bombardée, atomisée. La politique, ensemble de valeurs pénultièmes, doit céder le pas à la Vierge blanche de la Salute. Désintoxiqué je suis. Pour faire quoi? On ne peut pas vivre sans majuscules; et encore moins créer. Disneyland succède à la cathédrale de Chartres, le beau progrès que voilà. Moi qui ne crois ni en l'homme-Dieu ni en l'Histoire, j'aurais pu avec elle bâtir ma petite cathédrale.

Aurais-je appelé « amour » ce qui me fait monter au feu ou en ligne, et parfois redescendre en catastrophe, comme en Bolivie — si je n'avais affublé sous ce mot la mouvante empreinte des violences du siècle, comme l'ombre portée du sang des autres dans ma vie bien protégée ? Trouble connivence qui donnait à mes abandons un alibi facile : faites l'amour, c'est comme faire la guerre, deux pierres d'un coup. Venezuela de Douglas Bravo, Chili de Pinochet, Bolivie des généraux. D'une décennie à l'autre, mon image directrice s'était déplacée sur la carte avec les nœuds de la lutte armée chez les Latinos.

Si je n'avais pas rencontré dans le Santiago d'Allende « la Gringa », le conseiller spécial des militaires de choc boliviens, l'Obersturmführer Klaus Barbie aurait-il finalement atterri devant la cour d'Assises de Lyon ? Peut-être. Reste que c'est d'abord avec elle, avant que Myriam ne me présente Beate et Serge Klarsfeld, que j'avais projeté de l'enlever, en 1972, quand elle reconstituait au Chili, presque seule, l'*Ejercito de Liberación Nacional* de Bolivie. Barbie avait assassiné Moulin, un certain Quintanilla, officier d'active, venait d'assassiner Inti Peredo, son ancien compagnon, le successeur du Che. Allemande elle-même, Monika Hertl connaissait le petit milieu allemand de La

Paz comme sa poche (son père, ancien combattant de la Wehrmacht, avait même hébergé le soi-disant Altman à son arrivée en Bolivie). Elle a voulu en attendant avoir la peau de Quintanilla à Hambourg, où on l'avait nommé consul pour qu'il se fasse oublier, en compagnie du fils de Barbie. Et quand elle a été assassinée elle-même à La Paz peu après, le 13 mai 1973, Barbie, son compatriote, l'obligé de son père Hans, a réquisitionné sa maison pour en faire un centre d'interrogatoires. Si cette sportive Loreleï, cœur d'or et nerfs à vif, n'était pas un jour passée par la place Dauphine, cheveux et sourcils teints en noir, je n'aurais pas repris la balle au bond lorsque Serge Klarsfled est venu dans mon bureau un jour d'octobre 1982, à Paris, me signaler les provocations du vieux militant nazi à La Paz. Je n'ai fait qu'aider les responsables à suivre le dossier, mais avec une certaine opiniâtreté, par une sorte de courtoisie posthume. Pour rendre à Monika le plaisir qu'elle m'avait fait. Les sentiments aussi ont leur droit de suite. En l'occurrence, il n'était pas de haine. J'en suis, hélas, trop incapable.

En l'absence de mes guerrières, Joan Baez, avec qui je flirtai à Paris au creux des années soixante-dix, inquiéta mon confort intellectuel. Si sa drôlerie, son cran, un je-ne-sais-quoi de sauvage et de raffiné, ce chaud-froid qui fait les êtres poétiques, n'eurent guère le temps de me convertir au pacifisme, ils m'ôtèrent tout dédain envers cette forme de combat et de pensée qui, par malchance pour Gandhi et sa postérité, requiert chez ses adeptes une force de volonté peu commune. Joan, candeur d'acier, me redonna le sens du devoir et de la défense des prisonniers d'opinion, Amnesty International oblige. Avec le goût des cactus-cierges, de la pulque et des mariachis. Elle faisait alors des tournées au

Mexique — je cultivais l'amitié du Président mexicain de l'époque, vaillant tiers-mondiste. Invité par l'empereur aztèque pour un entretien à Mexico ou une conférence sur « l'échange inégal », j'en profitais pour aller la retrouver à Guadalajara, impunément.

Tant que mes terres promises avaient eu un corps, un prénom, une odeur — sensuellement présentes en dépit ou à cause des distances, des années qui m'en séparaient — ma solidarité avec des combats en fin du compte lointains ou douteux demeurait agissante. La lutte antifasciste ne tenait pas d'une belle Allemande née en Bolivie ses lettres de créance; c'est seulement moi qui eus besoin de sa jeune pureté criblée de balles pour ajouter le geste à la parole. Si mon intérêt militant a décliné ces derniers temps, comme chez beaucoup, ce n'est pas tant pour avoir changé d'idées en changeant de milieu et d'échelle de revenus. L'élan est retombé parce mes créancières m'ont laissé tomber, une à une. Elles ne me demandent plus rien. Moratoire général. Exploits facultatifs, on ne m'a plus à l'œil. Avec l'âge, l'embourgeoisement ou l'éloignement de mes héroïnes, les contre-valeurs parisiennes ne rechargeaient pas vraiment les accus. J'avais beau feuilleter Carpentier et Giono, mon voltage héroïque allait s'affaiblissant : non à quoi, mais à qui bon l'affairement désormais? Comment aurais-je osé demander audience au Roi pour lui dire la vérité : « Monsieur le Président, je ne sais plus à quel sein me vouer, à qui dédier tout ce temps que je perds à des choses que mon impertinent diablotin et vous-même avons toujours su inutiles mais qui jusqu'à présent me servaient au moins à me rendre agréable à quelqu'un, disons vaguement intéressant. Allons! Remballez-moi vos missiles, vos sommets et vos ministres, tout cela ne me semble plus sérieux. » Timide à l'oral, et encore plus devant le Président de la République, qui déjà en temps normal m'intimide plus que de raison, je préfère confier mon subterfuge à l'écrit.

A Cancún par exemple, je rêvais en écoutant François Mitterrand. Je me plais encore à m'imaginer que c'est à mes bien-aimées qu'il s'adressait ; comme s'il fallait que nos diplomates offusqués et l'humanité progressiste reconnaissante leur adressent plaintes et remerciements. A Silvia et à la constellation de brunes ensoleillées qu'elle me permettait, la peu jalouse, de faire graviter autour d'elle, soleil dont je variais les planètes à mon gré. Ce n'est du reste pas un discours, mais une ode, une élégie, cantique avec stances et versets ; et le Président ne l'a pas prononcé à Cancún mais à Mexico (où avait rebondi mon illusion). Qu'importe si les journalistes mettent à côté de la plaque, une fois de plus ? Quel gaulliste s'est jamais reporté au texte du discours du Phnom Penh, quel mitterrandiste songerait à lire le discours qu'ils appellent de Cancún, puisque le clignotant d'un symbole nous suffit ? Je suis fier pour ma part d'avoir vu déposer aux pieds de mes Madones, tel un Croisé en Terre Sainte songeant par-delà son Roi à sa princesse lointaine, cet involontaire « Je vous salue Silvia », qui résonnait à mes oreilles comme une supplique expiatoire où le Nord implorait le pardon de ses fautes (égoïsme, calcul intéressé, négligence, cynique oubli des compagnons d'antan) et promettait des lunes de rachat. Ces belles paroles eurent encore moins d'effet sur ma Dulcinée, qu'elles n'attendrirent point, que sur notre Aide Publique au Développement, qui ne se laisse pas conter fleurette. Qu'importe : elles étaient justes, j'y crois encore.

Le Sud a toujours à mon goût une saveur de cannelle. Originaires du tiers-monde, mes premières rencontres m'ont tôt ancré dans le « tiers-mondisme ». La chose et le mot ne sont plus du bel air mais ma fidélité à cette cause qu'on me dit défraîchie relève des obligations de l'amour courtois. Ne voit-on pas de bons chrétiens se convertir à l'islam quand ils s'éprennent d'une musulmane? L'émissaire de la zone des tempêtes (la dernière en date) m'a pigeonné? On ne crache pas de bon cœur dans les fontaines où l'on a bu, l'eau fût-elle boueuse. A l'époque, la pseudo-rebelle gardait encore son masque et moi mon loyalisme. Au point de solliciter une petite aide pratique de la part de certains services spécialisés pour des militants du MIR chilien, dont l'extrémisme imbécile me révulsait, mais que je déclarais « incontournable » puisque Silvia y avait ses attaches et un blason à redorer.

Ces affinités avec une Amérique trop latine, cet Extrême-Occident qui m'ébranle moins aujourd'hui que l'Asie bouddhiste ou hindouiste et dont l'histoire désespérément cyclique finit par lasser quand on est loin, simple encombrement du cœur, m'a valu, me vaut encore des sympathies, marginales, et des antipathies massives, hélas imméritées. Mes romans ont assez dit le quiproquo, et que c'est Myriam ou Silvia qui me déterminaient : la gent politique les ignore. Dommage ou tant mieux? A mes oreilles tout commence par des chansons, en France tout finit par des

233

discours. En mettant à plat des airs de musique, je suis retombé sur mes pieds. Pirouette ou trucage qui m'ont valu, dans l'officialité, des alliances, des connivences profitables mais contre-nature. On me croyait féru du « Nord-Sud », comme disent diplomates et stratèges, par opposition à l'Est-Ouest. De grands ministres comme Claude Cheysson ou Edgard Pisani, de bons socialistes comme Stephen Hessel ou Jean-Pierre Cot, m'enrôlèrent dans leur smalah, m'affilièrent à leur réseau sur un malentendu. Ils ont une vision du monde, j'ai des réminiscences. Sous leur discours « hard », humaniste et technocratique, je glissais un féminisme lyrique, et des visions plutôt « soft ». Quand mes amis parlent du Sud du haut d'une tribune, ils pensent solidarité nécessaire, débouchés, keynésienne relance et intérêt bien compris de l'Occident ; au même moment, en contrebas, il m'arrive de fermer les yeux pour voir Tamara, José ou Bianca, une vagabonde au sein bruni, attaché haut, des fesses à fossettes et un regard de velours. Le « Nord-Sud » dans leur bouche appelle des accords de produit, des fonds de stabilisation, un Lomé IV et V, et dans ma tête, un serment d'amoureuse allégeance. Je voudrais que le Nord, l'Occident, moi-même peut-être, Homais avaricieux et jobard, à bedaine et oignon, dépose genou à terre aux pieds de sa Périchole, de sa Païsa, de sa Myriam ou de sa Silvia carrosses, louis d'or, palais et chèques en blanc. Je voudrais que la dette se « pardonne », au lieu de se « renégocier », de se « rééchelonner » avec une froide mesquinerie, comme on passe leurs folies à nos maîtresses, flambeuses qui jettent l'argent de la Banque mondiale par les fenêtres sans penser au lendemain parce qu'elles vivent, elles, selon leur cœur, au jour le jour, dans la fraîche vérité des cigales. Je sais au demeurant ce que ces fantasmes de fourmi blanche réservent de déconvenues. Ma damnée de la tête n'ayant que faire de la stendhalienne liberté que je lui prêtais, mitonnait un rêve de layettes et de respectabilité ; la tsigane pot-au-feu, trop cossarde pour cuire des spaghettis et repasser une chemise, rêvait de pouponner dans le rose bonbon, comme le tiers monde frisé rêve à nos Madonnas platinés et à nos roues de la Fortune.

Rassurez-vous. Je ne suis pas condamné au cucul-la-praline, l'amateur éperdu peut jouer au pro pincé quand il le faut, voyez, pour « l'Est-Ouest », comme le détachement viril prend sa revanche. Lorsque j'observe l'état des rapports de force — le monde tel qu'il est —, je ponds deux volumes, *La Puissance et les Rêves,* et *Les Empires contre l'Europe,* secs, asexués, sans fantasme ajouté. Encore une chance. Une vie en deux, deux mappemondes en une. Ne vous trompez pas de planisphère. Celle que j'analyse à froid, affranchie des psychanalyses, est la seule vraie : le cœur n'y est pas.

Avouons-le, quoi qu'il m'en coûte (la pose était intéressante), j'ai tout à l'heure triché en faisant le candide qui a laissé son âme accrochée aux branches dans la jungle des Palais : il me semble quelquefois que la politique n'a jamais été pour moi que la continuation de l'amour par d'autres moyens. En vain m'étais-je targué d'être un intellectuel — entendant par ce mot quiconque ordonne sa vie à une idée.

Non que mes idées aient au fond dépendu de mes sentiments, comme chez beaucoup de littérateurs. Mes engagements, oui.

Léger? Folâtre? Irresponsable? Détrompez-vous. Mes
grisettes m'ont donné le sens du sérieux; et même de la
gravité de certains choix. Cavalier seul, je rechigne, mais
saute l'obstacle avec une amazone en croupe. Privé de ce
que j'ai appelé un peu vite, pour faire poli, mes fantasmes,
j'aurais psalmodié Droits de l'Homme et bons sentiments
sans me hausser aux mauvaises actions. J'aurais fait un
follet humanitaire, un agité de la plume, non un activiste
somme toute conséquent. Oui, c'est grâce à Selma,
Myriam, Monika, Silvia, Joan et quelques autres « petits
moteurs » aux yeux noirs que je ne me suis pas contenté
d'écrire aux directeurs de journaux ou de porter un badge.
Chaque événement, chaque pays distille un esprit volatil
qui s'évapore en mots s'il ne se dépose pas sur un corps,
dans un regard ou un timbre. Le génie du siècle a aussi ses
femmes d'affaires, et en les courtisant, elles, il arrive qu'on
l'embrasse, lui. Tout compte fait, les héroïnes de mon
roman privé m'ont transformé en une curieuse sorte de
profiteur : un opportuniste de l'universel. Si j'ai eu
un talent de vivre, c'est celui-là. Une chance plus qu'un
don. Elle s'apparente à un beau mystère : l'incarna-
tion.
Drôle de soupçon cependant : et si « les affaires

sérieuses » relevaient d'une hystérie de conversion, d'une métaphore à la puissance n, d'un malentendu planétaire où nous transmuons les confidences que nous n'osons en projets de société, les ratés du cœur en courbes statistiques, l'or en plomb ? L'Histoire, les hommes aimeraient-ils tant la faire, comme on dit, s'en obséder, y perdre la santé et le bon sens, s'ils avaient osé vivre jusqu'au bout une simple histoire d'amour ? Solennel bastringue, tout plein d'infirmités... Il me plaît de penser que les héros, prophètes, conquérants et martyrs ont empoisonné le monde pour se guérir eux-mêmes d'une infime blessure. Derrière, à l'orée de chaque homme d'Etat, chercher, non la femme, mais sa fuite. Devient-on un politique par insuffisance ou incompétence érotique ? Et si l'histoire de l'humanité, tribut payé par les timides ou les impuissants aux bonheurs impossibles, n'était qu'un long chagrin d'amour qui s'ignore... ?

Un jour, elle me parla d'un projet de film sur l'exil, le Chili, le souvenir ; je l'écoutais d'une oreille polie, sans bien faire attention ; elle avait des difficultés avec le commentaire, ne pourrais-je pas lui donner un coup de main ? Non, j'avais vraiment trop à faire de mon côté. Qu'elle demande au caméraman.

Je protestai un matin, rue Notre-Dame-des-Champs, un duplex minuscule, contre un trop-plein de robes dans le placard. Elle me répondit tout naturellement que les jeunes amis de l'équipe du film pouvaient l'héberger en banlieue, le temps que nous trouvions quelque chose de plus grand. Sans hausser le ton un instant. « Ciao, à demain, je t'appelle. »

Caresses, serments, confidences, promesses, sourires. Pas un mot et tous les mots. Sublime. Comme d'habitude.

Le destin n'est pas une vieille pute capricieuse. C'est un fonctionnaire consciencieux, un sourd-muet cravaté qui chaque matin fonce tête baissée à son bureau.

III

Comm' y en a cent par jour

« Eh bien cher ami, vous me décevez. Je vous imaginais plus sérieux, plus solide... Ces vertiges de midinette ne me semblent pas dignes je ne dis pas d'un philosophe ni même d'un haut fonctionnaire, mais d'un adulte en bonne santé... Je ne vous voyais pas jouer dans *La Femme et le Pantin*... Vous n'en rajoutez pas un peu ?... »

Pourquoi m'étais-je confié à ce lointain collègue ? Me faudrait-il donner raison à un inconnu ?

« Disons que c'est une vérité... Ma vérité du soir... J'en ai d'autres à votre service, si vous n'aimez pas le clavecin... Téléphonez-moi de bon matin, je sonnerai la diane et battrai le tambour...

— Et tout cela pour une petite garce, apparemment... toute en menteries et manigances... Elle vous avait jeté un sort peut-être... Vous y croyez aux sortilèges, aux philtres... Un peu de discernement, mon cher ami... Ce n'est pas *Prénom Carmen* ou alors vous devez vous faire soigner...

— Exact, cher ami. Je fréquente peu l'Opéra et ma diseuse de malaventure ne répondait pas au signalement. Paso-doble, taille cambrée en cavale, mantille, œil de braise, jupon pourpre et poignard à la jarretière — le

241

flamboyant n'était pas son arme préférée. Du charme indéniablement, sans être de ceux qui se disent enchanteurs. Pas de déhanchement de pouliche, cils balai, nombril tragique, façon archange des carrefours ou nymphe des ruisseaux. Pas outrageante pour un sou, la magicienne. En demi-teinte, couleur feuille morte, petite, une auréole mais de brume, plus d'automne que d'été, plus terre que feu. Elle n'embrassait pas, elle s'insinuait; préférait déguerpir à s'imposer. Avec un sourire de chamois craintif, qui s'efface en zigzaguant entre les platanes du Palais-Royal, se perd dans la foule et l'ambiguïté. Et d'excellente famille avec ça. Education chrétienne, Alliance française, Université catholique de Santiago, villa à Colchagua, la plage des gens bien. A l'école, aux fêtes de patronage, le rôle de la Vierge Marie retombait sur elle. Père recteur, démocrate-chrétien connu, architecte, droit, noble, vertueux, courageux, sans forfanterie, ce qu'on fait de mieux dans la haute chilienne. Mon ensorceleuse bon genre offrait toutes les garanties de l'authenticité, pas du tout liseuse de cartes à Séville, cigarières, tavernes et corrida. Elle fumait tout le temps mais des Lucky Strike, répugnait à l'alcool, ne savait pas danser et se déplaçait en métro. J'ai beau avoir une vocation de contrebandier, raffoler des gitanes et des jeux d'éventail, je ne me sentais pas José roulant à l'égout pour suivre sa voluptueuse. Sociologiquement difficile. Le décor n'y était pas. »

Il existe un portrait-robot du menteur, plus fatal que les femmes du même nom, dont Jean-Jacques Rousseau est largement responsable. Je lui en veux beaucoup à ce faux frère, pour avoir mis son estampille sur des clichés qui nous jouent de vilains tours. Premier traquenard : les méchants sont opaques, les bons, diaphanes. Ne dit-on pas : « une noire hypocrisie », et « pure comme un lis » — immémoriale morale des couleurs ? Cette sournoise-ci était en cristal. La douce et noire (précieux alliage, car en général douceur rime avec blondeur) vous avait des naïvetés nordiques, des yeux de Norvégienne énamourée. Double fond impensable. Deuxième panneau : les fourbes sont des froids, au maintien posé, maîtres de leurs apparences comme pilote en son navire. Pantomimes et comédiens, tout artifice, n'ont pas d'émotions vives. Les sincères se livrent pieds et poings liés aux tumultes du sang : ils sont étourdis, balbutiants, à la merci d'une simple boutade. Pas de troisième terme : les esprits vifs ont le cœur glacé, les cœurs purs sont des balourds. Impulsive et retorse, directe et serpentine, rouée ardente, Silvia rendait ce vieux casting des caractères définitivement ringard. Cette rusée lyrique pipe les dés tout à trac, à brûle-pourpoint. A cœur ouvert. Manon en ingénue, Nana guide de France, Jean-Jacques en jupons : elle « n'a reçu du ciel que des passions expansives et douces, que des penchants aimants et aimables, qu'un cœur ardent à désirer, mais sensible, affectueux dans ses désirs, qui n'a que faire de gloire ni de trésors, mais de jouissances réelles, de véritables attachements et qui, comptant pour rien l'apparence des choses et pour peu l'opinion des hommes, cherche son bonheur en dedans sans égard aux usages suivis et aux préjugés reçus ». J'ai comme

vous voyez consulté mes classiques pour expliquer ce
scandale, dépouillé La Bruyère et Vauvenargues, toute la
botanique officiellement agréée des âmes pour chercher un
précédent, un cas voisin; la jurisprudence était muette.
J'aurais dû regarder du côté de Freud, et de ses antécédents
familiaux, mais cela, je l'ai appris trop tard, toujours ce
maudit esprit de l'escalier.

Comment dire l'élan, les abandons, ces « je t'aime »
murmurés à l'oreille d'une voix extatique et soumise,
irrépressible aveu de somnambule au beau milieu d'un
fastidieux dîner en ville, d'une discussion sur l'électronu-
cléaire ou les mérites comparés des surgénérateurs et des
tranches à eau préssurisée ? Cette langue impérieuse foui-
neuse et dure pour vous signifier « tout de suite, maintenant, je n'en peux plus », ses radieuses demandes de plaisir,
ses soubresauts ultimes ? « Effrontée » serait-il le mot juste ?
Non : pas assez insolente, trop pudique. « Cynique », parce
que je n'ai jamais vu la tricheuse rougir ou bégayer au
moment des plus grands risques, du triple saut périlleux
sans filet, comme à Mexico ? Je ne crois pas non plus : trop
tendre, trop généreuse. Un peu de rigueur, s'il vous plaît. Si
« la fausseté est une imposture naturelle, la dissimulation
une imposture réfléchie, la fourberie une imposture qui veut
nuire, la duplicité une imposture à deux fins », je la dirais
trop emportée pour la dissimulation, trop dénuée de
méchanceté pour la vulgaire embrouille, peut-être assez
riche d'ambivalences pour la duplicité, mais d'une assez
belle eau, comme on le dit d'une jolie pierre fausse, pour
être à la fois nature et artifice. La reine du double jeu,
jamais tortueuse dans les coups les plus tordus, a la feinte
pour premier mouvement, la tromperie primesautière ; elle

y bâcle ses rôles, embobine sans calcul, et fait pleurer Margot en pleurant elle-même à chaudes larmes. Je ne me défends pas mal dans le trucage pathétique. Mais je n'ai pas sa trempe. Elle, elle a du génie, puisqu'elle invente ses propres règles. Génial est l'artiste qui n'imite personne et que tous les autres devront un jour ou l'autre imiter.

J'en sais un peu plus aujourd'hui sur l'art du quiproquo. Elle était parvenue, par glissades, allusions ou demi-confidences, à une cohérence absolue. Elle n'avait pas deux vies mais deux ou trois mondes : dans l'un, on ignorait même mon existence, c'était Paul-et-Silvia. Et vice versa, sous mon chapiteau. Restait le troisième, le plus dangereux, fait de tous ceux qui connaissaient les deux premiers. Elle avait assuré à la plupart que je n'étais plus qu'un bon ami, que notre liaison appartenait au passé, que nous avions « normalisé » : aussi ne s'étonnait-on pas trop de nous rencontrer ensemble ici ou là. Sitôt qu'elle apercevait une menace à l'horizon, elle changeait instinctivement mais subtilement de vocabulaire et de comportement : je n'étais plus alors « mon amour » mais « mon vieux »; sa main quittait la mienne, et deux tourtereaux à la retraite marchaient bras dessus bras dessous dans une rue de Paris. Mais tout en douceur et dans le plus grand naturel : je ne me souviens pas l'avoir vue alors se rembrunir ou se raidir ; et de l'amour-passion à l'amitié tendre, de nos tête-à-tête aux dîners en groupe, je remarquais bien la dénivellation,

245

sans m'en inquiéter. Silvia, qui s'adresse amoureusement au plombier de passage et peut embrasser sur les lèvres une simple connaissance, me fondait alors dans le tendre brouhaha de son univers sans démentir notre roman intime ni la version officielle, pour le moins édulcorée, qu'elle avait mise en circulation dans son public à elle. A une amie proche, mère d'un bébé un peu plus âgé que le « fils de Paul, Angelo », à qui elle empruntait vêtements, jouets et lits-cages, elle avait dû, par la force des choses, et depuis le début, « confier » notre prétendue rupture. « Je ne sais pas pourquoi il me demande de venir dîner, lui dit-elle un soir qu'elle l'avait rencontrée en bas de chez moi... Comme s'il ne pouvait pas trouver d'autres poires pour faire la domestique... enfin, faut bien que l'amitié serve à quelque chose. » Mais sitôt la porte poussée en haut, elle donnait à d'autres, qui comme moi n'étaient pas au courant, le spectacle d'une tendre, exquise compagne.

Il me revenait de temps à autre, indirectement et l'inattention aidant, par telle amie commune au téléphone, qu'il y avait « un jeune type » qui vivait avec elle à Pantin. Quand je lui en parlais, elle éclatait de rire : « Tu n'as pas honte de me répéter ces idioties. Je ne vis avec personne et si je vivais avec quelqu'un ce serait avec toi. Je vis, oui, chez des garçons, une bande de garçons et de filles, en attendant mieux... ils s'appellent François, Christine, Paul, etc. Tu les as vus d'ailleurs... Si, si... tu ne t'en souviens plus... ? aucune importance ! »

Silvia et Paul, un jour que j'étais dans le Pacifique, dans une mission d'assez longue durée, donnèrent une grande fête pour baptiser notre rejeton, en banlieue. La colonie chilienne était là. A mon retour, personne ne m'en souffla mot

Quand je l'appelais là-bas à Pantin, chaque jour, je tombais toujours sur elle, ou bien sur le répondeur, en son absence. Paul enregistrait un message le matin avant de partir. Elle l'effaçait aussitôt et en enregistrait un autre, avec sa voix de ventre chaud, où son « *je* vous rappellerai aussitôt » remplaçait l'ancien « *nous* vous rappellerons ». Il ne prenait pas garde à cette innocente manie.

Elle me donnait régulièrement des nouvelles du petit. Quand je lui dis que j'avais, sous le sceau du secret, professionnel et amical, révélé le pot aux roses à mon avocat, pour préparer l'acte de reconnaissance, elle ne prit pas la mouche ; mais m'en félicita chaleureusement et sauta à un autre sujet.

Admirable Silvia, pensais-je. De dévouement, d'abnégation. De fidélité. Elle assume vraiment tout. Comment peut-elle être aussi forte ? « Souviens-toi, Mexico... » Et je baissais les yeux, sans mot dire. Même entre nous, la loi du secret nous forçait au silence.

Nous supportons nos propres impostures aussi bien que les malheurs des autres ; et aussi mal l'imposture chez les autres, que nos propres malheurs. Pourquoi lui réserver ma sévérité ? Le mensonge ne l'étouffait certes pas ; le lourd secret qu'elle avait inventé à mon seul usage ne m'écrasait pas non plus. Chacun y trouvait son compte : elle m'avait menti pour garder deux cordes à son arc, pensant que j'aurais rompu en découvrant l'autre ; j'avais accepté sans trop me poser de questions une situation fausse mais commode. Etait-ce un marché d'arrière-pensées que nous avions conclu à Chapultepec ? Sur le moment, je jure que non. Mais à la longue, nos faux-semblants ne se rejoignaient-ils pas ? Son mensonge m'obligeait à mentir, par un redoublement en spirale de nos mauvaises fois. « Combien d'enfants avez-vous ? — Un seul », répondais-je poliment aux quidams d'un cœur léger. Ajoutant parfois un badin « du moins à ma connaissance », ou un « jusqu'à aujourd'hui en tout cas », private joke qui me permettait de sauver la face tant vis-à-vis de moi-même que de ma Silvia intérieure (faisant comme si elle assistait à l'échange, ou tenant à faire en sorte qu'elle aurait pu y être sans qu'elle ni moi eussions eu à rougir). Plus je mentais, mieux je respectais notre faux secret. Mais en mentant, je disais vrai, sans le savoir : Céline est bien ma fille unique. Les paradoxes du menteur — tous les Crétois mentent, or je suis crétois, etc. — auraient dû me rester dans la gorge, ils dansaient sur mes lèvres, distraitement. Ce cloisonnement impératif par lequel elle m'avait génialement authentifié une pure fiction — peut-on concevoir de protéger un bobard d'un tampon « secret défense » ailleurs que dans les romans de John Le Carré ou de Gilles Perrault ? —, j'ai fini par l'intérioriser avec une facilité suspecte. De social, il devint affectif. J'avais trouvé ce bébé assez ressemblant lorsque j'étais allé en tapinois le voir à l'hôpital, un matin. Elle m'avait demandé de venir en dehors des heures de visite (« Tu comprends c'est mieux si on ne te voit pas dans ma chambre... »). Et pour cause : l'après-midi, le vrai papa et la maman en titre recevaient officiellement à mon insu (sans compter la belle-famille). Plus tard, elle me l'avait montré quelquefois : la voix du sang se força à balbutier sans élan particulier les compliments d'usage. Que dire d'un petit bout de chair rose sans regard ni parole, sinon qu'il est mignon, qu'il a les yeux de son papa, moi, et la bouche de sa maman, elle ? Après un an, elle s'ingénia à ce que je n'eusse pas à le rencontrer, sauf une fois ou deux en vacances, qu'elle passait seule avec *son* fils (comme elle disait de plus en plus, comme pour me mettre progressivement hors du coup) chez des amis, à Saint-Rémy-de-Provence. Je donnais à Silvia de l'argent quand elle m'en demandait, elle m'en demandait peu, et entre-temps je ne lui en offrais pas. Sa discrétion aurait dû m'alarmer ; mon avarice encore plus. Je faisais véritablement de moins en moins pour cet enfant que je croyais faussement avoir ; à peine si je lui ramenais des babioles ou des vêtements de Hong Kong, New York ou Papeete dont elle me remerciait avec un laconisme qui loin de me mettre la puce à l'oreille augmentait mon admiration pour sa surhumaine intégrité (et qu'elle devait sans doute mettre à la poubelle, pour ne pas incommoder la vie du ménage). Je me persuadais en somme qu'il serait toujours temps de le rencontrer, à son entrée à l'école par exemple, plus tard. Cet orphelin qui n'en était pas un n'était pas pour gêner un géniteur qui a l'habitude d'être ce qu'il est sans l'être. Quand j'ai fini par savoir ce qu'il en était, de son amour et d'Angelo (envers une petite fille j'aurais sans doute montré plus de vivacité), je ne me suis pas senti ébranché d'un rejeton, mais déraciné d'une foi. Défroqué par force. En même temps que sa paternité, un père indigne perd son indignité : il aurait lieu de se réjouir. Mais un amant aux cent coups perd son identité en même temps que son point fixe : plus personne pour les réjouissances. Comment garder la force de parader, de se maquiller, de tenir sa place ou son rang dans l'universelle clownerie, quand s'écroule en coulisse cette loge vitale, cet espace sacré, encoignure ou chambrette, où deux gugusses, à huis clos, leur numéro fini, ne se mentent pas ?

Si je ne m'étais pas caché ma prestidigitatrice entre chair et cuir, si j'avais pu la regarder de loin, comme tous les autres « bipèdes sans plumes » qui gesticulent aù milieu de la piste, j'aurais mieux admiré ses mille et un tours. Un sens aigu du détail anodin (selon que vous dites *on* ou *nous, un* ou *mon* copain...) ; l'assertion péremptoire et invérifiable — (« Donc, comme je te l'avais dit sur ton répondeur. — Mais il n'y avait pas de message de toi... — Comment ? Ton répondeur n'enregistre même plus, et tu ne le fais pas réparer... c'est du joli... ») ; la transformation de l'imprécis en bruit de fond : l'usage de surnoms buissonnants en réseau à la place de noms propres clairs et distincts, l'approximation des chiffres et des dates, la globalisation des adresses, points de chute, itinéraires (tu sais bien, dans le nord de Paris... Tu sais, à Pantin, chez les muchachos...), créent une zone d'existence à bords flous, élastiques ou gazeux, où toute demande d'information précise ou bien se diluera dans un clair-obscur de connivence brumeux mais suggestif ou bien détonnera comme déplacée, naïve et finalement trop ridicule par l'ignorance qu'elle révèle pour mériter réponse ; l'art classique de l'information partielle où l'escamotage de la précision manquante, celle qui compte, s'efface derrière l'information sans importance (« je ne t'ai pas menti, j'ai simplement oublié de te dire »...), permettant le pontage des trous d'emploi du temps, éclipses de jours comme de semaines ou de mois entiers ; la tendance à remettre toute décision, réponse embarrassante à un lendemain moins inquiétant que la saint-glinglin car fixe, échéancé, avec jour et heure (« écoute je suis pressée, on m'appelle sur une autre ligne, mais voyons-nous calmement chez toi demain à 16 h 30, non attends, 16 h 45... d'accord ?) ; la dérobade désolée pour cause d'imprévu in extremis rachetée par la fixation immédiate d'un rendez-vous non moins précis et décommandable que le précédent (téléphone à l'heure dite : « oye mi amor tengo un problemita... no voy a poder venir... pero mañana sin falta estoy allí, a las ocho en punto, sí, te lo prometo ») ; le contretemps planifié avec soin car elle a fixé le prochain rendez-vous au 21 mai à Paris juste après avoir retenu sa place d'avion pour Athènes le 20 mai au matin, ce qu'elle annoncera le 19 au soir sur un ton de surprise navrée ; la remise en question de la question en guise de réponse, permettant d'échapper à l'amer et sans doute simpliste dilemme non / oui (« tu vas à ton bureau maintenant ? — Car tu crois que c'est un bureau cette soupente, tu ne te demandes même pas si j'ai au moins quelque part quelque chose que je puisse appeler bureau, etc. ») ; l'alléchante proposition de toute dernière minute qu'on sait matériellement inacceptable (« Tu ne veux pas partir avec moi demain matin, il y a de la place dans l'avion, que dirais-tu d'un petit voyage de noces d'une semaine dans les Andes... ») — mais qui servira doublement, comme preuve de bonne foi et comme contre-valeur d'une rebuffade ultérieure, en général déjà programmée ou pressentie (« Tu avais bien refusé de m'accompagner l'autre jour, alors ne te plains pas maintenant »...). A quoi bon continuer? Tout cela fait trop leçon d'anatomie. Le démontage des techniques du faux ne produit que du faux... comme ces fiches de police où chaque renseignement est exact et le tout une caricature hilarante dès lors que vous connaissez personnellement l'individu fiché. C'est moi qui mens ici. Car j'oublie le sourire, les lèvres luisantes, les pressions de la main, les fêlures de la voix, le brûlant, décidé et ultra-confidentiel *te quiero* soufflé à la fin du moindre téléphone; j'oublie également le petit nombre d'imprévus réels, de tracasseries indéniables, qui servent de trame à ces arabesques toujours palpitantes; — bref j'oublie l'essentiel qui rend la défaillance plus qu'excusable : adorable; le « c'est difficile mais je vais faire l'impossible », mille fois plus enjôleur qu'un oui net et banal, et transforme le énième faux bond en rebond amoureux. Je découpe, j'inclus, j'exclus. Juxtapose des angles droits où il n'y a qu'indiscernables tremblés, je mets un clair de lune sous les spots...

Comme toutes les perversions, le cloisonnement est sujet à la loi des rendements décroissants du plaisir. Il épuise inexorablement ceux ou celles qui y trouvent une sorte d'ivresse. C'est un plus de vie — trois ou quatre dans le temps et au lieu d'une — qui rend la vie peu à peu impossible, un plus de jouissance qui se payent par toujours plus d'angoisse, un plus d'intelligence qui finit par abêtir. Comme le morphinomane, le cloisonnant doit augmenter chaque jour l'intox pour obtenir la même sensation que la veille. Silvia peut voir et fasciner six ou dix personnes par jour en persuadant implicitement chacune d'elles que ce jour-là elle n'a que lui ou elle à voir, que les autres rendez-vous, si la force des choses vient à les lui dévoiler, ne sont que corvées, à-côtés. Chaque fusion des cœurs exige un maximum d'intensité et l'enchaînement un maximum de mobilité. Elle court toute la journée à travers Paris d'un retard à un autre, abrégeant ici une rencontre, sautant là un rendez-vous, téléphonant à un troisième pour s'excuser (avec tant de désespoir dans la voix et de bonnes raisons que son correspondant ne sait bientôt plus comment s'excuser lui-même du lapin qu'elle lui pose) — mais elle se donne à chacun entièrement, passionnément, sans réserve, et finit sa journée sur les genoux. Avec pour seule consolation d'avoir, sinon fait six ou dix heureux, du moins atténué six ou dix déconvenues, et relancé autant d'attentes. Elle me téléphone le lundi matin pour m'annoncer que jeudi « le terrain est libre, je te donne tout mon après-midi, à trois heures chez toi ». Elle appelle à quatre, arrive à cinq, repart à cinq et demie au sommet de la passion : « Tu ne te rends pas compte, mon amour, tout mon temps libre est pour toi, mais que veux-tu, avec tous ces casse-pieds qui me harcèlent ; si seulement je pouvais rester mais je t'envie, tu n'as pas les responsabilités que j'ai..., enfin samedi, ce sera tout à nous. » Telle est sa virtuosité qu'en deux heures ici de tête-à-tête ou là de corps-à-corps, la droguée répare une semaine de dégâts. Mais tout est à recommencer la semaine suivante, car elle est incapable de se refuser, le désir des autres la fait vivre. Dans ce labyrinthe d'amours en péril et d'amitiés en perdition, il faut au cloisonnant des coupe-feu et beaucoup de chance pour éviter la catastrophe suprême qui est le court-circuit des casse-pieds. Un écrivain qui écrit plusieurs romans à la fois avec les mêmes personnages, le héros du premier se retrouvant comparse dans le second, telle « ancienne liaison » ici faisant là office d' « indéracinable amour », doit faire l'impossible pour que ses différents personnages ne se rencontrent pas un jour dans la même pièce, et surtout pas en sa présence. L'auteur de ma romance avait trop de bonté pour brouiller ses figurants les uns avec les autres par de vulgaires perfidies ; elle se contentait plus finement, devant chacun d'eux, soit de nier l'existence des autres, soit, quand le mal était fait, d'en minimiser la portée. Elle avait dit à Paul que puisque j'étais un jaloux furieux et voulais lui régler son compte, le mieux était d'éviter tout contact ; et à moi que puisqu'il n'y avait simplement pas de Paul dans sa vie, je n'avais aucun souci à me faire (lorsqu'elle m'avait invité « à Pantin », il était à l'étranger et l'aimable capharnaüm des chambres et des salles de bains n'offrait rien qu'un charmant désordre de vie). A une amie commune dont elle savait qu'un jour, par inadvertance, elle m'avait presque fait toucher le pot aux roses, elle expliquait que j'étais devenu « un copain tout au plus et encore », et à moi qu'une telle était vraiment « une mondaine cancanière et un peu mythomane », qu'elle ne voyait plus qu'en coup de vent et que je pouvais fort bien moi-même me dispenser de voir. C'est ainsi que je me retrouvai peu à peu écarté, parfois coupé d'amis communs, réels ou potentiels, eux-mêmes cloisonnés entre eux d'après leur place dans le roman écrit à leur intention. Elle jouait sur du velours : j'ai un goût inné des clôtures. Trop soucieux de protéger mon jardin secret pour aller violer celui des autres. Je sors peu et comme elle, avec elle souvent, dans des réseaux assez différents pour rendre les connexions improbables entre politiques, artistes, Latinos, universitaires et voyous.

Ses cachotteries, ses mystères — elle s'ingéniait toujours plus subtilement pour me voir en secret ou seul à seul — faisaient mieux que pimenter notre mariage noir, ils lui donnaient grain et substance, avec un rassurant certificat d'authenticité. N'est vrai à mes yeux que ce dont personne ne parle. Dans le journal je saute toujours les titres de une et coupe droit aux entrefilets des pages intérieures, tant je sais d'expérience que « la vérité s'indique au soin qu'elle met à se dissimuler » — formule qui ne s'applique pas qu'aux structures de la parenté chez les Nambikwara mais à tout ce que la connaissance des affaires publiques et intimes m'a appris depuis l'adolescence. Je me repaissais d'amertume, trouvant un remède dans mon poison : malheureux de voir Silvia disparaître à tout bout de champ, heureux d'avoir à désirer d'inexplicables et fugaces réapparitions. Et puis, ce provisoire allait finir incessamment puisqu'elle allait venir vivre à mes côtés d'un jour à l'autre.

A force d'émietter ses journées, de fragmenter ses ambitions, ses amours, ses masques, le cloisonnant explose comme une grenade. C'est la rançon à payer, tôt ou tard. S'emberlificotant dans ses fils, Silvia se faisait mal de faire mal à tous, d'autant plus qu'elle ne voulait que du bien à chacun. A un noyau familial déjà compliqué, il lui fallait ajouter le deuxième cercle d'une parentèle fluctuante, et le troisième, plus indéterminé encore, composite et extensible à l'infini, les amis latinos, amis d'amis, messagers des premiers et annonciateurs d'autres à venir. La folie, disait-elle. Elle ne savait pas si bien dire. Le cloisonnement est une tumeur maligne où la méchanceté est dans le résultat, non dans l'intention.

Elle dit oui, toujours et à tous. Le tête-à-queue renversant son altruisme en égoïsme, un maximum de bonté en comble de cruauté, Silvia souffrait d'une dépravation de la bienfaisance, d'une dégénérescence de la gentillesse. Confondant ce que Descartes distinguait comme amour de bienveillance et amour de concupiscence, se refusant à donner la priorité à l'un sur l'autre, la cloisonnante se détruisait elle-même pour ne pas détruire ce qu'elle avait construit à la force du poignet et de son culot : une vraie famille ici avec un faux mari, une fausse passion là avec un véritable amant. Quand les deux mensonges finalement se trouvèrent face à face en chair et en os, on aurait pu s'attendre à ce qu'ils fissent une vérité, telles les moitiés recollées d'un vrai billet de banque, et que mon faux-monnayeur retrouve sa force, sa flamme d'antan. Son intégrité personnelle par réintégration de ses personnages. Il n'en fut rien. Elle se sentit soudain défaite. Vidée. « Estoy destrozada », répétait-elle, et ce n'était pas cette fois des simagrées. Si peu qu'elle s'en alla en sanglotant demander à une psychiatre de recoller ses éclats. A raison d'une séance par jour pendant des mois.

Je n'ai guère confiance dans les chamans qui prennent cinq cents francs à un pauvre bougre pour le faire parler dix minutes de papa-maman sur un divan ; ni dans les flacons de barbituriques qui tournent trop souvent à de nauséeux cafouillis où le Samu arrive bien assez tôt pour vous conduire droit aux pires romans-photos. Ce n'est pas comme ça qu'on fait. Un cambriolage quelques mois plus tôt m'avait délesté de mon Walther imprudemment laissé dans un placard de ma chambre. Héritage des années soixante-dix où des commandos militaires boliviens avaient eu l'idée, suite à l'assassinat par des inconnus de Zenteno Anaya, l'ambassadeur de Bolivie en France, de venir à Paris me faire un mauvais sort. J'en ai beaucoup voulu à l'imbécile qui força ma porte un jour de Pâques.

J'avais confiance dans ce qu'on appelle la vérité — héritage de ma bonne éducation philosophique et des mensonges socialement en vigueur. Contre la confusion des sentiments, la vertu salvatrice des faits. Pour retrouver votre identité, confiez-vous à la vérité. Ce fut mon spot, ma pub intérieure. Enquête, mise à plat, reconstitution. Guérison par la parole. « Partons dans un couvent, lui disais-je

257

dans ma première lettre de stupeur, un monastère de montagne, loin de tout et récurons ensemble nos cœurs encrassés, purifions-nous le sang une fois pour toutes dans une station thermale de la mémoire. » Nous ne pourrions survivre qu'après cette longue confrontation. Nous avions vécu Rashomon, aucune version ne pouvait primer l'autre, travaillons de concert à mettre chacun ses trucages noir sur blanc. Elle me répondit que oui, dès demain, sans faute, une ascèse d'oxygène, une retraite en hauteur pour éliminer nos toxines, renaître intacts, et transis. Rien ne vint. Non qu'elle soit versatile : elle renvoie l'écho mais le temps que le ouï-dire vous revienne, elle est déjà ailleurs. Contrairement aux diplomates de métier, Silvia dit tout ce qu'elle pense à ceci près qu'elle pense ce que son vis-à-vis souhaite entendre, et ses acquiescements contradictoires, accès de sincérité véritable, lui tiennent lieu de quitus. J'en fus d'autant plus sidéré qu'elle me serinait sans cesse : « Tu ne peux pas comprendre, tu ne te mets jamais à la place des autres. Il n'y en a que pour toi. Et ma vérité à moi, qu'en fais-tu ?... — D'accord ! Je me tais. J'écoute. Raconte-moi tout. Pourquoi ? Comment ? Quand ? Où ? » Elle s'enfermait alors dans un mutisme revêche, offensé. Que faire ?

Me faire attendre. Un prêté pour un rendu. Dans un couple, pour savoir celui qui a le dessous, cherchez lequel fait le poireau. Je l'avais fait languir jadis ; c'était mon tour. Les psychanalystes se trompent : il y a une justice dans le désir.

Elle opposait à chaque détail déjà connu une interprétation plausible et à chaque information nouvelle un nouvel engagement, qui l'annulait. C'est ainsi qu'elle m'a tenu la tête hors de l'eau, par fétus de paille interposés, d'une semaine l'autre, gentiment. « Mon père va arriver, il en mourrait, ne lui dis rien, je ne te le pardonnerais pas, mais dès qu'il sera parti... » Il est reparti. Le mois suivant : « Ma mère reste encore un peu, elle sait tout, elle ne supporterait pas de me voir tout plaquer, mais dès qu'elle sera partie... » Elle est repartie. Ensuite : « Maria a encore besoin de moi, elle a besoin de Paul aussi, mais dès qu'elle va partir en Argentine.... » Elle en reviendra. Ce temps gagné nous fut précieux à tous deux : à elle, pour découvrir chez son psychiatre qu'elle tenait un peu moins à nous qu'elle ne me le répétait, par complaisance ; et moi, beaucoup plus que je ne le lui avais encore dit, par inconscience. C'est l'inconvénient, quand on ne veut pas aller chez le Docteur Freud.

Au tout début, je ne l'avais pas sommée de « choisir », mais de revenir à elle, à nous. A l'axe naturel de nos vies. Elle m'en avait donné l'assurance au début de l'hiver, elle ne fit, le mauvais temps passant, que renchérir : sa relation avec Paul n'avait été que de commodité, un pis-aller, une compassion ; c'est d'ailleurs pourquoi elle ne m'avait rien dit et de fil en aiguille, de silence en mensonge, on en était arrivé à cette situation « absurde ». Maintenant que j'avais déjoué ses astuces, il n'était plus question entre nous que de la date de nos retrouvailles : demain ou après-demain ? On riait de bon cœur des fameux six mois fixés par Félix, au lendemain de ma découverte. C'était moi l'authentique, et l'autre le simili : ma Seigneurie avait sa « casa grande » rue Notre-Dame-des-Champs, et une annexe aux Buttes-Chaumont. Sa voix tremblante et rauque, ses inlassables *te quiero* me le disaient assez. A l'arrivée du printemps, je ne doutais pas un seul instant que ce cauchemar ne serait bientôt que le pire souvenir de ma vie.

Après notre cure manquée au Réarmement moral, sur les cimes du lac Léman, elle évoqua un déménagement provisoire, en transition, pour assurer une équidistance entre une maison et l'autre. Marianne offrit son appartement, c'était donc réglé. Mais réflexion faite, mieux valait gagner du temps. Les parents de Silvia étaient arrivés rue Manin, ils ne comprendraient pas un changement de décor à vue puisqu'ils n'avaient jamais rien su. Je pris sa mère à part et lui exposai l'imbroglio, avec force ménagements, laquelle voulait affranchir le papa à petites doses. Aux yeux de mon amazone, c'était la double haie avec rivière. Elle en tremblait chaque soir. Nous sautâmes l'obstacle un beau matin, allégrement. Quelle victoire ! Le chef suprême de la tribu se montra ravi, presque soulagé. J'invitai alors à un déjeuner de fiançailles officielles le Père et la Fille : il nous donna sa bénédiction et nous trinquâmes tous les trois à la fin de l'hiver. « Et si la nuit est longue, c'est que le jour est là. »

Payé pour savoir qu'une Silvia peut en cacher une autre, je ne franchissais plus un passage à niveau sans prendre à témoin l'assistance. Notre public posait sur moi des yeux écarquillés et craintifs, se retenant de rire pour ne pas me faire trop de peine. Copains et copines venaient d'entendre ma bien-aimée leur glisser en confidence qu'enfin elle avait rompu, tranché, cette fois c'était la bonne, et qu'elle ne quitterait plus le havre modeste et sûr de son XIXe

arrondissement. Je croyais rêver, eux aussi, mais en définitive le fou ne pouvait être que celui qui prenait ses désirs pour la réalité. N'avais-je pas de mon côté entendu hier Silvia m'expliquer le contraire entre quatre-z-yeux ? Ne m'avait-elle pas couvert de baisers ? Demandé de lui faire un enfant pour l'été ? Sans doute avait-elle remis en pratique entre nous le « pour vivre heureux, vivons cachés », mais ce n'était tout de même pas un faux patriarche, un comédien hispanophone loué et grimé pour l'occasion, qui avait escorté chez moi une fausse fiancée : j'avais bien reconnu les deux, j'étais sûr de mon fait. Qui croire ? Laquelle était la vraie ? Celle qu'elle cache et qui se cache, évidemment : sa réserve même attestait la fervente assermentée des tête-à-tête. Renversement flatteur : avant l'hiver dernier, les autres étaient dans son secret, moi pas ; maintenant, à eux les bobards, j'étais le seul à savoir, rira bien qui rira le dernier. C'est moi qu'elle aime, la preuve, elle ne veut pas que cela se sache. Elle veut ménager ses effets, ça se prépare, un coup de théâtre. C'était bien son droit, en attendant le dénouement, de poursuivre sa vie à plusieurs dimensions, en prenant garde que les parallèles ne se rejoignent pas avant l'heure. Chaque jour, elle passait un peu moins de temps avec moi que la veille. Qu'importe si elle m'avouait son désir d'en passer deux fois plus le lendemain. Plus elle s'éloignait, plus elle me provoquait à l'attendre.

C'était moi sans doute qui lui faisais peur avec mes manies de flic, mes recoupements et vérifications. Comme si elle flairait en moi une odeur de phénol. Un monsieur morgue. Un hibou de malheur froufroutant derrière la vitre. Je faisais fausse route en voulant reconstituer notre passé. Tournons-nous vers le bel aujourd'hui. Je l'avais perdue jadis par inadvertance et légèreté. Je la retrouverai à force d'attentions, à nous deux la broutille. Je serais appliqué, imparable. Dorénavant elle m'ouvrirait chaque lundi son agenda, je ferais de même, page par page. On se dit tout avant, on se raconte tout après. « C'est peut-être risqué, m'opposait-elle, perplexe. — Je prends le risque. Et toi ? — Absolument, tranchait-elle. J'en ai besoin. C'est mon corps qui le sent. J'étoufferai, sinon. Je veux renaître une autre, tout recommencer à zéro. » Ce serait notre deuxième souffle. Notre révolution dans la révolution. L'effet Gorbatchev tombait à pic. Glasnost et Perestroïka devinrent nos mots d'ordre officiels. Brisons les freins qui bloquent les réformes. Mort à l'absentéisme, au double langage, aux censures inutiles. A défaut de communisme, un peu de vie commune et vraie nous attendait au bout du chemin. « On commence dès aujourd'hui », s'enthousiasma-t-elle, avant de me mettre sous les yeux un agenda à peu près vide Que nous remplîmes en une heure, pour la semaine à venir, de cinémas, d'expositions, projets de scénarios ; longues après-midi ensemble, studieuses et amoureuses. Le lendemain, elle fut là à l'heure dite, mais s'en alla plus tôt que prévu : « Angelo est malade, je ne peux pas le laisser longtemps à la nounou. — Amène-les ici, tu seras tranquille. — Tu n'y penses pas, il a ses habitudes, ses jouets, enfin tout... » Le surlendemain, téléphone rituel — « impossible venir, mensonge suit ». Un apparatchik en elle sabotait la réforme. Les aspirations profondes de l'humanité du mensonge à la transparence avaient du mal à déboucher. Je m'entêtais, repris courage sur une ou deux percées, je veux dire un ou deux rendez-vous où elle n'arriva qu'avec deux heures de retard. Sisyphe trouve toujours un motif pour ne pas baisser les bras mais les à peu près, bluffs, feintes pointaient à nouveau, avec une force innommée, irrésistible, l'attirance du gouffre. La « reconstruction » se détruisait elle-même au fur et à mesure. Décrocher un serment, un nouveau rendez-vous exact et solennel me tenait en haleine, jusqu'au prochain faux bond. Dès que je lui demandais un numéro de téléphone, ce qu'elle comptait faire au mois de juillet, à quelle heure elle avait rendez-vous avec Pierre ou Jacques, un masque de Pietà se plaquait sur son visage, lui tirant les traits d'angoisse. La mater dolorosa ne retrouvait couleurs et gaieté qu'après que j'eus renoncé, glissons mortels, à ma mortelle inquiétude de savoir. Comme ces pays du « socialisme en construction » où les années et les plans quinquennaux passent sans remplir les étalages, chaque jour défaisait l'amour, et l'idole en construction, que j'avais fait la veille. Sur mon agenda, un seul être tenait le crayon et la gomme. Jouait la Muse et la Gueuse.

Quelques jours plus tard, un mercredi, elle m'avait donné rendez-vous rue Richelieu chez un tailleur à la sortie de la BN, à 16 heures pour repartir ensuite à pied chez moi. Elle arriva à 16 h 03, repartit amoureusement à 16 h 12, le temps d'un café, en raison d'un rendez-vous d'affaires extrêmement urgent qu'elle n'avait appris que le matin même. Qu'importe puisque nous passerions le prochain week-end de Pâques ensemble, sans faute. Toujours sans nouvelles le lundi matin, j'appelai une amie et appris de bonne source que comme convenu depuis longtemps elle était allée ce week-end-là chez ses « beaux-parents », avec mari et enfant. Ratée, notre résurrection. Ce que bien sûr elle nia farouchement à son retour, à la terrasse du Palais-Royal où nous déjeunions en vitesse d'une salade : d'abord, elle m'avait laissé un message pour me prévenir du contretemps, comment ne l'avais-je pas reçu ? ; ensuite, elle m'aimait plus que jamais, la preuve, dès qu'elle avait du temps libre, elle le passait en ma compagnie malgré mes délires de jalousie complètement idiots ; et d'ailleurs cette semaine j'allais crier grâce car on ne se quitterait plus d'une semelle ; après quoi elle avala son café, tourna les talons, et disparut quinze jours dans la nature sans laisser d'adresse. Ou plutôt si, une fausse. Quand je pus enfin remonter la filière et la joindre au téléphone, dans un beau château auprès de beaux jeunes gens, prise au dépourvu, elle balbutia qu'elle avait fui pour respirer, que je la menaçais du pire, lui prenais tout sans rien offrir. Au lieu de trouver ma joie dans la joie qu'elle trouvait auprès d'autres, je désirais plus que jamais son désir, moi qui ne semblais plus lui inspirer que tristesse et dégoût.

Ces rechutes me confirmèrent dans mon impression que mes slogans de départ, trop tranchants pour capter les nuances, m'avaient abusé. Je m'étais fait une idée fausse de la vérité et des faits, ces conventions qui varient selon les circonstances, le milieu social, la profession. Pourquoi reprocher à Silvia le comportement conspiratif que j'admirais déjà en elle au Chili, au temps d'Allende, et grâce auquel Manuel et elle avaient survécu pendant un an, après le coup d'Etat ? Pourquoi appeler déloyauté ou duplicité ce qui s'appelait sous l'occupation ruse de guerre ou feinte réussie ? Elle avait pris le pli, ce n'était pas sa faute. Elle confondait la guerre et la paix. Brouiller les pistes, multiplier les coupe-feu, inventer des histoires toujours plausi-

bles — nous en félicitons les résistants, et ce sont nos héros.
Mon héroïne me scandalisait, parce qu'elle continuait de
distribuer les fausses adresses, les faux enfants, les noms
d'emprunt avec la dextérité qui à Santiago l'avait sauvée,
elle et quelques autres. Aucune gestapo ne la pourchassait à
Paris ? Si : moi. Elle ne mentait pas pour défendre un idéal,
une cause ? Si : elle. La vie est un idéal qui en vaut bien un
autre. Ne l'avais-je pas un jour, une nuit, menacée de mort ?

Ma volatile hésitait encore à se poser, me frôlait,
repartait. Je m'arrimai à ma table. L'écriture est souvent la
revanche des vaincus. Pas de bataille perdue qui ne puisse
se gagner après coup, sur le papier. Le printemps, par
chance, était pourri. La pluie et le froid hâtèrent l'expiration des six mois fatidiques.

Ce ne sont pas des étoiles qui tournaient dans ma tête, de
celles qu'on attrape au vol, en poète. Je ramassais les mots
comme un forçat des pierres. Non qu'ils me libèrent, me
soulagent, comme elle et moi pouvions l'attendre d'un
exorcisme verbal. « Chic, tu vas me tuer symboliquement,
me disait-elle, en regardant dans ma chambre mes feuilles
bleuies ; j'aime mieux ça. » En fait de meurtres, les
physiques avaient ma préférence. Je ne voulais pas mourir
seul et le lui avais dit. C'était justice : sans elle, j'aurais
continué ma sage existence de gratte-papier, de fils évanes-
cent et de papa gâteau. Malheur à celle par qui le scandale
arrive, n'est-ce pas ? Elle en convint bien volontiers, et me

parut au départ non résignée à l'inévitable, mais sincèrement éprise de cette fin « à la hauteur ». Avec bientôt des perplexités, des regrets dans la voix :

« Tu as bien réfléchi, mon amour... Aux enfants, à la famille... aux livres que tu ne vas pas écrire... c'est dommage après tout, t'aurais pu devenir un écrivain...

(La corde sensible ?)

— C'est gentil mais idiot ce que tu dis là. Les bouquins, c'est pour offrir. A qui veux-tu maintenant ?

— Et moi qui avais toujours voulu que tu sois là à mon enterrement.

— J'y serai, ne t'en fais pas. Du bon côté. »

Un mois après, elle devint franchement réticente. Quand elle vit que je m'étais procuré un revolver en remplacement de l'ancien, nos rendez-vous habituels se déplacèrent vers des lieux publics : café, bureaux, parcs. Elle venait escortée. « Protégez-moi, disait-elle à ses amis. Je me sens menacée. Physiquement. Il devient fou. »

Je la ramenai néanmoins chez moi au terme de laborieux stratagèmes : en inventant des dîners avec des amis à elle, où elle ne pouvait pas ne pas être — par intérêt.

Un soir de mai, je lui avais demandé de rester un peu après le départ des invités. « D'accord, me dit-elle en faisant la moue, à moitié rassurée. Ça va nous permettre de faire l'amour en paix, comme avant. J'en ai bien envie. »

Je n'en avais aucune. Quand le dernier invité fut parti, j'allai dans l'entrée fermer le verrou à double tour et à la cuisine pour cacher la clef : elle m'avait déjà rendu la sienne. Assise au salon, elle avait entendu le déclic de la grosse serrure ; le temps que je revienne, elle arpentait la pièce, pâlote et volubile, sans me regarder.

Elle qui avait la bravoure fataliste, je la vis pour la première fois apeurée. D'ordinaire, dans ses numéros de haute voltige, lorsqu'elle va jouer du pipeau au bord du gouffre, elle ferme les yeux, bloque sa respiration et hop! advienne que pourra. Dans le faux aveu du vrai bébé à Mexico (relance qui avait donné à notre amour deux à trois ans de survie), elle s'était jetée dans le vide en se confiant à Dieu. « C'est une affaire entre Lui et moi. S'Il veut me punir, je me casserai la figure. Si j'en réchappe et si ça marche, c'est qu'Il est d'accord. » Elle pensait à la prophétie du sorcier Yoruba, aux Antilles (ou bien a-t-elle inventé cette scène au moment de me la raconter?) : « Vous avez eu un enfant mort-né; ne désespérez pas, dix ans après lui, vous attendrez un autre enfant. » Elle avait calculé : le compte y était. Allons-y. Il marche? Il y croit toujours? Inch Allah, donc pas coupable. Si je l'étais, ça se saurait. Poursuivons, jusqu'à la prochaine caracole, pile ou face, j'ai gagné, tout va bien, merci petit sorcier.

Tout était prêt en ce qui me concerne : une lettre d'amour à ma fille, une autre, plus sobre, à mon avocat et un bref communiqué pour la presse, genre « l'incident est clos ». Mon revolver était dans le tiroir du bureau. J'allais m'asseoir derrière. Désireux de savourer calmement ces derniers moments.

« On n'a plus beaucoup de temps, lui dis-je, en la coupant, droit dans les yeux.

— Pour quoi faire?

— Ce que tu sais.

— Mais, si, tout ce que tu veux.

— Ne fais pas l'idiote. Je sais bien que tu as la permission jusqu'à trois heures du matin. Je voulais dire :

pour faire ce que tu t'es engagée à faire. Prévenir tout ton petit monde et quitter la rue Manin...

— Pourquoi dis-tu ça ? J'étais juste en train de t'écrire une lettre d'amour dans mon cahier, regarde. Je suis décidée et tout se déroule comme prévu. Mon petit Paul est prévenu, il s'est résigné. Ça le soulage même : comme cela les choses seront nettes. Il sait bien que je ne suis plus là-bas, que ma tête est ici. Si Maria n'avait pas à finir l'année scolaire dans son lycée, ce serait déjà fait. Appelle Paul directement si tu veux savoir, maintenant si tu veux... »

Je tendis la main pour décrocher le téléphone.

« ...Evidemment tu sais ce que tu fais : tu vas te ridiculiser, c'est ton affaire. Mais tu vas surtout te déconsidérer à mes yeux. Je trouve incroyable que tu ne me fasses pas confiance, que tu mettes ma parole en doute. C'est humiliant. Je me demande comment je peux aimer un type comme ça. Et puis tu as vu l'heure, ce ne sont pas des choses qui se font, par téléphone... à une heure du matin...! D'ailleurs, j'avais oublié, Paul ne dort pas là ce soir. Il n'en peut plus. Il est parti. »

Ce n'est pas la peur du ridicule qui me fit raccrocher ; mais celle de la prendre, elle, une fois de plus, en flagrant délit, et moi de me faire mal : il en coûte d'aimer une menteuse quand on n'est pas décidé à aimer ses mensonges.

Elle enchaîna sur la suite de l'opération « retrouvailles », promue calendrier officiel. Un mois encore, le temps que son père revienne se faire soigner à Villejuif. Elle m'avait demandé de prendre contact avec le cancérologue, un ami : le rendez-vous était pris ; de payer les billets d'avion nécessaires : c'était fait. De préparer les indispensables documents administratifs : on s'en occupait. Comment pouvais-je penser qu'elle aurait osé m'imposer tout cela, à moi et non à Paul, si elle n'était pas ma compagne, si sa famille n'était pas la mienne, si nous n'allions pas affronter l'avenir main dans la main ? Non, vraiment, c'est insupportable, ce doute perpétuel. Ce manque d'estime. Où avais-je donc les yeux ? Mais avais-je seulement un cœur ? N'avait-elle pas eu tort de me choisir ? De tout me pardonner ? De renoncer pour moi à ce qu'elle avait de plus cher ?

Cette scène, cette colère en âme et conscience me désarma soudain. Elle en avait les larmes aux yeux. Je l'avais donc sous-estimée : vue à visage découvert, sa détermination était impressionnante. Non, vraiment pas le moment de commettre l'irrémédiable. Une voiture klaxonna devant un bar, je vis la rue Notre-Dame-des-Champs luisante et douce à travers la vitre, le visage de ma fille en train de dormir, non loin. Ses yeux embués au réveil. Moi qui voulais cette nuit-là éteindre les étoiles au firmament, le cœur me manqua à l'idée que ma petite fenêtre allait rentrer dans le noir. Je lui bredouillai mes remerciements ou mes excuses, ou les deux, allai ouvrir la porte et descendis l'accompagner à la station de taxis.

N'avouez jamais : il se peut que la fin du monde ne soit pas pour ce soir. Cette funeste éventualité autorise à poursuivre la représentation. J'avais croisé trop de regards d'êtres aimés, que j'aurais pu meurtrir — ne pouvant, hélas, tenir l'Apocalypse pour imminente.

« Pas de chance, ce monde-ci n'est pas près de changer », me dis-je au retour en feuilletant le cahier qu'elle avait, dans l'affolement, laissé tomber de son sac. Elle y racontait le pourquoi et le comment de notre séparation, son amour de l'amour de Paul. Quand je lui remis deux jours après son carnet, elle soupira : « Tu as donc lu le début de ma lettre ; celle de la Silvia qui ne t'aimait plus, qui n'avait pas encore décidé de te rejoindre. Rassure-toi, il te manque la deuxième partie. La fin est toute différente.

— Tu crois ?

— Je ne crois rien, je sais. En attendant, laisse-nous la vie sauve. Tu sais maintenant, ces idées de suicide, ça me donne envie de fuir. J'en ai assez de la mort. J'ai envie de vivre. »

Moi pas tellement, mais elle avait peut-être raison, après tout : nos deux cadavres tête fracassée ne feraient un couple que dans le journal du lendemain, vingt-quatre heures, page des faits divers. Je voulais plus.

Un sursis fut prononcé, au bénéfice du doute.

La vérité... la vérité... j'en avais fait une crise ; au point de confondre la vertu purificatrice du vrai avec celle de la mort ; c'était malsain, et peut-être contagieux. Elle tenait à s'en préserver, à bon escient. Si on ne prend pas des gants pour le dire... on en meurt ou on tue. Moi-même avec Aurore, que faisais-je d'autre depuis des mois ? Délicatesse ou précaution — je rusais plus qu'à mon tour. On ment parce qu'on aime trop ; on ment parce qu'on n'aime plus, ou pas assez. C'est douloureux, mais toujours moins que la franchise. Quand je finis par parler ouvertement à Aurore, en lui avouant mes éternels plans d'avenir avec Silvia, je la vis se décomposer sous mes yeux. « C'est pas possible...

270

non... c'est cela que tu veux... je ne peux pas le croire... tu es monstrueux... » Elle souffrait de moi comme moi de Silvia, des mêmes désillusions. Alors — mêmes ruses ? — je battais en retraite. Aurore pouvait pourtant m'en remontrer sur le suicide, la jalousie, la mémoire. Quand répondant à mes questions elle me racontait son passé, le temps qu'il lui avait fallu, et la peine, pour se détacher d'un homme qui ne l'aimait plus, ce chagrin qui avait failli la tuer dix ans plus tôt — « On ne revient jamais en arrière, disait-elle, j'ai mis longtemps pour le comprendre » —, c'était intolérable comme si j'entendais raconter à l'imparfait mon présent, mon secret éventé, ma douleur souriante. « J'ai pleuré pendant deux mois, comme une idiote, chaque jour, et il n'en a jamais rien su. J'attendais de ses nouvelles heure par heure. Je me disais : c'est de ma faute, j'ai mal agi. Je m'en voulais au point de vouloir disparaître. C'est incroyable quand j'y repense... » Elle remettait la chose éteinte en perspective, décrivant ses va-et-vient, ses pulsions, l'abominable indifférence de l'autre, avec une justesse de ton, une pénétration qui me tordaient les boyaux. « Le suicide, c'est l'égoïsme de la souffrance. Ça éclablousse partout, au lieu de résorber le mal. Ça le répercute sur les autres, les proches. C'est une façon au fond de jouer sur les apparences, d'esquiver la raison du malheur. » Je l'écoutais du fond de ma crevasse, comme si les mots qu'elle prononçait me parvenaient d'un monde de raison et de clartés subtiles où je n'aurais plus jamais accès, où je n'avais plus envie d'accéder. Elle devinait mon impuissance, s'en désemparait parfois, puis reprenait courage, tentait de me hisser jusqu'à elle ; je dévissais, elle recommençait. J'avais de plus en plus besoin de sa douceur, de son intelligence qui dépassait de

271

loin la mienne en sagacité. Cette sagesse des hauteurs d'où l'on découvre les autres et soi-même comme des vaguelettes à la surface de la mer, éphémères et semblables, m'était inconnue. Certain ashram du Kerala vaut peut-être mieux, pour apprendre le bonheur, que nos grandes Ecoles. Pourtant, si Aurore était fiable et fidèle, si Silvia s'avérait de plus en plus indigne de la moindre confiance, manquant à toutes ses paroles, l'une après l'autre, je ne parvenais pas à me délier de la mienne. Silvia demeurait mon seul témoin de moralité. Mon fétiche, mon gri-gri me portait malheur et je restais superstitieux. Il me faisait avaler des couleuvres, j'en faisais avaler d'autres à mon tendre gourou, qui en retour me faisait du bien.

On le voit : je m'étais enjolivé. Il m'arrive aussi de mentir à mes amours et pas seulement à la galerie. Commė, un peu mieux que tout un chacun. La seule différence entre Silvia et moi, c'est que truquer m'est douloureux, je dois me faire violence, je sais que je mens. Elle ne le sait pas. Si peu, qu'elle semble dans le mensonge plus qu'à l'aise ou dans son élément : au comble du bonheur. « Je n'ai jamais été aussi heureuse, m'avait-elle dit un jour, que dans la clandestinité. J'échappais à tout le monde et je n'y étais pour personne, j'avais enfin la certitude de ne pas décevoir. » D'où venait à la fin sa supériorité sur le tout-venant ?

Un jour, je fus pris de fou-rire en entendant, dans le cagibi dont elle était la seule à connaître le numéro, le téléphone sonner à l'heure exacte où nous avions rendez-vous. Avant de décrocher, j'avais déjà dans les oreilles sa voix langoureuse, son « oye mi amor tengo un problemita, tu ne m'en veux pas trop »... et à les entendre pour de vrai trente secondes après, j'étais plié en deux. Non que le gouffre se fît moins profond, rétrécissant avec l'espérance de lendemains différents, mais j'avais maintenant le vertige de tourner en rond, dans des cercles concentriques sans cesse plus grands où chaque mensonge « impossible », « trop beau pour être vrai », en révélait, sitôt advenu, un autre encore plus « énorme » la semaine suivante. Une amie psychologue à laquelle je m'ouvris, lui disant mon étonnement, ma tristesse d'avoir à rire, d'elle, de moi, de nous, et de l'énigme qu'était à mon sens cette tragi-comédie sans fin, me dit en passant : « Tiens, je lisais hier dans une revue psychiatrique un article qui pourrait t'intéresser... Un vieux numéro, enfin, ça ne sert à rien ces choses-là... — Dis toujours. » Elle me donna les références. Je sortis le lendemain de la Bibliothèque Nationale, abasourdi.

On a beau prendre plaisir à se rabaisser, il y a quelque chose d'humiliant à se découvrir cas général ou tableau clinique. On tenait à son roman et le voilà tout d'un coup sous vos yeux, défraîchi : ce n'était qu'un manuel. Programmé et archétypique, du déjà vu, de l'amplement connu, ne nous fatiguez pas avec ça. Je sais : quand un homme est quitté par une femme, il la traite d'hystérique. C'est la règle. Tant pis pour moi si je ne pouvais faire exception : c'était *le* cas. Si j'avais fui le mot juste et salvateur, si méthodiquement passé à côté, c'est qu'il restait associé à une vulgarité histrionique et convulsive que les peintures fin-de-siècle de Charcot à la Salpêtrière transformaient en repoussoir d'Epinal. J'avais simplement confondu l'accident et l'essence, personnalité des hystériques et personnalité hystérique. « Egocentrisme, labilité

273

émotionnelle, pauvreté et facticité des affects, érotisation des rapports sociaux, mimétisme, dépendance affective, etc. » Etait-ce le fin mot de l'énigme ? Il y avait de quoi se vexer à lire ici et là : « La tendance parasitaire de l'hystérique la pousse à choisir un support stable, par exemple un mari plus jeune, souvent choisi pour sa compréhension, qui ne la comble pas mais devient un complice inconscient... », ou encore : « ... l'amour que lui porte autrui consolide son narcissisme » ; « ... la nécessité d'abandonner ou de subir avec violence son passé ou son corps, qui permet de passer en un instant de l'amour à la haine, de l'attachement aveugle à l'oubli... » ; « l'exagération des démonstrations d'amour, des protestations d'amitié, l'intensité des décharges émotionnelles, témoignent en fait d'une inconsistance de la vie affective propice à la manipulation de l'entourage... » ; « l'excès d'attachement au père » ; « la faculté de sentir son public et le besoin de lui donner des gages... ». Quelques pages plus loin, je tombai sur mon alter ego, le complément obligé de l'hystérique qu'est la « personnalité obsessionnelle » : « Ordre, entêtement, parcimonie, mépris d'autrui, constriction émotionnelle, doute de soi-même, sur-moi sévère, rigidité, persévérance... » Nous étions dans de beaux draps tous les deux. J'avais attendu Godot au purgatoire. Maintenant, tout serait maintenant : l'enfer !

J'avais voulu en somme immobiliser une toupie en lui demandant de ne pas tomber. Refaire Silvia, la former comme une enfant, la reformer comme une récidiviste. J'avais déjà compris qu'elle perdait la moitié de son temps à vouloir s'échapper des pièges qu'elle avait elle-même montés pendant l'autre moitié. Je devrais désormais me résigner à l'idée qu'elle était inguérissable, et mon amour aussi. Il n'y aurait pas de nouvelle Silvia mais je cherchais toujours mon Nouveau Monde. Si nous voulions vivre au plus fort, aller au bout de nous-mêmes, je devais dire tant mieux à « l'incroyable », à l' « impossible », rebaptiser ses demi-mensonges en « demi-vérités », ses volte-face en « extravagances », son toupet en « audace », — car toute entreprise de guérison serait pire que le mal. J'avais attendu en vain un miracle qui ne pouvait, ne devait pas se produire. Elle avait bien eu raison de fuir son tortionnaire de médecin, qui voulant la ramener à une vie sans reliefs ni ombres la menaçait à son insu d'une fin prosaïque et sans grâce.

« Il n'y a rien de plus épouvantable que de voir soudain les gens qu'on aime comme ils sont... Sans tous les voiles et les embellissements qu'on met autour, pour parvenir à les supporter... » J'avais cueilli ces clichés à la fin d'un best-seller féminin — toujours poussé par la curiosité d'apprendre comment c'est chez « elles », de l'autre côté du miroir. Comme si le mal d'amour consistait à transfigurer le vulgaire animal, ôtez vos verres déformants et voyez-la comme elle est, votre aiglonne à deux têtes, une poulette au cœur vide. J'éprouvais l'ivresse du contraire — l'*amor fati*. Résolu bien plus qu'à endurer mon hystérique, à chérir son hystérie, à m'en repaître, m'en délecter jusqu'à plus soif. Pauvres conseillers en réel ! « Elle n'est pas celle que tu crois ! — Mais je ne la crois rien, car je la connais mieux qu'elle ne se connaît. — C'est une enfant de quarante ans ? — J'en suis un autre. — Elle s'est moralement effondrée sous le choc ? — Qu'ai-je fait d'autre devant elle et devant vous ? Si c'est du cliché qu'il vous faut, une bouffeuse d'hommes vaut un coureur de jupons, une lâcheuse un lâcheur, une folledingue un cinglé. Et si vous voulez tout savoir, je n'ai pas plus confiance en elle qu'en moi. Ne me cherchez pas un destin de remplacement. Nous sommes faits l'un pour l'autre, nous sommes aussi horribles l'un que l'autre. »

Mes amis avaient cru — et moi avec — notre histoire lamentable, pris la découverte de l'Amérique pour une déchéance. Si l'amour des hommes rendait à Silvia l'estime d'elle-même, celui que je lui portais encore, malgré moi, me faisait perdre de plus en plus ma propre estime. Et si c'était un apprentissage ? N'était-ce pas la lassitude de vivre qui m'avait transformé en détective, décodeur de grimaces, interprète des silences ? Nous brûlons de savoir et le savoir nous brûle. Mon besoin de transparence n'était-il pas une façon de lui imposer ma volonté de néant ? Dans la crainte qu'elle avait eue d'être trop dure et moi trop faible pour supporter la réalité et qui l'avait peut-être conduite à me traiter comme l'enfant que je suis, je voulus voir l'hommage d'une païenne à la nature religieuse de l'homme, et un encouragement plus personnel à abandonner l'obsession théorique pour la création artistique ; comme une invite à passer du masculin au féminin ; du document à la fiction ; à décoller des mesquineries, à prendre mon vol une bonne fois pour toutes.

Ne m'avait-elle pas rendu service en m'alléchant sans

cesse, ma factice et secourable ? Aurais-je couru les tailleurs, acheté des chemises parme époustouflantes, travaillé ma musculation dans un institut de culture physique, allongé au Luxembourg mon jogging du matin, sans ses rebondissantes promesses ? Somme toute, ce n'est pas sa « trahison » en elle-même qui m'avait coupé bras et jambes, mais le fait de l'apprendre. Un homme désabusé n'est plus bon qu'à jeter son fusil et à filer doux vers travail famille patrie, et il y avait sans doute plus de lucidité dans la France de 1940 qu'en 1914, une intelligence moyenne supérieure chez les troufions de Gamelin que chez les illuminés de Foch. Voulais-je devenir un tire-au-flanc sceptique et veule comme mes aînés, un tiède de plus auquel on ne la fait pas et qui s'en vont besogner bobonne et lopin pendant que d'autres font le travail du mythe et de l'espoir à Stalingrad, El-Alamein ou au Vercors ? Ne parlons même pas des héros et des saints. Qu'est-ce qu'un artiste sinon un imposteur ? Qu'un écrivain sinon quelqu'un qui parle de ce qu'il ne connaît pas, raconte des histoires qu'il n'a pas vécues et dupe tout son petit monde ? Qu'un « style », sinon de la poudre aux yeux pour colmater les brèches d'une intrigue, les déchirures honteuses ? N'avais-je pas moi-même, sans être Flaubert, ni elle Madame Schlesinger, tiré bonheur et force créatrice de l'illusion qu'elle m'avait en grande artiste ménagée de vivre un amour unique, de l'affectueuse organisation du trompe-l'œil passionnel qu'elle avait si délicatement, si génialement mise au point ? « Cesse de broder et vois-moi telle que je suis : superficielle, inventrice, nourricière comme la terre. Ne t'ai-je pas donné tout ce dont tu avais besoin pour vivre, aimer d'autres femmes, écrire des livres ? Ne t'ai-je pas été plus utile fausse que vraie ? N'ai-je pas agi au mieux de tes intérêts ? Ne riais-tu pas plus fort, ne pensais-tu pas plus vite, ne voyais-tu pas plus loin lorsque je donnais à ta main, quelques minutes, le galbe du sein que tu préfères, le gauche ? Je t'augmentais par ma présence et t'excitais par mes absences. Il fallait une victime à mon égoïsme, remercie-moi. Tu t'en es bien sorti, c'est ta liberté que j'ai achetée en réduisant mon gentil petit Paul en esclavage. Lui au moins ne me demande pas d'ouvrir mon agenda, où je vais et avec qui. Il me laisse courir où je veux. Tu pouvais ainsi m'imaginer à ta guise. Plus que ta Muse et ton public, je fus ton poème, ton œuvre d'art par défaut. Sans mes fictions, aurais-tu pu toi-même en inventer ? Et si tu m'obliges aujourd'hui non à prêter, mais à tenir serment, " à dire toute la vérité je le jure Monsieur le Président ", comme un quelconque témoin à la barre, es-tu sûr que tu ne te condamnes pas à l'impuissance ? Le plus poète des deux était-il donc moi ? Et le plus cancéreux, toi, qui t'usais à chercher derrière mon beau sourire un goût de cendre que certains appellent l'Histoire, d'autres Dieu, et toi " mon mari ". Aurais-tu oublié qu' " à chaque effondrement des preuves, le poète répond par une salve d'avenir " ? Sois fantasque, surmonte la mesquine peur d'être dupe et contente-toi de l'invraisemblable, apprends-moi. Tu n'auras pas souvent l'occasion de voir la vie en face, ailleurs que dans les livres de philosophie ou de morale. La vie est un roman, n'est-ce pas ? Alors retiens-moi de toutes tes maigres forces, disons-nous adieu et serre-moi dans ta mémoire : n'aurai-je pas été ton plus beau roman ? »

Je me bouchais les oreilles. Je savais que la générosité, la puissance d'affabulation qu'un artiste met dans son œuvre, elle l'avait mise dans son existence. Je regrettais parfois qu'elle eût fait de sa vie quotidienne un chef-d'œuvre : elle aurait eu plus de génie pour écrire, filmer ou chanter si elle s'était moins gaspillée à survivre au cahin-caha. Je ne voulais rien entendre car je voulais prolonger jusqu'à plus soif notre troc : donne-moi chaque soir mon lot de simulacres, je te rendrai en échange des pages et des pages, chaque aube que Dieu fait. Échange inégal car ses carrosses tournaient sous ma plume en citrouilles. Tant pis, cela me suffisait. Même s'il me faudrait du temps, clopin-clopant, pour rattraper ma Blanche-Neige dans sa course.

Un jour d'été, l'incroyable advint.

Du Chili, son père, aux dernières extrémités, avait publiquement défié la dictature de laisser rentrer ses enfants pour leur dire adieu. Il y avait eu à Santiago une messe, une campagne, des pétitions. Silvia m'appela amoureusement à la rescousse : ne pouvait-on, depuis Paris, « faire des choses » ? Bien sûr, et elle savait lesquelles. Ma gitane a toujours été aussi un grand politique : un sens très sûr de la manœuvre, des alliances opportunes, du rapport des forces. Elle a le génie d'aimer qui lui est utile, au bon moment. Elle me guida d'une main ferme dans le dédale des « approches » diplomatiques, des pressions subtiles et des rencontres inopinées : avec l'ambassadeur du Chili en

France, de France au Chili, par hasard de passage à Paris ; avec tel fonctionnaire du Quai d'Orsay ; telle haute personnalité. Comme les poètes, elle n'a pas à jouer au papillon, à l'artichaut ou au diplomate, elle est, quand il le faut, artichaut, papillon ou diplomate.

Cette perspective de retour, après tant d'années, m'exaltait. Loin de la sentir comme un éloignement, nous y vîmes l'un et l'autre l'ultime bain de mémoire nécessaire à qui va s'installer à demeure dans le présent, libre de spectres. Comme un signe des dieux, la dernière cérémonie avant la fête des retrouvailles. N'étions-nous pas déjà à la fin juin ?

Pinochet céda : il accordait à l'exilée une autorisation de quinze jours pour « motif humanitaire ».

Exaltants préparatifs. Emotions, téléphonades, courses. Elle voulait revenir avec « son » fils, lui faire voir son grand-père une dernière fois, et une première fois son pays natal. « Tu n'as rien à craindre, tu sais. Il porte mon nom. Paul n'a pas à se mêler de ces choses-là. Le passé, Manuel, l'époque Allende, c'est une affaire entre nous deux. D'ailleurs, avec Paul, nous sommes en train de nous séparer, tu le sais bien. — Bien sûr, mon amour.. — Les mères célibataires, ils connaissent là-bas. Ça n'étonnera personne. Je n'aurai pas à dire qui est le père. Ce sera plus simple pour le jour où Pinochet sera parti et où nous pourrons aller ensemble nous promener à Valparaiso, en couple. — Ils se marièrent et eurent beaucoup d'enfants, répondis-je dans les nuages. L'un d'eux s'appelait Angelo. Dans le lot, il ressemblait aux autres... — En attendant je suis fière de revenir seule à l'endroit où Manuel est tombé... Mais je ne serai pas seule, puisque je serai avec toi... »

J'allais prendre l'avion pour ma jeunesse, les années de

sang, notre meilleure part. Je me coulais en Silvia ou bien elle en moi, deux en un. Ce n'était pas un voyage comme les autres où j'aurais accompagné par la pensée une amie chère, c'était une rentrée en nous-mêmes, au foyer commun, *notre* anabase. Seulement, je n'avais pas la double nationalité, ni l'autorisation.

Nous rédigeâmes ensemble, la veille de son départ, la courte allocution qu'elle ferait à son arrivée là-bas, pour la presse et les amis. Elle me vint d'un seul trait. Ces quelques mots de droiture et de fidélité à nos morts, je les gardais au chaud depuis tant d'années.

Elle aurait tellement souhaité, bien sûr, que je l'accompagne à Roissy, mais il y avait Maria, son oncle, sa belle-sœur et Angelo. Normal que Paul y aille, c'est son fils après tout, n'est-ce pas mon amour ?

Le soir du jour où elle s'embarqua vers l'Atlantide, les sources de ma dernière vie, là-bas, au pied des Andes où avait perlé notre filet de rêves, mon ultime mirage, je trouvai chez moi un message d'elle — et celui-là, mon répondeur l'avait bien enregistré :

« Je t'appelle encore une fois de l'aéroport. J'ai à nouveau rêvé de toi cette nuit. Je pars avec Angelo et toi. Je t'emmène tout au fond de mon corps. Ne fais pas attention aux détails et aux imprévus. Je reviens. Appelle-moi vite. »

Le lendemain, j'appelai chez elle, à Santiago-du-Chili, le cœur battant.

Longues sonneries intermédiaires. Enfin :

« Allô (rapide et détaché).

— Sí. Estoy en Chile, Santiago ?

— Oui, bien sûr. » On entendait mal, mais c'était une voix d'homme, un Français.

« ¿Adónde los Murillo? ¿Quién habla? criai-je dans l'appareil.

— Qu'est-ce qu'il veut encore celui-là?

— Et... et Silvia? bégayai-je.

— Elle dort encore, mais je lui dirai que tu as appelé. Au revoir. »

« Eh oui, que veux-tu mon amour... C'est ridicule, je ne pouvais pas lui dire de descendre de l'avion... Il avait pris un billet sans me prévenir... Le fait accompli quoi... m'expliqua-t-elle quelques heures plus tard, d'une voix légèrement étranglée, toujours par téléphone.

— Accompli, oui, et pour le reste?

— C'est très dur, tu sais, de revenir. Mon père va un peu mieux. Et toi?

— Je regrette, je ne m'explique pas, nous avions tellement...

— Ecoute-moi. Cela ne change rien à rien, tu sais. On se retrouve comme convenu, dans quinze jours. ¿Te puedo llamar otro ratito? Attends-moi, je te rappelle et sois sage. *Te quiero, te quiero tanto...* »

J'ai raccroché, en sentant comme un sanglot dans l'écouteur.

J'avais compris, tout d'un coup, qu'elle serait toujours plausible et son petit greffier jamais assez poète; qu'il me fallait refermer le Livre des Merveilles, si je voulais cesser de vivre à crédit, en version doublée, figurant d'épopées impossibles ; qu'il était temps de ne plus dire « nous » mais « moi je », quitte à me résigner à un modeste feuilleton des familles sans Hespérides et sans Eldorado, mais où chacun jouerait son propre rôle, sans tricher. Oui, c'est à cet instant, que j'ai vu l'avenir se détacher du passé. Elle n'était pas gagnante et je ne jetais pas l'éponge. C'est moi qui ne faisais pas le poids. J'aurais beau, poids plume, m'enivrer encore de gnons et d'avanies, attendre assis dans mon coin la prochaine sonnerie qui remettrait le prochain rendez-vous, ce n'était pas là un ring pour la petite classe. Chacun doit rêver dans sa catégorie.

J'aurais voulu lui dire : N'écoute pas tous ceux qui te veulent à leur image, bon ton bon aloi. Ils oublient que tu es une sauvage d'Amérique, une créole à toute épreuve avec son talisman au poignet, ce bracelet tissé de fils multicolores que ton sorcier Yoruba t'a confié jadis près de Marianao. Tu voles haut. Du panache, ma sœur ! Et un peu d'indulgence : excuse ton petit frère s'il n'a pas ta santé. Tes réserves de désir carnassier, le tropisme du bonheur, ta férocité pour survivre à tous. Mon fonds de commerce est trop limité. Je ne peux comme toi rebondir au soleil, d'un trapèze à un autre. Nous n'étions pas des jumeaux vrais. Trop rase-mottes, trop réac, le sapajou.

J'aurais voulu lui dire : tu n'as aucune raison de pleurnicher, tu n'es coupable de rien. Ce n'est pas vraiment ta faute si tu n'es pas la Vierge de Guadalupe. C'est mon besoin d'ailleurs qui t'avait fait une autre. Je ne suis même plus très sûr que tu aies jamais existé. J'ai halluciné en toi toutes les terres et les femmes d'utopie dont j'avais jusqu'ici besoin pour grandir ; tu as donné figure à mon inconsistance, et ta docilité je l'ai appelée, méchamment, « hystérie ». Tu n'es pour rien dans cette bouffonnerie. Il n'y avait pas plus de Silvia à Paris, ni aujourd'hui à Santiago, qu'à l'ouest d'Atlantide.

J'aurais voulu lui dire : la sincérité des fauves a droit à tous les trucs. Tu es folle comme la vie. Tu n'as pas assez ri ces derniers temps. Je voudrais entendre tes rires d'ici.

Un court moment, j'ai cru qu'elle me répondait en chantonnant au loin, tout près, à mon oreille : « On dirait un' chanson mais ce n'est qu'un' histoire d'amour / On dirait un roman comm' ça y en a cent par jour un' fille un garçon / Ça ne vaut pas la pein' qu'on en fasse un' chanson / tralali, tralala... »

Mais non, voyons, secoue-toi. La vie n'est pas un tango. C'était à moi de rire de mes chimères, une fois pour toutes.

Elle, elle avait simplement dit par téléphone, avec sa voix rauque et mauve, comme d'habitude : *Te quiero, te quiero tanto.*

Composition Bussière
et impression S.E.P.C.
à Saint-Amand (Cher), le 14 décembre 1987.
Dépôt légal : décembre 1987.
Numéro d'imprimeur : 2756-2082.
ISBN 2-07-071209-5./Imprimé en France.

42370